朝鮮引揚げと日韓国交正常化交渉への道

朴 敬珉

PARK Kyung-Min

Repatriation from Korea
and the Road to
Japan-South Korea Normalization Negotiations

慶應義塾大学出版会

目次

【凡例】
本書における引用については、旧字を新字にあらためた。

序章

「在韓日本財産の数字」から請求権問題への連続性

一　歴史学と政治学の接点にある「空白」

本書は、在朝鮮アメリカ陸軍司令部軍政庁（United States Army Military Government in Korea、以下、ＵＳＡＭＧＩＫ）の法令第三三号（一九四五年一二月）により没収され、それに起因する在外財産[1]の補償問題に対し、植民地朝鮮の在留日本人であった朝鮮縁故者と日本政府がどのように対応したのかを実証的に考察する。具体的には、朝鮮縁故者と日本政府の認識と対応が「在韓日本財産の数字」に収斂していく過程を明らかにする。それによって、日韓国交正常化交渉[2]における日本政府の請求権問題に関する対韓請求権の「数字」的な根拠が浮かび上がると同時に、一九五三年一〇月の「久保田発言[3]」に象徴される日本政府の対韓国認識の原型が浮き彫りになる。

これまでの研究は、二つのカテゴリーに分類が可能である。

第一に、引揚げ問題の歴史研究が挙げられる。[4] 引揚げ問題の研究は、広域にわたる旧外地の地域別の引揚げ過程、引揚げ者に対する援護、そして在外財産問題の処理を分析対象としている。朝鮮引揚げ史の研究としては、著者自身が朝鮮縁故者でもある森田芳夫の『朝鮮終戦の記録――米ソ両軍の進駐と日本人の引揚』(巌南堂書店、一九六四年)が、朝鮮半島の引揚げ問題を網羅的に取り扱った先駆的な研究である。しかしながら、その分析対象と期間が、朝鮮半島の範囲内に局限されているがゆえに、引揚げ後にも継続する在外財産問題にまで焦点が当てられていない。換言すれば、日本に引揚げた朝鮮縁故者の在韓日本財産に対する認識と対応にまで、その研究が及んでいないのである。その他の研究でも引揚げ史に潜んでいる朝鮮縁故者の存在感に十分な注意が払われずに、朝鮮縁故者が日韓国交正常化交渉において果たした役割、すなわち植民地時代からの連続性が見落とされてきたといえよう。

第二に、日韓国交正常化交渉に関する研究が挙げられる。[5] これらの研究は、日韓会談を植民地・過去史清算の原点として位置づけており、冷戦の論理と経済の論理により成立した「一九六五年日韓条約体制[6]」が、解決すべき問題を封印したまま今日に至っていると指摘する。その上で、これを克服するために、歴史問題を「完全かつ最終的」に解決する必要があると強調するのである。ただしこのカテゴリーに属する先行研究は、一九五一年一〇月の予備会談の前後からそのストーリーを展開している。つまり、日本国の敗戦直後である一九四五年八月からの視点が抜け落ちているのである。したがって、そこでは日韓交渉の外交史から、一九四五年八月の敗戦から一九五一年一〇月の交渉開始に至る期間が一種の「空白期」として取り残され、朝鮮引揚げ史に内在する連続性が抜け落ちている。そのため、日韓国交正常化交渉において日本政府が主張した対韓請求権の根拠を、もっぱら時の法理論や植民地認識から論じてきた傾向がある。朝鮮縁故者の在韓日本財産に対する認識と対応に注目しその空白を埋めることによって、既存の研究を補完することが可能になるであろう。

さらに、概して先行研究では、引揚げ問題の研究は民間レベルの引揚げ者に焦点を当て、日韓会談の研究は政府レベルに分析の重点を置く傾向にあった。そこで本研究は、「政府と民間のはざま」[7]に朝鮮縁故者を位置づけ、先行研究における分析対象のアクターおよび分析期間に関する欠落を補う。その考察から、朝鮮縁故者と日本政府の在韓日本財産に関する認識と対応が「在韓日本財産の数字」に収斂したことが明らかになり、そこにこれまで埋もれてきた戦後日韓関係史の一つの側面が新たに浮かび上がるであろう。

二　朝鮮縁故者（個人／法人）と「在韓日本財産の数字」

（1）朝鮮縁故者（個人／法人）

本書における朝鮮縁故者とは、植民地朝鮮において職歴もしくは学歴[8]を持ち知識と情報を蓄積した有力者であり、その知識と情報を日本政府と共有するアクターである。彼らは、京城日本人世話会（一九四五年八月設立）の首脳部を筆頭とする朝鮮在留日本人が日本に引揚げてから合流した朝鮮引揚同胞世話会（一九四六年三月設立）が、同和協会（一九四七年七月設立）に統合される際に、「朝鮮縁故者」と自らを定義づけた[9]。

あえて朝鮮縁故者という呼称を選ぶ理由は、次のとおりである。植民地時代の朝鮮在留者（在朝日本人）は、戦後において朝鮮引揚げ者、朝鮮関係者などとも呼ばれるが、一九四五年八月のポツダム宣言受諾後の時点で、ある者は朝鮮半島に在留し、ある者は朝鮮縁故者でありながら日本列島に在留していた。つまり、敗戦直後において日本に在留していた者については、朝鮮引揚げ者と呼称するに適しない。それと同時に、朝鮮関係者と呼ぶには、やや漠然としすぎるきらいがある。したがって、本書では、呼称の一貫性を保つために、「朝鮮縁故者」という呼称を使用する。

朝鮮縁故者は、個人と法人に分類される。その基準は、朝鮮縁故者の在韓日本財産の法的性質の差異である。大日本帝国憲法下の法人とは、民法（明治二九年四月二七日法律第八九号）第三章の法人第三三条によると「学術、技芸、慈善、祭祀、宗教その他の公益を目的とする法人、営利事業を営むことを目的とする法人その他の法人の設立、組織、運営及び管理については、この法律その他の法律の定めるところによる」と明記され、諸法律の規定によって成立する。その法人が、同章の法人第三四条による「法令の規定に従い、定款その他の基本約款で定められた目的の範囲内において、権利を有し、義務を負う」ことになり、その上で、所有する不動産および動産などの財産が、法人財産に値する[10]。したがって、本書では、これに則して法人財産を定義するとともに、その財産の所有権者である朝鮮縁故者を、法人とする。これによって、法人財産以外は個人財産となり、その財産の所有権者である朝鮮縁故者を、個人として分類する。

このような基準によると、朝鮮縁故者の個人には、第一に、朝鮮総督府（以下、総督府）の官僚出身者が該当する。彼らは、朝鮮縁故者の全体構成の中で主軸であった。総督府官僚は、退官後にも朝鮮半島で活動する定着志向が強かった。その代表的な人物が、穂積真六郎（元殖産局長）である。「引揚同胞の父[11]」とも称された穂積は、敗戦直後の朝鮮半島において最初に設立された京城日本人世話会の会長をはじめ、日本に引揚げてからは朝鮮引揚同胞世話会の会長を務め、日本国憲法下の初の参議院議員選挙に当選し国会で引揚げ問題に取り組んだ朝鮮縁故者である。穂積を筆頭とする総督府官僚の中で、元政務総監と元局長クラス出身の朝鮮縁故者は、敗戦直後から日本への引揚げ後にわたり、朝鮮縁故者の個人と法人のハブ的な存在であった。また、総督府の官僚出身である朝鮮縁故者は、政府・民間の両レベルにおいて特殊なアクターでもあった。彼らは、かつて政府レベルのアクターであったが、総督府の解体の退官後には、[12]民間レベルに属するからである。総督府の官僚出身の朝鮮縁故者は、植民地朝鮮で積み上げた知識と情報によって日本政府との人脈ネットワークを築き、まさに「政府と民間のはざま」に位置し、両レベルにまたがる特殊な存在である。

第二に、京城日報の言論出身者である。安井俊雄（京城日報副社長・京城日報支配人）、中保与作（京城日報主筆）が代表的であり、彼らは、朝鮮縁故者の団体が発行する会報を通して、筆を以て植民地認識を表出した人物である。第一章では、京城日本人世話会の安井の、第二章では、朝鮮引揚同胞世話会の中保の植民地認識を詳しく見ることにする。

第三に、京城帝国大学の学識経験者である。鈴木武雄は、独特の存在感を示していた。彼は、敗戦直後には京城日本人世話会の調査部長に就任するや、日本に引揚げてからは、外務省の植民地統治の評価に関する調査研究において「特殊性」のキーワードを理論的に支える役割を果たす。それにとどまらず、鈴木は、外務・大蔵両省の共管機関である在外財産調査会（一九四六年九月設置）の『日本人の海外活動に関する歴史的調査』（一九四八年大蔵省印刷）の作成に編集委員兼執筆者として参加し、植民地朝鮮の統治実績に対する批判的な論調に反駁する。以上のように、朝鮮縁故者の個人を三つに分類した上で、第一章と第二章で、やがて個人財産の数値化に収斂する彼らの認識と対応を重点的に解明する。

他方、朝鮮縁故者の法人としては、朝鮮事業者会（一九四五年一一月設立）が挙げられる。朝鮮事業者会の会員は、植民地朝鮮で「営利事業を営むことを目的」に取り組んだ会社が主要メンバーである。朝鮮事業者会は、没収された法人財産の補償要求を主導し、旧外地の事業者の中央団体である海外事業戦後対策中央協議会（一九四五年一一月設立）の中でも存在感があった。特に、在韓日本財産を数値化する作業にあたり、朝鮮事業者会は先頭に立って、外務・大蔵両省の共管機関である在外財産調査会（一九四六年九月設置）においても率先垂範した。このような朝鮮事業者会を、朝鮮縁故者の法人として捉えた上で、いずれ法人財産の数値化に収斂される彼らの認識と対応を、第三章で実証的に分析する。以上のように、本書では、朝鮮縁故者の個人と法人を「政府と民間のはざま」に位置づけて、彼らの認識と対応を手掛かりに、日韓国交正常化交渉の請求権問題への連続性を抽出する。

（2）在韓日本財産の数字

本書における「在韓日本財産の数字」とは、二つの側面から構成される。

第一に、朝鮮引揚同胞世話会の個人財産の数値化と、朝鮮縁故者である穂積真六郎、鈴木武雄をはじめ朝鮮事業者会が外務・大蔵両省の共管機関である在外財産調査会（一九四六年九月設置）に所属し、在韓日本財産を算出した植民地朝鮮の統治実績の数値化である。在韓日本財産は、USAMGIKの法令第三三号（一九四五年一二月）に則して没収され、それに起因する在外財産の補償問題（国内補償問題）をめぐり日本政府と朝鮮縁故者の官民両者は対応を迫られるが、その対応の結果が植民地統治実績の「数字」であった。

個人財産の場合、朝鮮引揚同胞世話会の調査部長に山村正輔（元京城税務監督局長）が就き、在外財産調査会と朝鮮事業者会の調査方法を参考にして整理された。この調査報告書が「在朝鮮日本人個人財産額調」（一九四七年三月）である。その結果は、種別として土地・家屋・家具衣類・それ以外の企業収益資産・個人所得税課税外の企業収益資産・未収穫農作物などの損害・預貯金・株式を含む、合計二六〇億二三八六万二、〇〇〇円から負債二億五二七一万円を差し引くと、総額二五七億七一一五万二、〇〇〇円であった。この調査報告書につき朝鮮引揚同胞世話会では、極めて「少量の断片的な資料に依つて推算」したものと吐露していたものの、在韓日本財産の中で、個人財産は一応約二六〇億円に収まったのである。[13]この調査結果は、政府当局に提出された。[14]

法人財産の場合、朝鮮事業者会を筆頭に朝鮮縁故者が参加した在外財産調査会で算出され、個人財産および陸海軍財産を除外した日本の在外財産総額（旧外地全体）を一九四五年八月一五日現在の円価（一ドル＝一五円）で計算すると、三五五二億二〇〇〇万円（二三六億八一〇〇万ドル）であった。その内訳（旧外地全体）は、民間企業財産（法人財産）が三二〇一億三四〇〇万円（二一三億四二〇〇万ドル）、国有財産が三五〇億八六〇〇万円（二三億三九〇〇万ドル）である。その中で、朝鮮の場合、民間企業の所有資産額（法人財産額）は五一五億二四〇〇万円（三四億三五〇〇万ドル）、国有財産額は一九二億六五〇〇万円（一二億八四〇〇万ドル）であった。すなわち、在韓日本の法人財産と国有財産を合わせると、総計七〇七億八九〇〇万円（四七億一九〇〇万ドル）になる。

その上で、かつて日本国の旧外地別総計額の比率は、朝鮮二〇％、台湾一〇％、満州三七％、北支一六％、中南支九%、その他（樺太、南洋群島、南方地域、欧州、米大陸等）八%であった。[15] 国際法上の承認如何によって満州を除けば、朝鮮二〇%という比率は、日本国最大の請求権が合法的に存在する地域であると同時に、前記した朝鮮縁故者の個人および法人財産をも含むと、日韓交渉の請求権問題における対韓請求権を補強できる、と日本政府は確信したのである。

数値化の第二の側面は、国内外における植民地統治への批判を念頭に、朝鮮引揚同胞世話会と在外財産調査会で算出された在韓日本財産の「数字」に妥当性を持たせようとしたことであった。そのために、日本政府と朝鮮縁故者は、『日本人の海外活動に関する歴史的調査』（一九四八年大蔵省印刷）を作成した。在外財産調査会では、この「数字」を朝鮮との歴史的な背景なしに裏づけることはできないという動機があった。それゆえに、歴史的に領土の範囲、人口、鉱工業、農業、産業、文化、教育などの全域にわたり調査を実施し作成されたのが『日本人の海外活動に関する歴史的調査』であった。在外財産調査会の言葉を借りれば、「これを以て、日本在外財産調査の画龍点青《ママ》を図らう」ということに他ならなかったのである。[16]

『日本人の海外活動に関する歴史的調査』は、総論、朝鮮篇、台湾篇、樺太篇、南洋群島篇、満州篇、北支篇、中南支篇、海南島篇、南方篇、その他地域篇からなり、大東亜共栄圏を網羅的に取り扱った書物である。その中でも朝鮮篇は、植民地統治の全領域を調査研究した一六〇〇頁に及ぶ大著であった。しかも『日本人の海外活動に関する歴史的調査』の企画・作成・編集・監修・印刷まで、一連の流れに関与した主体は、外務・大蔵両省と朝鮮縁故者を筆頭とする外地関係者であった。朝鮮篇の執筆者は、地理的に近距離であったことを含め、ＵＳＡＭＧＩＫの協力により早期に引揚げができたことで、この調査に参加することが可能になったのである。したがって、執筆者の陣営と調査内容は他の地域より比較的充実していた。彼らは『日本人の海外活動に関する歴史的調査』において、「日本及び日本人の在外財産の生成過程は、言わるるような帝国主義的発展史ではなく、国家或は民族の侵略史でもない。日本人の海外活動は、日本人固有の経済行為であり、商取引であり、文化活動であった。このことは、日本人みずからまづはつきり認識することが必要である」[17]と述べ、凝縮された植民地認識をあらわにするのである。

この調査は、日韓交渉で請求権問題に対応する際の日本政府の基本的な前提になると同時に、さらにはのちに述べる一九五三年のいわゆる「久保田発言」がそれを公然と示すことによって、戦後日韓関係における植民地認識を象徴することになる。このような意味で、在外財産調査会の在韓日本財産のデータと『日本人の海外活動に関する歴史的調査』は、それぞれ具体的な「数字」と植民地認識を表した日本の対韓国外交の原型に他ならない。これが、本書の分析視座をなす「在韓日本財産の数字」の背景となるものである。

三　本書の構成と史資料について

(1) 本書の構成

第一章では、一九四五年八月のポツダム宣言の受諾後、朝鮮半島における日本政府（総督府）の初期方針であった「出来得る限り定着の方針」と「生命財産の保護」に対して、朝鮮縁故者がその方針に沿って立ち上げた、京城日本人世話会（一九四五年八月設立）の認識と対応を分析する。京城日本人世話会は、敗戦をどのように受けとめたのであろうか。その上で、将来のために何を志向して何を必要としていたのか。その敗戦直後の現状認識と対応に着目して、彼らの植民地朝鮮への認識を浮き彫りにする。それは、敗戦直後に初めて表出された日本政府と朝鮮縁故者の植民地認識の前史として位置づけることができよう。

実際、敗戦を迎えた朝鮮縁故者にとって、彼らの所有財産は引き続き現地定着するために当然保障されるべきものであった。なぜならば、彼らにとって、朝鮮半島の植民地統治は世界が公認した合法的なものであり、その領土の上で蓄積した財産は、正常な経済活動の成果であったからである。それに加えて、日本と朝鮮の両民族は、平和的な経済発展を掲げて協力した間柄であるがゆえに、現地開発にまで貢献した史実は平和的かつ合法的である。しかも両民族の間は戦闘状態に置かれたわけでもない、という受けとめ方が朝鮮縁故者にも一般的であった。それゆえに、この立場から、現地定着のための必須条件である財産保護に取り組んだのが、初期の京城日本人世話会であった。しかしながら、その初期方針は、米国の日韓分離政策の中で朝鮮縁故者の私有財産が没収されることで、挫折を余儀なくされる。以上により、日本へ引揚げた朝鮮縁故者と政府当局の間で、その没収財産が、在外財産の補償問題（国内補償問題）として浮上するのである。

第二章と第三章では、引揚げ後の朝鮮縁故者（個人／法人）の在外財産問題に対応する補償要求の過程と、それに連動する植民地認識に着目して分析する。第二章では、まず、引揚げ後の本国日本で、朝鮮関係残務整理事務所（旧総督府東京事務所）と朝鮮縁故者（個人）の間で官民協調の観点から設置された、朝鮮引揚同胞世話会（一九四六年三月設立）の認識と対応に焦点を絞る。朝鮮引揚同胞世話会は、個人財産を含む引揚げ援護を担当する朝鮮関係残務整理事務所の外郭団体であったが、その活動に対し同世話会が直面したのは、国内外における

「帝国主義的侵略の走狗」や「資本主義的搾取の傀儡」といった植民地統治への批判である。[18] これを朝鮮引揚同胞世話会は、どのように受けとめて対応したのか。また、このような植民地統治の批判は、在外財産問題にどのような影響を与えたのであろうか。

他方の日本政府は、在外財産問題をどのように認識したのか。外務省調査局の特別調査委員会が、戦後日本経済の再建構想にあたり、在外財産問題をどのように位置づけたのかを検討する。実際のところ、特別調査委員会は、旧外地の喪失による物資の外貨負担、投資および在留日本人の生活費の喪失という三要素を在外財産問題に適用した。その上で、このような経済的要因が日本経済の特殊性に他ならないゆえに賠償軽減を求めた。つまり日本政府は、経済再建構想の一環として、在外財産問題を「特殊性」というキーワードの中で解釈し位置づけるのである。さらに興味深いのは、この「特殊性」というキーワードが、朝鮮縁故者（個人）を介して植民地統治の文脈で再解釈されたことである。このように引揚げ後の朝鮮縁故者（個人）が直面した植民地統治の批判をめぐり、朝鮮引揚同胞世話会と鈴木武雄（元京城帝国大学）が、どのような認識と対応を繰り広げたのかを検討する。

第三章では、引揚げ後の朝鮮縁故者（法人）として、朝鮮事業者会に焦点を定める。分析の対象期間は、一九四五年一一月に朝鮮事業者会が設立される時点から、大蔵省管理局の名義で『日本人の海外活動に関する歴史的調査』が印刷される一九四八年までである。その期間における、朝鮮事業者会の在外財産の補償要求とそれに植民地認識が連動する側面を実証する。当時、在外財産の補償問題をめぐり、旧外地の事業者の中央団体である海外事業戦後対策中央協議会（一九四五年一一月設立）の中で、朝鮮地域の代表である朝鮮事業者会は、存在感を示しえたのか。そうであれば、朝鮮事業者会は、どのような場面で主導的な役割を果たしたのか。彼らが望んだ在外財産の補償措置は与えられたのであろうか。

このような問いから明らかになるのは、朝鮮事業者会が在外財産の補償措置を目的に知識と情報を結集すると同時に、それに直結する植民地認識を示し、それらが日本政府に共有されたことである。この一連の過程において、連合国軍最高司令官総司令部（General Headquarters, the Supreme Commander for the Allied Powers、以下、GHQ／SCAP）の民間財産管理局（Civil Property Custodian、以下、CPC）の事実上の下請けに置かれた外務・大蔵両省の共管機関である在外財産調査会（一九四六年九月設立）は、地域部会を設置して、その朝鮮部会は、朝鮮事業者会を筆頭とする朝鮮縁故者が専担した。そこで算出された在韓日本財産のデータとともに、在外財産調査会が作成した『日本人の海外活動に関する歴史的調査』（一九四八年大蔵省印刷）の朝鮮篇は、まさに彼らの植民地統治実績の総決算であった。その意味で、朝鮮縁故者が参加して算出された在韓日本財産の「数字」と『日本人の海外活動に関する歴史的調査』朝鮮篇は、日本政府において植民地朝鮮の統治実績に関する確固たる信念として受け入れられたのではなかろうか。そうだとすれば、この調査結果は、日韓国交正常化交渉の請求権問題につながる最初の日本政府の植民地認識を示したものであり、そこには朝鮮縁故者と同様の植民地認識が共有されていたといえる。その上で、日本政府の対韓請求権に関する論理が補強され、やがて日韓会談の交渉を頓挫させる要因になった。

したがって、以上の論考を土台に、第四章、第五章では、日韓国交正常化交渉における請求権問題と植民地認識に焦点を当てて、日本外交史の実証分析を進める。分析の対象期間は、一九五一年一〇月に幕開けする予備会談から第一次会談（一九五二年二月一五日～四月二五日）、第二次会談（一九五三年四月一五日～七月二三日）、第三次会談（一九五三年一〇月六日～一〇月二一日）のいわゆる「久保田発言」までである。まず、第四章では、請求権問題をめぐる日本政府の政策決定過程で、在外財産調査会の調査結果である『日本人の海外活動に関する歴史的調査』朝鮮篇で表出した認識に基づき、在韓日本財産の「数字」が対韓請求権の主張を補強した側面を分析する。また、日韓会談の交渉過程において日韓両国の請求権の主張が展開され、それに連動する両国の植民地認識が衝突し、第一次会談の決裂に至る過程を描き出す。

事実、日本政府は、在外財産調査会の朝鮮縁故者が加担し作成した『日本人の海外活動に関する歴史的調査』朝鮮篇に、対韓国認識の前提を置いていた。その認識はいってみれば、朝鮮半島の植民地統治は世界が公認した合法的なものであり、多年にわたる朝鮮半島の現地開発と文化向上の功績は史実に他ならない、とするものである。それのみならず、日本と朝鮮の両者間は戦争状態に置かれていなかったことも強調された。日本政府はさらに一歩踏み込んで、両者間は戦争状態でなかったことから、韓国は連合国の地位を持たないので当然対日賠償要求もありえないとの認識を示した。このような認識を前提に、日本政府は日韓交渉を準備して進めるのである。その上で、在外財産調査会で作成された在韓日本財産のデータは、請求権問題に対応する日本政府の政策決定の材料として利用される。端的にいえば、それは日本政府が対韓請求権を主張する補強材になるのである。韓国政府の多額な請求をゼロにするため、日本政府は対韓請求権の法理論を練りあげるが、その理論を組み立てる基盤になったのが在外財産調査会の「数字」である。韓国政府の対日請求権の総額は膨大な数に上ると思われたが、日本政府はその韓国側の主張より遥かに上回る「数字」を用意していたのである。これを拠り所に日本政府は、韓国側に向けて逆請求権を主張しうると判断した。

第五章では、第一次会談後に交渉中断期を迎えた日本政府の外務省が請求権問題を見直し始めたことに着目して、どのような代案が準備されたのかを分析する。その際に外務省は、請求権問題を主管事項とする大蔵省との間で対立はなかったのか。あったとすれば、双方の対立要因は、いかなるものであったのか。それ以外に日本政府を制約する要因はなかったのか。何らかの制約を受けたのであれば、その状態で再開される会談では、何が残されたのであろうか。

実際、在外財産調査会において、朝鮮縁故者の知識と情報を集めた在韓日本財産のデータが算出されるものの、没収財産の所有権者に対する補償問題は、未解決のまま残されていた。日本政府は、国内補償問題（在外財産の補償問題）を抱えながら日韓交渉に臨んでいたのである。この国内補償問題は、外務省が第一次会談の決裂以降に請求権問題の妥結を試みる際に、対韓請求権の主張の撤回を困難にする。なぜならば、日本政府が対韓請求権を放棄すると、没収財産の所有権者が政府当局にその放棄に代わる補償を要求するからである。没収財産の補償義務を避けたいのが政府当局の立場であり、特に大蔵省はその姿勢を堅持して、外務省の請求権問題を見直そうとする動きを牽制した。これによって、日本政府は対韓請求権の主張を撤回し難くなったのである。その上で、当時「李承晩ライン」に触発された漁業問題が再燃するや、外務省の請求権問題の再検討は一層後退する。結局、米国の斡旋により方針なきままの会談の再開を迎え、日韓両国は請求権問題をめぐり激しくいがみ合い、のちに言及する「久保田発言」に象徴される相互不信をあらわにする。この「久保田発言」に含まれた朝鮮縁故者のエピソードと、日本政府が対韓請求権を放棄できない理由として朝鮮縁故者の主張が「国民感情」化された側面は、あたかも日本政府が朝鮮縁故者の個人および法人財産と植民地認識を肩代わりし弁論するような場面でもあった。

(2) 史資料について

本書は、日本の対韓国外交の一歴史研究であり、個々の論点は史資料を論拠にしている。第一に、学習院大学東洋文化研究所に所蔵されている「友邦文庫」である。「友邦文庫」の所蔵史資料のリストは、宮田節子・姜徳相監修/李正勲・齊藤涼子・小志戸前宏茂・橋本陽編集/学習院大学東洋文化研究所編著『友邦文庫目録』(勁草書房、二〇一一年)に収められており、本書では「学習院大学デジタルライブラリー」のウェブサイト[19]も利用した。その上で、史資料のマイクロフィルムや原資料を閲覧した。特に、第一章の京城日本人世話会、第二章の朝鮮引揚同胞世話会と鈴木武雄、そして第三章の朝鮮事業者会に関連する史資料は「友邦文庫」を中心的な論拠としている。これと併せて、東京経済大学に所蔵されている「桜井義之文庫」と、加藤聖文監修・編集『海外引揚関係史料集成――国外編』(ゆまに書房、二〇〇二年)に収録された朝鮮篇シリーズ、そして森田芳夫・長田かな子編『朝鮮終戦の記録――資料編』(巌南堂書店、一九七九~一九八〇年)の第一巻と第二巻を活用した。

第二に、日本政府公開の日韓国交正常化交渉の外交文書(外務省公開外交記録文書)である。本書に関連する公開された外交文書をほぼ網羅し資料集に収めて公刊した、浅野豊美・吉澤文寿・李東俊編集/解説『日韓国交正常化問題資料』(現代史料出版、二〇一〇年)の第Ⅰ期シリーズ(一九四五~一九五三年)と基礎資料編シリーズを参照した。その上で、「日韓会談文書・全面公開を求める会」の求めにより公開された日韓会談文書は、同会のウェブサイトで[20]、原資料を閲覧した。なお、執筆時(二〇一八年三月)、日本では外交史料館などの公的機関でこれらの文書を直接閲覧することはできない。ちなみに、韓国政府公開の外交文書は、東北亜歴史財団「東北亜歴史ネット」のウェブサイト[21]と東亜日報「デジタルストーリー」のウェブサイト[22]で閲覧可能であり、韓国政府側の日韓交渉の認識と対応を考察するために活用した。このような外交文書は、特に、第四章と第五章の考察の中心的な論拠になっている。第三に、米国の外交文書は、国立公文書記録管理局（National Archives and Records Administration、ＮＡＲＡ）に所蔵されている公文書、その中でもJapanese External Assets as of August 1945の全三巻に注目し参照した。それとともに、日本国立国会図書館の憲政資料室に所蔵されている米国国立公文書館の文書を利用した。さらに米国の公刊文書としては、米国務省（U.S. Department of State）が編纂した*Foreign Relations of the United States*（*FRUS*）を使用した。

（1）本書における「在外財産」とは、まずＵＳＡＭＧＩＫが、朝鮮半島の三八度線以南の管轄区域に所在した日本および日本人（法人含む）財産を、法令第三三号（一九四五年一二月六日付、Vesting Decree：在韓日本財産の帰属に関する米軍命令）の発令に則して帰属（vested）かつ所有（owned）した没収財産を指すものである。加えて、このようにＵＳＡＭＧＩＫに没収された財産は、のちに米韓間の「財産に関する最初の協定」（一九四八年九月一一日）に則して韓国政府に移譲（transfer）されるが、これに対し、日本が問題視する諸財産のことをも意味する。外務省公開外交記録文書「日韓特別取極の対象となる日本資産及び請求権について（1）」（文書番号一五六三）一～六頁、국가기록원［国家記録院］「연표와 기록——시대의 변화를 담다」［年表と記録——時代の変化を捉える］（http://theme.archives.go.kr/viewer/common/archWebViewer.do?singleData=Y&archiveEventId=0049272290、二〇一八年二月二三日アクセス）、大韓民国政府『韓日会談白書』（出版社記載なし、一九六五年）四〇頁（韓国語）。

（2）本書における「日韓国交正常化交渉」とは、まず、一九五一年一〇月の予備会談の開始から、一九六五年六月に締結された「日本国と大韓民国との間の基本関係に関する条約」および諸協定（請求権、漁業、在日韓国人の法的地位、朝鮮由来の文化財など）に加えて「紛争の解決に関する交換公文」が、一二月一八日に発効するまでのことを指す。さらには、当時この交渉について

便宜上「日韓会談」や「日韓交渉」と略されたりもしたが、一九六五年日韓協定の締結以降にも外交史上類をみない日韓関係の桎梏そのものの歴史を象徴し今日に至る経緯から、双方の略称はほぼ歴史用語化されている側面をも意味する。したがって、本書では「日韓国交正常化交渉」以外にも、前述の双方の略称も含めて使用する。ちなみに諸協定の原文は、以下を参照されたい。外務省ホームページ「条約検索」(http://www3.mofa.go.jp/mofaj/gaiko/treaty/search2.php、二〇一八年二月二三日アクセス)、외교부홈페이지［外交部ホームページ］「일본개황」［日本概況］(http://www.mofa.go.kr/www/brd/m_4099/view.do?seq=358049、二〇一八年二月二三日アクセス)。

(3) 第三次日韓会談の第二回請求権委員会(一九五三年一〇月一五日)において「日本は韓国の富の八五%を要求している」との韓国側の主張に対する日本側の反駁、サンフランシスコ講和条約の第四条(b)項の解釈をめぐる意見の対立、植民地朝鮮統治三六年間の韓国側の賠償要求理論に対する反駁、そして朝鮮縁故者のエピソードなどの論争が行われた。この時の久保田貫一郎代表(参与)の発言が、のちに「久保田発言」といわれるようになった。外務省公開外交記録文書「日韓会談日誌(Ⅱ)第2次会談・第3次会談(未定稿)」(文書番号四八六)一八頁。

(4) 최영호［崔永鎬］『일본인 세화회——식민지조선 일본인의 전후』［日本人世話会——植民地朝鮮 日本人の戦後］(논형［ノンヒョン］、二〇一三年)、이연식［李淵植］『조선을 떠나며——1945년 패전을 맞은 일본인들의 최후』［朝鮮を去る——一九四五年敗戦を迎えた日本人の最後］(역사비평사［歴史批評社］、二〇一二年)、이형식［李炯植］「패전 후 귀환한 조선총독부관료들의 식민지 지배 인식과 그 영향」［敗戦後に引揚げた朝鮮総督府官僚たちの植民地支配認識とその影響］『한국사연구』［韓国史研究］(第一五三号、二〇一一年)、増田弘編著『大日本帝国の崩壊と引揚・復員』(慶應義塾大学出版会、二〇一二年)、加藤聖文『「大日本帝国」崩壊——東アジアの一九四五年』(中公新書、二〇〇九年)、노기영［盧琦霙］「해방 후 일본인의 귀환과 중앙일한협회」［解放後の日本人の引揚げと中央日韓協会］『한일민족문제연구』［韓日民族問題研究］(第一〇号、二〇〇六年)、정병욱［鄭昞旭］「조선총독부 관료의 일본 귀환 후 활동과 한일교섭——1950、60년대 同和協會・中央日韓協會를 중심으로」［朝鮮総督府官僚の日本引揚げ後の活動と韓日交渉——一九五〇、六〇年代の同和協会・中央日韓協会を中心に］『역사문제연구』［歴史問題研究］(第一四号、二〇〇五年)、浅野豊美「折りたたまれた帝国——戦後日本における『引揚』の記憶と戦後的価値」細谷千

博・入江昭・大芝亮編『記憶としてのパールハーバー』(ミネルヴァ書房、二〇〇四年)、原朗編集『復興期の日本経済』(東京大学出版会、二〇〇二年)、若槻泰雄『戦後引揚げの記録』(時事通信社、一九九五年)、木村健二『在朝日本人の社会史』(未來社、一九八九年)、森田芳夫『朝鮮終戦の記録――米ソ両軍の進駐と日本人の引揚』(巖南堂書店、一九六四年)、Barak Kushner and Sherzod Muminov, eds., *The Dismantling of Japan's Empire in East Asia: De-imperialization, Postwar Legitimation and Imperial Afterlife* (New York, NY: Routledge, 2016); Lori Watt, *When Empire Comes Home: Repatriation and Reintegration in Postwar Japan* (Cambridge, Mass.: Harvard University Asia Center, 2009).

(5) 太田修『[新装新版] 日韓交渉――請求権問題の研究』(クレイン、二〇一五年)、吉澤文寿『[新装新版] 戦後日韓関係――国交正常化交渉をめぐって』(クレイン、二〇一五年)、장박진 [張博珍]『미완의 청산――한일회담 청구권 교섭의 세부 과정』[未完の清算――韓日会談請求権交渉の細部過程](역사공간 [歴空空間]、二〇一四年)、金恩貞「日韓国交正常化交渉における日本政府の政策論理の原点――『対韓請求権論理』の形成を中心に」『国際政治』(第一七二号、二〇一三年)、이동준・장박진편저 [李東俊・張博珍編著]『미완의 해방――한일관계의 기원과 전개』[未完の解放――韓日関係の起源と展開](아연출판부 [亜研出版部]、二〇一三年)、李鍾元・木宮正史・浅野豊美編著『歴史としての日韓国交正常化Ⅰ――東アジア冷戦編』『歴史としての日韓国交正常化Ⅱ――脱植民地化編』(法政大学出版局、二〇一一年)、장박진 [張博珍]『식민지 관계 청산은 왜 이루어질 수 없었는가――한일회담이라는 역설』[植民地関係の清算はなぜ成し遂げられなかったのか――韓日会談という逆説](논형 [ノンヒョン]、二〇〇九年)、박진희 [パク・ジニ]『한일회담――제1공화국의 對日정책과 한일회담 전개과정』[韓日会談――第一共和国の対日政策と韓日会談の展開過程](선인 [ソンイン]、二〇〇八年)、이원덕 [李元徳]『한일 과거사 처리의 원점』[韓日過去史処理の原点](서울대학교출판부 [ソウル大学校出版部]、一九九六年)、高崎宗司『検証 日韓会談』(岩波書店、一九九六年)、李鍾元「韓日会談とアメリカ――『不介入政策』の成立を中心に」『国際政治』(第一〇五号、一九九四年)など。日韓国交正常化交渉に潜む意義づけを示唆する最近の研究としては、宋炳巻『東アジア地域主義と韓日米関係』(クレイン、二〇一五年)が挙げられる。この研究は、第二次世界大戦を前後する東アジア地域主義の連続性を日米韓関係の中で分析した側面と、その時空間の設定が示唆に富む。また本書脱稿後に、金恩貞『日韓国交正常化交渉の政治史』(千倉書房、二〇一八年)が刊行されている。

(6) 日本国と大韓民国の間で、一九六五年六月二二日に締結された「日本国と大韓民国との間の基本関係に関する条約」および諸協定（請求権、漁業、在日韓国人の法的地位、朝鮮由来の文化財など）に加えて「紛争の解決に関する交換公文」が、一二月一八日に効力発生したことを指す。

(7) 近代日本研究会『政府と民間――対外政策の創出／年報・近代日本研究・一七』（山川出版社、一九九五年）「編集後記」。

(8) 朝鮮縁故者の肩書きは、氏名のあとに括弧で本書に関連する職歴を優先し適時示すこととする。それらは、秦郁彦著・戦前期官僚制研究会編『戦前期日本官僚制の制度・組織・人事』（東京大学出版会、一九八一年）をもとに、朝鮮縁故者が設立する諸団体から発行された史資料などを参考にして表記したものである。

(9) 原文は、以下のとおりである。「朝鮮引揚同胞世話会も創立当初の歴史的使命を一応果たしたわけであるが、世話会を通じて一段と固い同胞愛に結ばれたお互ひは、この機縁をより一層意義あらしめるために、こんど新たな構想のもとに社団法人同和協会を結成することになつた。この新団体は朝鮮縁故者の一層きん密な提携により……」。朝鮮引揚同胞世話会『朝鮮引揚同胞世話会特報』第二〇号（一九四七年六月二〇日）一頁（「桜井義之文庫」請求記号：2734）。

(10) 日本総務省「法令データ提供システム／電子政府の総合窓口 e-Gov［イーガブ］」（http://www.e-gov.go.jp/、二〇一八年二月二三日アクセス）。

(11) 朝鮮事業者会『会報』第四四号（一九四七年三月三一日）一～七頁（「友邦文庫」請求記号：M3-47）。

(12) 恩給（年金）を受領するための勤務年数を満たさない者を除けば、旧外地の官僚に関する勅令第二八七号（一九四六年五月三一日付施行）により自然退官になるか、または公職追放令にあたり、朝鮮縁故者の団体（朝鮮引揚同胞世話会、同和協会など）のもとで離合集散した。

(13) ちなみに、連合国軍最高司令官総司令部（General Headquarters, the Supreme Commander for the Allied Powers、ＧＨＱ／ＳＣＡＰ）の民間財産管理局（Civil Property Custodian、ＣＰＣ）が、在外財産調査会から提出を受け、作成されたものと推測される報告書にも、個人財産の総額が表記されている。一九四五年八月一五日現在の円価（一ドル＝一五円）で計算すると、総額は一〇五億六三〇〇万円（七億四二〇万ドル）であり、朝鮮半島の三八度線以南の所在が七三億九四一〇万円（四億九二九四万ドル）であった。他方の三八度線以北は三一億六八九〇万円（二億一一二六万ドル）である。朝鮮引揚同胞世話会「在朝鮮日本人個人財産額調」（一九四七年三月二日）一～六丁（「友邦文庫」請求記号：365-2）、米国国立公文書館（National Archives and Records Administration、ＮＡＲＡ）国務省在外公館文書（RG 331）"Japanese External Assets as of August 1945 VOLUME 1 Prepared by the CIVIL PROPERTY CUSTODIAN External Assets Division 30 September 1948," Box 3713, File 741.

（14）外務省公開外交記録文書「日韓諸協定批准国会における在朝鮮日本財産に関する答弁資料（案）」（文書番号一二三四）五四頁。この文書に記されている国会想定答弁は、前記の朝鮮引揚同胞世話会の「在朝鮮日本人個人財産額調」（一九四七年三月二日）を参考にしている。なお、内訳のドル換算の端数は原資料に従い省略している。

（15）外務省公開外交記録文書「日本の在外財産」（文書番号一八六一）四～九頁、米国国立公文書館（ＮＡＲＡ）国務省在外公館文書（RG 331）"Japanese External Assets Report Submitted by Ministry of Finance 21 Dec 1948_Special Reports listing Japanese Government Ownership," Box 3713, File 741に収録された図 表 General Table on Estimates of Japanese external assets (Excluding Army, Navy and individual assets), The 20th report, Dec. 10. 1948 の数字を参照されたい。本書で示した日本の在外財産に該当する各総額は、この報告書の数字に基づいている。

（16）大蔵省管理局管理課（一九四八年二月二日）「終戦時に於ける日本在外財産調査について（未定稿）」『在外財産調査会関係資料目録』（分類記号番号：B61.00／レファレンスコード：A13111639200、アジア歴史資料センター https://www.jacar.go.jp/、二〇一八年二月二三日アクセス、以下同様）二〇一五頁。

（17）大蔵省管理局「序」『日本人の海外活動に関する歴史的調査』（大蔵省管理局、一九四八年）三頁。

（18）敗戦直後の引揚げ者に向けられた植民地統治に対する批判の一例として이형식［李炯植］「패전 후 귀환한 조선총독부관료들의 식민지 지배 인식과 그 영향」［敗戦後に引揚げた朝鮮総督府官僚たちの植民地支配認識とその影響］二六七～二七三頁を参照されたい。

（19）http://glim-els.glim.gakushuin.ac.jp/webopac/catsrr.do、二〇一八年二月二三日アクセス。

（20）このウェブサイトにアップされている日本政府公開の日韓会談文書は「DocuWorks」ファイルであり、それらを閲覧するためには富士ゼロックス株式会社から無料提供している「DocuWorks Viewer Light（閲覧用ソフトウェア）」のダウンロードが必要である。本書では、このような方法でダウンロードし閲覧した画面の一番下に表示される数字をもとに各外交文書から該当する部分の頁数を記した。表記例：外務省公開外交記録文書「○○○○」（文書番号○○○）一〜二頁。http://www.f8.wx301.smilestart.ne.jp/:http://www.fujixerox.co.jp/download/software/docuworks/、二〇一八年二月二三日アクセス。

（21） http://contents.nahf.or.kr/id/kj、二〇一八年二月二三日アクセス。

（22） http://www.donga.com/news/d_story/politics/K_J_agreement65/data.html、二〇一八年二月二三日アクセス。

第一章

一九四五年の敗戦――朝鮮縁故者の定着志向から引揚げへ

一　日本政府・京城日本人世話会の定着促進と財産保護

一九四五年八月の敗戦を迎えた朝鮮縁故者にとって、個人および法人財産は、引き続き朝鮮半島に定着するために当然保障されるべきものであった。なぜならば、彼らにとって朝鮮半島の植民地統治は世界が公認した合法的なものであり、その領土で積み上げた財産は正常な経済活動の実績であったからである。それに加えて、日本と朝鮮の両民族は平和的な経済発展を掲げて協力しあった関係であり、日本人が現地開発にまで貢献した史実は平和的かつ合法的なものであると考えられた。しかも両民族の間は戦闘状態に置かれたわけでもない(1)。このような受けとめ方が、当時の朝鮮縁故者にも一般的であり、彼らの植民地朝鮮の認識に横たわる普通の論理であった。

この認識を前提に、朝鮮縁故者は、敗戦後も朝鮮半島に定着することは容易であると考えながら財産保護に取り組み、その役割を担うために設立した団体が、いわゆる京城日本人世話会であった。そして、この団体が試みる朝鮮半島での定着促進と財産保護のプロセスに、敗戦後の植民地認識が初めて表出することになる。

他方の日本政府も、朝鮮縁故者と同様の前提に立った終戦処理の対策案を提示した。そこには、従来どおり朝鮮半島での定着が持続可能であるという植民地認識が根底にあった。その意味で、朝鮮縁故者と日本政府の植民地認識は一種の類似性を持っていたのである。だからこそ、日本政府の終戦処理の初期方針（一九四五年八月一四日）は「出来得る限り定着の方針」と「生命財産の保護」に収まり、総督府に保護指導を命じた上で、朝鮮在留の民間日本人に対する措置を促したのである。(2)

この方針に朝鮮在留の民間日本人が同意するかたちで、(3)前述のように京城日本人世話会（一九四五年八月一八日）が設立された。換言すれば、京城日本人世話会は、敗戦後にもかかわらず日本政府と朝鮮縁故者の間で定着促進と財産保護という利害関係が一致した結果、官民協調の接点として設けられた団体であった。(4)それゆえに京城日本人世話会の初期活動は、引き続き朝鮮半島に定着するための財産保護に取り組むことであった。まずは、その世話会が設立される経緯から追ってみよう。

前記の日本政府の八月一四日付訓令を受けた総督府は、朝鮮縁故者の定着促進を前提として財産保護を目的に、二つのシナリオを想定した。一つ目は、朝鮮民族の政治指導者の協力を得た対策案である。その案として八月一五日に遠藤柳作（政務総監）が治安維持の協力を求め呂運亨（朝鮮建国同盟委員長）と会談したが、朝鮮建国準備委員会（建準）における自主姿勢と朝鮮のナショナリズムの高揚により、朝鮮民族指導者の協力を得るという総督府の方針は挫折した。これを受けて総督府は、朝鮮在留の日本人有力者に協力を要請するという二つ目の対策案に移り、彼らに政府機構の役割分担を依頼した。それは遠藤・呂会談に続けて、日本人有力者との間で別途に善後策を講じるものであった[5]。しかしながら、このシナリオも具体案を示すことなく、総督府には敗戦の雰囲気だけが漂っていた。

その場に参加していた、穂積真六郎（京城電気会社社長・元殖産局長）も現実問題に何ら対応策を講じない総督府の姿勢に苛立ちながら具体案を示せずにいた。その最中、穂積に手掛かりを与えたのは、伊集院兼雄（朝日新聞京城支局長）からの電話であった。この電話で伊集院支局長が示した対応策は、八月一七日夕刻に阿部信行（総督）と総督官邸で面会した際に訴えた民間の連絡機関設置を具体化する行動であった[6]。

早速、翌一八日に朝鮮在留の日本人有力者らが、京城電気会社社長室に集まり日本人会の結成を協議した[7]。そこで穂積真六郎が会長に選ばれ、久保田豊（朝鮮電業社長）と渡辺豊日子（朝鮮重要物資営団理事長・元学務局長）の二人が副会長に内定した。設立当日、京城日本人世話会の指導部は、総督府に赴き趣意書と規約を提示し賛意を得てから、朝鮮軍管区司令部と憲兵隊司令部にもその趣旨に賛同を得た。軍部は、即刻、軍用電話を通じて各地域官公所に同様の日本人団体を組織する旨を通達した。総督府も、企画課長名義で各道知事宛に「内地人世話会設立に関する件」の指示文を下達して、各地方でも日本人団体を組織するよう促した。このように京城日本人世話会は、総督府と軍部からの組織運営の支援を背景に、運用資金の調達も受けながら全国的に拡大の動きをみせていた[8]。各地方では定着希望者と引揚げ希望者が混在する中で、京城日本人世話会の相当数が財産を含めた権益の擁護を受けるために定着を希望し、将来的には居留民団になるよう期待を寄せていた[9]。

八月二五日、京城日本人世話会の第一回委員会[10]における穂積会長の挨拶には、その定着意志が反映されていた。

われわれの生命・財産がどうなるであろうか……一日もはやく、冷静をとりもどし、帰るものは帰り、とどまるものはとどまるようにしたい……内地に帰る人々のお世話はできるだけいたしたい。同時に帰ることがあまり歓迎されない実情ですから、将来のためなるべく残っていただくように、残る人々のお世話をもお引き受けしたい。そのいずれにせよ、生活の問題、これを第一の問題として進みたいと存じます。将来、居留民団へと発展するかもしれません……[11]。

京城日本人世話会の指導部は、この局面において財産問題を念頭に置きながら定着を促すと同時に、引揚げ支援も兼ねて行うことを心掛けていたのである。そのために京城日本人世話会は、朝鮮在留の民間日本人に対し定着の促進と引揚げ支援に分けて対応することを想定していた。その延長線上から、趣意書に「きたるべき新朝鮮のためには、よき協力者として、その光栄ある発達に全幅の寄与をなすべきであります」と明記した[12]。朝鮮縁故者は、将来独立する朝鮮に対して引き続き「共存共栄」を謳うかのように、その定着意志を持っていたのである。そして、こうした朝鮮縁故者の意志を日本政府が後押ししていた。内務省管理局は、八月二四日に「過去統治ノ成果ニ顧ミ将来ニ稽へ出来得ル限リ現地ニ於テ共存親和」することを方針として打ち出した。その要領としては、「現地ニ於ケル産業経済ノ発展ニ寄与スルコト……出来得ル限リ現地ニ踏ミ止マリ共存共栄」することを提示した[13]。

これを受けて総督府は、本国政府の終戦連絡中央事務局の設置に合わせて、二七日に朝鮮終戦事務処理本部を設けた。この事務処理本部には、総務部・折衝部・整理部・保護部が設置された。その中で保護部は、日本人の引揚げ準備、残留日本人の団体組織、個人と法人の権益保護の目的を掲げていた。[14]これらの目的を現地定着の促進と引揚げ支援に分けて対応し、権益擁護の中核である所有財産の保護を示していたことは、京城日本人世話会と同様であった。

保護部の次長に就いた原田大六（総督府官房企画課長）は、日本人の引揚げ計画を立案し、予算を策定する際に、引揚げ希望者を六五万人程度と想定した。当時、朝鮮在留日本人の総数は約八五万人であり、[15]そこから引揚げ希望者の数を除けば、現地定着を希望する人数を大体二〇万人と把握していたのである。このように、朝鮮半島における定着の持続可能性を数字で示していたこと自体、日本政府の植民地認識の断面を窺わせるものであり、その認識には敗戦後も現地定着が当然可能であるとの側面をあらわにしていた。日本政府は、この可能性を既成事実化した上で、朝鮮縁故者と同様の善後策を講じていたのである。

他方、京城日本人世話会も、政府当局と同じく朝鮮在留の日本人に向けて、現地定着を維持するよう呼び掛けた。同世話会は、会報を通して定着希望の立場を明確にしながら「新生朝鮮のため頑張れ」と掲げて、引揚げ希望者も朝鮮半島に踏みとどまって協力することを提唱した。あえて引揚げを希望する者には「内地引揚者に警告す」との強い言葉を用いて「自粛」を求めた。[16]このような文句は、当時京城日本人世話会の報道課長を務めた安井俊雄（京城日報副社長・京城日報支配人）をはじめ言論人の筆を以て表明された植民地認識であった。

同世話会の会報から関連内容を抜粋すると、以下のとおりである。

・我ら日本人は、この朝鮮のよりよき発展のためにあらゆる協力を惜んではならない。[17]

・京城内地人世話会は、朝鮮にふみ止つて同胞相ともに苦難の道を歩みつゝ、われらの友朝鮮の進展に協力しようとする内地人のために、いろ〳〵のお世話をすることである。(18)

・内地にかへれば外地にゐるのとちがつて心が安らかであらうなどといふ安易な考へから、内地へといふ人々がこの朝鮮在住の日本人の中にも多いやうに見るが、内地も米軍に占領されてゐるといふことをとくと知るべきである。(19)

・軍や官の権威も、やがて、これまで通りでなくなるのであるから、こゝで在留日本人はしつかり腹をきめて、自分独りが儲けようとか、或は自分だけが楽をしようといふやうな悪い個人主義を一掃し、新らしい一歩を踏み出さねばならぬ。内地人世話会は、将来在留日本人のために残る組織である。すべての内地人は、速かに世話会の下に結集して、秩序整然と、新生活に入らねばならぬ。(20)

・一緒にあくまで「新生朝鮮」に協力して、この馴染深い朝鮮のために一肌脱いで東洋平和の一翼を担ふべく頑張ろうではないか。(21)

このように朝鮮縁故者は、将来独立するであろう朝鮮は「馴染み深い」ゆえに、今後も朝鮮半島に居残り定着して貢献するよう訴えていた。それこそが、彼らが唱えた敗戦後の朝鮮半島における「新らしい日本人の立場」であった。そして、「自分は最後まで朝鮮に踏み止るのだ」と決意を示し、その中枢には京城日本人世話会が存在すると強調したのである。(22) この種の認識は、敗戦後にも現地定着を希望した朝鮮縁故者にとってはごく普通であり、京城日本人世話会は、敗戦後の植民地朝鮮に対するその認識が初めて表出する場となったのである。その上で、同世話会は、日本政府の初期方針に沿って現地定着を促進し、所有財産の保護に取り掛かるため、USAMGIKの引揚げ希望者を中心とした日本人送還計画に関与しようとするのである。

二　米軍政の中の京城日本人世話会、そして総引揚げ

総督府は、米軍の進駐以前から今後の占領統治を進めるにあたり、米軍が総督府の行政機関を介在するか否かという問題を注視していた[23]。先遣米軍の進駐後、総督府の首脳部と初回の公式会談（一九四五年九月七日）で占領方式につき先に触れたのは、米軍側であった。

米軍のハリス（Charles S. Harris）准将は、「現行の官庁執務中の役人及び官庁の建物設備を継続使用したし。継続使用可能なりや」と打診した。これに対して、遠藤柳作（政務総監）は「朝鮮に軍政を施行するの意なりや」と質すと、ハリス准将は軍政施行との答えは回避しつつも「依然、総督、総監の総括下に置き、米軍司令官は、右、行政の管理、監督」するとの意向を漏らした。遠藤政務総監は、「本件は重要事項なるを以つて、貴官の意思を書面に記述されたし」と要求したが拒絶された。しかし、同席していた山名酒喜男（総務課長）は、総督の裁量権を切口として再度先方の意向を探ろうとした。ハリス准将は、「米軍司令官は行政の大綱を総督に指令し、具体的案件に就いては総督に決裁権を付与するもの」と応じた。この会談は、米国の占領政策がその段階では確定されていなかったことを露呈していた。それにもかかわらず、総督府の首脳部は、米軍が行政機構を存置させ総督統治を続行する方針であると受け取ったのであった[24]。

一九四五年九月九日の降伏文書の受諾式後、米軍は太平洋陸軍総司令部（ＧＨＱ／ＡＦＰＡＣ）の布告第一号から三号までを順次公布した[25]。それに続けて、ホッジ（John R. Hodge）司令官は、朝鮮民衆への声明で「降伏条件を履行するために、余は先づ現行政府の機構を通じて施行することが必要である」と訴えた[26]。総督府を介在す

る占領統治を公式化したのであった。

しかし、朝鮮民族の指導者側から行政機関の接収を強く要求され、米軍はそれを反映させるかたちで行政担当者を朝鮮人に代替させていった[27]。これに伴い、阿部信行総督は即時解任を要請され、総督府は解体の手順を踏んだ。総督府の解体と同時に、一九日のUSAMGIKの設立を受けて、穂積真六郎京城日本人世話会会長は、本国の吉田茂外務大臣宛に「朝鮮ニ於テハ御承知ノ如ク……日本人世話会アルノミ、然ルニ……速ニ日本政府ノ渉外機関ヲ京城ニ設置セラレ度、此段懇願ス」と送信し、日本政府の渉外機関の設置を求めた[28]。しかし、この要請は容認されず、京城日本人世話会は、旧総督府の終戦処理を代理しつつUSAMGIKと直接交渉に臨むことになる。

まず、京城日本人世話会の指導部は、米軍が発令した布告第一号（一九四五年九月七日付）の第四条における「住民ノ所有権ハ之ヲ尊重ス」との声明の中で、その「住民」の範囲を確かめる必要があった[29]。早速、京城日本人世話会は、アーノルド（Archibald V. Arnold）軍政長官に接触して「日本人を含む」との言明を受け、所有財産が引き続き保護されることを確認した[30]。

その上で、京城日本人世話会は、財産保護を前提に内部組織を改編し、初期の構想どおり定着の促進と引揚げ支援に分けて対応することを明確にした。既存の組織体制は、事務局を軸に総務部・事業部・調査部を置く一局三部七課制であったが、二人の副会長が直轄する事務局と文化局に分割して、総務部を別途に置く二局七部制に改組された。その中で事務局の援護部では、その任務として日本人の財産管理および処分輸送を掲げ、定着希望者と引揚げ希望者を分別して支援する構えであった。それと同時に、外渉部を設置して「関係当局並外渉部との連絡協調交渉に関する事項調定、仲裁等に関する事項」を明記し、USAMGIKとの協調姿勢を重視した[31]。

他方、USAMGIKは、法令第二号(一九四五年九月二五日)を公布して、日本の国公有財産を没収した。この公布に基づけば、没収された国公有財産を除いて、日本人の私有財産(個人および法人財産、以下同様)は引き続き保障されることになる。事実、USAMGIKは、日本人の私有財産を尊重する立場を表明し「日本人財産譲渡手続き」(一九四五年一〇月一一日)という公式発表で、それを裏づけていた[32]。

一方、ワシントンにおける米国の戦後構想の中で、「SWNCC176/8:米軍の朝鮮占領地域における民政に対する太平洋陸軍総司令部最高司令官への初期基本指令」(一九四五年一〇月一三日承認)が朝鮮占領の基本指令として確定され、この指令により日本の社会的、経済的、財政的な統制から朝鮮を解放させることが決定された。これにより、米国の戦後構想の一環として「日韓分離(separation of Korea from Japan)」政策が、朝鮮半島の三八度線以南で厳格適用される兆しがみえつつあった[33]。この指令は、一〇月一七日、マッカーサー(Douglas MacArthur)連合国軍最高司令官に伝達された[34]。

これと同時期の三八度線以南においては、日本軍の武装解除が実施され送還計画が軌道に乗り、民間日本人の送還問題も浮上しつつあった。総督府の解体に続けて日本軍も武装解除後に送還されるという現状は、京城日本人世話会をはじめ定着希望者に不安感を抱かせた。同世話会の指導部は、その不安を取り除くためにホッジ司令官との会談(一〇月一七日)を設けて、今後も朝鮮半島で定着可能か否かを確認した。

久保田豊副会長——当面の日本人の問題としましては、第一に、朝鮮に滞在を不必要とする人は、なるべく帰すことにしますが、それにつけてもいろいろの問題があります。第二に、米軍に協力してできるかぎり滞在していたいという特殊な人もあるが、それもこの際帰らなければならないのかどうか、第三に、帰るべきか残るべきかにつき、いろいろ迷っている人があるが、どういうように指導すればよいかということであります。

ホッジ司令官――その問題は、自分にも懸案で、未解決の問題です。日本人が必要であり、価値のあることは、否定できない事実で、朝鮮の経済立て直しについても、日本人が重要な役割を演じていることは、われわれもよく知っています。ただ問題は、残るそれらの人を、朝鮮人が虐待しはしないかというおそれがあるが、その点は、先般マッカーサー将軍とも話してきたが、全部引き揚げさせるか、一部残すかについては、なんらの提示もうけてはおりません。[35]

この会談が開かれた一〇月一七日は、マッカーサー元帥が前記の「SWNCC176／8」をワシントンから受け取った日付と同じであった。つまり、東京のGHQ／SCAPからホッジ司令官に対して、朝鮮在留日本人の中で定着希望者に関する具体案が示されなかったことは当然でもあった。ともあれ、ホッジ司令官は、朝鮮人の報復行為が日本人の定着を困難なものにすると指摘していた。この会談に出席していた穂積真六郎京城日本人世話会会長は、後日、このホッジ司令官の発言を「朝鮮人の感情から見て日本人が残留することは困難であらう」という「程度」の話であったと述懐している。[36] 穂積には、朝鮮人の対日感情が好意的でないにせよ、日本人の現地定着を妨害する深刻な要因とまでは考えられなかったのである。それは前述のとおり、日本と朝鮮の両民族は平和裏に経済発展に尽力した関係であると認識したからであり、それゆえに穂積は、ホッジ司令官の話をその「程度」に受けとめたのであろう。このような認識から、当時の京城日本人世話会も、USAMGIKが実施する日本人送還計画に歩調を合わせ協力していたのである。

一方、USAMGIKにおける引揚げ業務の担当部署は、難民課（Displaced Persons Division）であった。この部署の課長に着任したゲイン（William J. Gane）中尉の報告書によると、日本人送還を実施する第一の理由として「日本人から虐待されてきた朝鮮人は、日本人を必要としなかった」と指摘されている。それに加えて「日本が今後また膨張政策をとるのを阻止する」ことを挙げた。つまり、日本と朝鮮の両民族の関係に対する米軍側の認識は、少なくとも朝鮮縁故者の認識に背馳していたのである。それにもかかわらず、ゲイン難民課長は、この報告書で米軍のコスト・ベネフィットを考慮し、日本人の送還業務に世話会を「最大限に活用」するよう提言していた。これが、京城日本人世話会がUSAMGIKから日本人引揚げに関する団体として唯一認定され、日本人送還計画の引揚げ支援を行えた所以である。[37]

京城日本人世話会が引揚げ支援を行っている最中の一九四五年一二月七日、「日本の中間賠償計画に関するポーレー大使声明」[38]が発表された。これは、既成事実化していた日韓分離の政策を実施するという朝鮮占領の初期基本指令「SWNCC176／8」に合致させる措置であった。これに合わせてUSAMGIKは、一九四五年一二月六日付で法令第三三号（Vesting Decree No. 33）を発令した。これによって、朝鮮半島の三八度線以南の管轄区域に所在した日本国財産を含む、日本人の私有財産が、USAMGIKに帰属（vested）かつ所有（owned）されることになった。[39]

この遡及法は、京城日本人世話会をはじめ朝鮮在留日本人の定着意志を覆すものであった。換言すれば、残留を希望する朝鮮縁故者の定着意志を支えた所有財産保護の基本条件が崩れることを意味していた。このような局面を迎えた穂積京城日本人世話会会長は、USAMGIKに抗議を繰り返したが、「本国からの命令だ」と断言された。覆された財産措置について穂積は、「戦敗国の立場というものは、まことに頼りないものだ」という空虚な心境を語っていた。(40)

一九四五年一二月一二日には、法令第三三号に則してUSAMGIKの財産管理課員が日本人の託送荷物を接収した。これに対する穂積会長は、USAMGIK宛に託送荷物に関する特別配慮の陳情を行ったあと、東京のマッカーサー連合国軍最高司令官宛にも同じく陳情したが、何ら答えを受けることはなかった。(41)一方、アーノルド軍政長官は、二六日に、「米軍占領地域の日本人名義の全財産を接収したが、これは朝鮮における日本の支配力を排除するために施行した」と表明した。(42)その上で、一九四六年一月には、GHQ／SCAP民間情報教育局(Civil Information and Education Section)が、京城日本人世話会の指導部と会見した際に、「外地にいる日本人は、全部強制的に本国に帰還せしめる」と断言した。それに続いてUSAMGIKからは、京城日本人世話会長宛に「今後二週間以内に、三八度線以南の日本人は、軍政庁の直接、間接の事務担当者一千名、その家族をあわせて四千名をのぞき、他は全部撤退せよ」との指示が出された。(43)

このような事態に直面した京城日本人世話会も、定着希望者に対して「同胞よ、速に引揚げよ!!」と勧告せざるをえなかった。(44)一九四六年二月には、京城日本人世話会も職員を減らすよう命じられる有様であった。翌月には、USAMGIKから京城日本人世話会宛に、軍政長官名義の正式命令「日本人引揚に関する件」（一九四六年三月八日付）が提示され、朝鮮在留日本人の総引揚げが命じられるに至った。(45)

この時期に入り、もともと「帰りたい日本人のために」動いていた引揚げ列車は急転し「日本人を帰すために」動く列車へと変わりつつあったのである。(46)

このように、日本政府の後押しを受けていた朝鮮縁故者が、一九四五年の敗戦後にも現地定着を促進し所有財産を保護する初期構想は挫折を余儀なくされた。しかし、その初期構想は、朝鮮縁故者が日本へ引揚げてから提起する在外財産問題、すなわち没収財産の補償問題として「国内化」されるのである。

まず、朝鮮半島への定着希望者でありながら総引揚げを命じられた朝鮮縁故者は、敗戦直後の官民両者間で共通した植民地認識の観点から設けた京城日本人世話会と同様に、引揚げ後にも旧総督府東京事務所（朝鮮関係残務整理事務所）を本拠地として官民両者の団体を再構築する。つまり、旧総督府官僚と朝鮮縁故者間の連続する接点によって、旧総督府東京事務所を中心に、在外財産問題をめぐり朝鮮引揚同胞世話会と朝鮮事業者会に役割を分担させ、自己実現化を図ることになるのである。そこに朝鮮縁故者の植民地認識が日本政府との折衝過程でも表出していき、その後の日本政府にも影響を与えていくことになる。

さらに、引揚げ後に朝鮮縁故者が直面した日本国内外における朝鮮植民地支配に対する批判的な論調は、日本帝国の植民地統治の実績として抗弁する彼らの認識と対応をもたらす。とりもなおさず、朝鮮縁故者は、没収された所有財産の補償を遅延させる原因は植民地統治に対する批判にあると判断し、その種の植民地認識を是正すべきターゲットに絞り朝鮮統治の実績の数値化を通して自己主張を裏づけようと試みるが、それが外務・大蔵両省の共管機関のもと官民協調の枠組みの中で完成されるのである。

これらについては続く第二、三章で論じることにしよう。

（1）大蔵省管理局編集『日本人の海外活動に關する歴史的調査』（大蔵省管理局、一九四八年）一～三頁、外務省公開外交記録文

書「朝鮮における債務の処理について」（文書番号一五五九）一頁。

（2） この訓令を東郷茂徳外務大臣（大東亜大臣兼務）が在外公館宛に発令した日付は、八月一四日であった。「三ヶ国宣言条項受諾に関する在外現地機関に対する訓令」外務省公開外交記録文書「太平洋戦争終結による在外邦人保護引揚関係雑件」（第一六回公開分、外務省外交史料館所蔵、リール番号 K'0002）。

（3） 日本国内の人口に対する、公務・自由業者の比率は六・八％である一方、朝鮮半島ではその比率が三九・五％であった。この比率の差は、朝鮮半島の特権階層には、総督府・事業者を筆頭とする官界・財界・学界・言論界が位置していたことを表す。京城日本人世話会に所属する民間有力者の中には、総督府出身の官僚が多数を占めていた。최영호〔崔永鎬〕『일본인 세화회――식민지조선 일본인의 전후』〔日本人世話会――植民地朝鮮 日本人の戦後〕（논형〔ノンヒョン〕、二〇一三年）四六～四七頁。

（4） 이연식〔李淵植〕『조선을 떠나며――1945년 패전을 맞은 일본인들의 최후』〔朝鮮を去る――一九四五年敗戦を迎えた日本人の最後〕（역사비평사〔歴史批評社〕、二〇一二年）七四頁。日本語版は、李淵植著・舘野皙訳『朝鮮引揚げと日本人――加害と被害の記憶を超えて』（明石書店、二〇一五年）を参照のこと。

（5） この会談に参加した朝鮮在留の民間日本人は、穂積真六郎（京城電気会社社長・元殖産局長）、湯村辰次郎（朝鮮織維産業会社社長・元農林局長）、渡辺忍（朝鮮食糧営団理事長・元農林局長）、人見次郎（朝鮮商工会議所会頭・元鉄道局長）であった。森田芳夫『朝鮮終戦の記録――米ソ両軍の進駐と日本人の引揚』（巌南堂書店、一九六四年）一三二頁、翰林大学아시아〔アジア〕文化研究所編『駐韓美軍情報日誌 1：1945.9.9-1946.2.12 ―― HQ, USAFIK G-2 periodic report』（翰林大学아시아〔アジア〕文化研究所、一九八八年）。

（6） 穂積真六郎『わが生涯を朝鮮に』（ゆまに書房、二〇一〇年）一九〇頁、田村吉雄編集『秘録大東亜戦史――朝鮮篇』（富士書苑、一九五三年）三六～三七頁。

（7） 参加者は、以下のとおりである。穂積真六郎、久保田豊（朝鮮電業社長）、渡辺豊日子（朝鮮重要物資営団理事長・元学務局長）、湯村辰次郎、渡辺忍、杉山茂一（朝鮮商工経済会常務理事）、伊集院兼雄（朝日新聞京城支局長）、安井俊雄（京城日報副社長兼京城日報支配人）。森田『朝鮮終戦の記録』一三三頁。

（8）同右、一三二〜一三四頁。

（9）平和祈念事業特別基金編集『資料所在調査結果報告書——資料が示す今次大戦における恩給欠格者、戦後強制抑留者及び海外引揚者の労苦』（平和祈念事業特別基金、一九九三年）一九七頁、今村勲『京城六ヵ月——私の敗戦日記』（出版社記載なし、一九八一年）一四〇〜一四一頁。

（10）「京城内地人世話会規約（創立当時）」の第五条によると、「本会は重要事項を審議決定するため常任委員会をおき実践力を有する各界代表を以て組織す」と明記されていた。その常任委員会の「常任委員」には、穂積真六郎、渡辺豊日子、渡辺忍、伊集院兼雄、人見次郎、湯村辰次郎、安井俊雄、久保田豊、鈴木武雄（京城大学教授）、中保与作（京城日報社副社長兼主筆）、山口重政（朝鮮殖産銀行副頭取）、田中鉄三郎（朝鮮銀行総裁）、伊藤憲郎（国民総力朝鮮連盟総務部長・元総督府事務官兼任法務局法務課）、金子定一（陸軍少将・興亜総本部大陸局長）、小瀧基（元殖産局長）、古市進（京城府尹）、内地三銀行支店長などが指名された。事務局職員（一九四五年九月一日）として事務局長に金子、次長に伊藤、秘書に森田芳夫（緑旗日本文化研究所員）、総務部長に杉山茂一、事業部長に古市、報道課長に安井、そして調査部長に鈴木が就いた。加藤聖文監修・編集『海外引揚関係史料集成（国外編）第一九巻』（ゆまに書房、二〇〇二年）一九〜二二頁。

（11）森田『朝鮮終戦の記録』一三五〜一三六頁。

（12）同右、一三七頁。

（13）内務省管理局「戦争終結ニ伴フ朝鮮台湾及樺太在住内地人ニ関スル善後措置要領（案）」（一九四五年八月二四日）外務省公開外交記録文書「太平洋戦争終結による在外邦人保護引揚関係雑件」（第一六回公開分、外務省外交史料館所蔵、リール番号K'0002）、内務次官「終戦処理ニ伴フ在外地邦人権益ノ保持存続ニ関スル件」（一九四五年八月三一日、朝鮮総督府政務総監宛指令『阿部信行関係文書』（マイクロフィルム、国立国会図書館憲政資料室所蔵、以下同様）。

（14）保護部長は白石光治郎（総督府農商局長）、次長は原田大六（総督府官房企画課長）であった。「朝鮮総督府終戦事務処理本部設置申請の件」外務省公開外交記録文書「太平洋戦争終結による在外邦人保護引揚関係雑件」（第一六回公開分、外務省外交史料館所蔵、リール番号K'0002）、大蔵省財政史室編集『昭和財政史——終戦から講和まで（第一巻）』（東洋経済新報社、一九八四年）

二一八頁。

(15) 原田大六（総督府官房企画課長）は、総督府の朝鮮在留日本人の人口統計（一九四四年末）をもとに、終戦直前の軍需工場やソ連軍の参戦などによる日本人の移動を考慮し、その在留日本人の数を八五万人と推定していた。この数値について、他方のUSAMGIKの難民課ゲイン中尉も報告書の中で触れているとおり、当時朝鮮在留日本人の数はソ連軍の占領地域から多数の日本人が避難してくるなど、流動的な状況により推定値にとどまっていた。ちなみにゲイン報告書は、一九四五年九月に集計した朝鮮在留日本人の数を約六六万名とし、その内訳は北緯三八度線以南の米軍占領地域に四三万五、〇〇〇名、以北のソ連軍占領地域には二二万五、〇〇〇名であると把握した。原田大六「終戦に伴う引揚事務処理」森田芳夫・長田かな子編集『朝鮮終戦の記録——資料編 第一巻 日本統治の終焉』（巌南堂書店、一九七九年）一四八〜一四九頁、국사편찬위원회［国史編纂委員会］『주한미군사 1［駐韓米軍史1］——History of the United States Army Forces in Korea Part I』（선인［ソンイン］、二〇一四年）四二二頁。この駐韓米軍史シリーズのもとになるHistory of the United States Army Forces in Korea, Part I~IVは、국사편찬위원회［国史編纂委員会］のウェブサイト「한국사데이터베이스」［韓国史データベース］（http://db.history.go.kr/item/level.do?itemId=husa、二〇一八年二月二三日アクセス）でも閲覧可能である。

(16) 京城日本人世話会『京城内地人世話会々報』第八号、一九四五年九月一〇日（九州大学韓国研究センター『科研報告書別冊——京城日本人世話会関連資料解題』（二〇〇九年）収録、以下同様）。

(17) 同右、第一号、一九四五年九月二日。

(18) 同右、第二号、一九四五年九月三日。

(19) 同右、第四号、一九四五年九月五日。

(20) 同右、第五号、一九四五年九月七日。

(21) 同右、第八号、一九四五年九月一〇日。

(22) 『朝鮮商工新聞』一九四五年八月一六日（「友邦文庫」請求記号：KD23-26）、京城日本人世話会『京城内地人世話会々報』第五号、一九四五年九月七日。

(23) 山名酒喜男『朝鮮総督府終政の記録（一）（終戦前後における朝鮮事業概要）旧朝鮮総督府官房総務課長山名酒喜男手記』（友邦協会、一九五六年）一七頁。
(24) 同右、二三〜二七頁、森田『朝鮮終戦の記録』二七二〜二七三頁。
(25)「太平洋米国陸軍総司令部布告第一〜第三号」（一九四五年九月七日）『阿部信行関係文書』。
(26)『京城日報』一九四五年九月一〇日〜一一日、山名『朝鮮総督府終政の記録（一）』二八〜三二頁。
(27) 米国務・陸軍・海軍省調整委員会（State-War-Navy Coordinating Committee、ＳＷＮＣＣ）の SWNCC 101/1, 101/2 and 101/3 A Temporary International Authority in Korea Summary and Analysis, 국사편찬위원회［国史編纂委員会］「한국사데이터베이스」［韓国史データベース］（http://db.history.go.kr/、二〇一八年二月二三日アクセス、以下同様）、森田『朝鮮終戦の記録』二八九頁、『京城日報』一九四五年九月一二日〜一六日。
(28)「朝鮮総督府・外務省往復文書」森田・長田編集『朝鮮終戦の記録——資料編 第一巻』一二三頁。
(29)「太平洋米国陸軍総司令部布告第一〜第三号」（一九四五年九月七日）『阿部信行関係文書』。
(30) 森田『朝鮮終戦の記録』九二八頁。
(31) 加藤監修・編集『海外引揚関係史料集成（国外編）第一九巻』三九〜四〇頁。
(32)『자유신문』［自由新聞］一九四五年一〇月一二日。
(33) SWNCC 176/8: STATE-WAR-NAVY COORDINATING COMMITTEE BASIC INITIAL DIRECTIVE FOR CIVIL AFFAIRS IN KOREA, 13 October 1945、국사편찬위원회［国史編纂委員会］「한국사데이터베이스」［韓国史データベース］、「国立国会図書館デジタルコレクション」（http://dl.ndl.go.jp/info:ndljp/pid/9898347、二〇一八年二月二三日アクセス）、長澤裕子「戦後日本のポツダム宣言解釈と朝鮮の主権」李鍾元・木宮正史・浅野豊美編著『歴史としての日韓国交正常化Ⅱ——脱植民地化編』（法政大学出版局、二〇一一年）一四〇〜一四四頁。
(34) Records of the State-War-Navy Coordinating Committee, Lot 52-M45, Basic Initial Directive to the Commander in Chief, U.S. Army Forces, Pacific, for the Administration of Civil Affairs in Those Areas of Korea Occupied by U.S. Forces, *Foreign*

Relations of the United States: diplomatic papers, 1945, Volume VI, The British Commonwealth, The Far East（以下、*FRUS*, 1945, The British Commonwealth, The Far East, Volume VI), p. 1073（footnote 95）、宋炳巻『東アジア地域主義と韓日米関係』（クレイン、二〇一五年）一二三～一二八頁。

(35) 森田『朝鮮終戦の記録』三五四～三五五頁。

(36) 朝鮮引揚同胞世話会『引揚同胞』第一巻三・四号、一九四六年七月一日、二九頁（「友邦文庫」請求記号：NY253）。

(37) ゲイン報告書（United States Army Military Government in Korea, Foreign Affairs Section, Repatriation from 25 September 1945 to 31 December 1945. Prepared by William J. Gane）の中で日本人引揚げに関連した日本語訳は、ウィリアム・J・ゲイン「米軍政庁実施の日本人送還」森田芳夫・長田かな子編『朝鮮終戦の記録――資料編 第二巻 南朝鮮地域の引揚と日本人世話会の活動』（巌南堂書店、一九八〇年）三～三二頁に収録されている。국사편찬위원회［国史編纂委員会］『주한미군사1』［駐韓米軍史1］四二二頁、최［崔］『일본인 세화회』［日本人世話会］一二六～一二九頁。

(38) Telegram from Edwin W. Pauley, Personal Representative of the President on Reparations, to President Truman, *FRUS*, 1945, The British Commonwealth, The Far East, Volume VI, pp. 1004-1009、賠償庁・外務省共編『対日賠償文書集 第一巻 重要決定・渉外局発表・賠償指定関係指令』（出版社記載なし、一九五一年）一～四頁。

(39) 外務省公開外交記録文書「日韓特別取極の対象となる日本資産及び請求権について（一）」（文書番号一五六二）三～六頁。

(40) 穂積『わが生涯を朝鮮に』二～七頁。

(41) 森田『朝鮮終戦の記録』九六六～九六九頁。

(42) 『자유신문』［自由新聞］一九四五年一二月二七日。

(43) 田村編集『秘録大東亜戦史』六〇頁。

(44) 京城日本人世話会『京城日本人世話会々報』第一一六号、一九四六年一月二四日。

(45) 森田『朝鮮終戦の記録』三九七～四〇一、四一五頁。

(46) 田村編集『秘録大東亜戦史』六〇頁。

第二章

引揚げ後の朝鮮縁故者（個人）
――朝鮮引揚同胞世話会と鈴木武雄の没収財産への対応

一　朝鮮引揚同胞世話会の植民地認識と個人財産の調査

（1）朝鮮引揚同胞世話会の在外財産問題と植民地認識との連動

一九四五年一一月、水田直昌（元財務局長）を筆頭とする総督府官僚の引揚げ者たちは、旧総督府の東京事務所を本拠地として業務を開始した。彼らの業務は、敗戦直後の総督府の局長会議で合意された朝鮮在留日本人の地位の保証、中でも在朝公務員の給与・身分・就職斡旋と在朝日本人の援護および財産保護であった。

のちにＧＨＱ／ＳＣＡＰから総督府という名称の使用を禁止する覚書が出されたため、総督府の東京事務所は朝鮮関係残務整理事務所（一九四六年一月二九日）と団体名を改めた。この事務所の所長には塩田正洪（元鉱工局長）が就任し、遠藤柳作・田中武雄・大野緑一郎（以上三名、元政務総監）を顧問として迎える組織改編が行われた。なお朝鮮関係残務整理事務所は、職員数と予算の制約を受けていたことから業務の範囲を縮小せざるをえなかった。それによって、在朝日本人の財産問題は朝鮮事業者会（一九四五年一一月設立）の協力を得る一方、在朝日本人の地位の業務をめぐっては前記した三名の顧問と関屋貞三郎（元学務局長）の助言を受け、朝鮮引揚同胞世話会（一九四六年三月設立）を設置し、その業務を分担させた(1)。

このような経緯で設立された団体が、朝鮮引揚同胞世話会であり、のちに朝鮮から引揚げた穂積真六郎（元京城日本人世話会会長・元殖産局長）がこの団体の会長に就任することになる。

ところが、引揚げ後の朝鮮縁故者に向けられたのはかつての植民地統治に対する批判であった。その批判によれば、朝鮮縁故者は、軍国主義、資本主義の走狗であり植民地朝鮮を侵略かつ搾取した張本人であった。この種の批判に直面した朝鮮縁故者は、それは「曲解」かつ「誤解」であり、到底座視するに忍びないことであると不満をあらわにしていた。

特に朝鮮引揚同胞世話会は、このような「誤解」が朝鮮縁故者の没収された在外財産の補償を妨げていると判断し、植民地批判の論調をターゲットに反駁を開始した。そしてその論客は、かつて京城日報主筆を務めた中保与作（朝鮮引揚同胞世話会理事・元京城日本人世話会常任委員）であった。彼は、朝鮮引揚同胞世話会の声を代表して同世話会の会報に巻頭言を書き続けた。そこでは、朝鮮縁故者の過酷な引揚げ体験を描写しながら喪失感を訴えるという被害者意識がみられると同時に、日本国内で朝鮮縁故者に注がれる冷淡な視線に対する不満が吐露されていた。

素より祖国への足どりも重かつたが……、我等は敗戦ゆゑに、心にもなく迫《ママ》はれるが如く帰らずにおれなかつたのである。それなのに、世には、厄介者が来たといはぬばかりに、白眼を向ける者があるといふ。今更、改めて説くまでもなく、我が引揚同胞はいづれも、はるばる懐しい故郷をあとにして、祖国の繁栄のために身命を挺し営々として海外に血と汗とを注いで来たのである。而も、遂に敗戦となるや、リユツクサツク一箇以外のあらゆるものを根こそぎ奪はれ、ほんたうに体一つ、辛うじて故郷へ辿り着いたのである。辿り着いたものの、長年海外にゐた者にとつては、これといふ近い身寄りもない。あるものは、たゞ瞼に残る山河のみ、といふ人々が少くない。あゝ、かうした同胞をさへ白眼を以て迎へる者があらうとは……。[2]

この中保与作の巻頭言は、次のように理解できる。日本国の繁栄を祈り朝鮮半島で「血と汗」を注いできた我々である。なのに敗戦により思いもよらない引揚げを強いられ、たった一個のリュックサックのほかは、すべてを奪われた。我々は被害者であるのに、この祖国の冷遇は何なのか、と嘆くものであった。そこで自分たちが背負うべきことは、植民地朝鮮での使命感と実績を日本国内でも明確に認識させることであり、その上で今後は祖国日本の再建にその努力と熱意をささげることを「あるがまゝに理解されたい」ということであった。[3]

しかしながら、朝鮮縁故者を「厄介者」として取り巻く当時の雰囲気は容易には変わらなかった。

いひたいことが山ほどある……。然し、この際、何としてもいはずにおれないことが一つある。それは、ほかでもない。海外にゐた我等同胞の面上に、故ら「帝国主義的侵略の走狗」とか、「資本主義的搾取の傀儡」といふ烙印を押すたわけ者がゐることである。在外財産に対して官民いづれの機関に於いても、少しも温い考慮が払はれないこと即ちこれである。[4]（傍点は原文の表記どおり）

敗戦により、また引揚げにより、いくら冷遇されても、朝鮮縁故者としてどうしても容認できないことがある。それは他でもなく、朝鮮縁故者の植民地史を辱めることである。我が日本国の誇りである史実に対して「帝国主義的侵略の走狗」や「資本主義的搾取の傀儡」と烙印を押されることだけは御免だ、という拒絶反応を朝鮮縁故者は強く示していたのであった。ここで興味深いのは、朝鮮引揚同胞世話会が、没収された在外財産に対して補償措置が与えられない原因を「たわけ者」の植民地認識にあると把握したことである。それは、引揚げ同胞に限り「見舞金はおろか、本来其の血と汗との結晶である在外私有財産に関してさへ」何ら施策が講じられないのは不公平である、と主張する彼らの根拠にもつながっていた。[5]

このような認識に基づく不満は、地方レベルの朝鮮縁故者にも共有されていた。それを如実に表していたのが一九四六年五月二一日に開催された「朝鮮引揚報告大会」であった。朝鮮関係残務整理事務所長の塩田正洪を議長に、九州、中国、近畿地方より代表者二十数名をはじめ約四〇〇名の引揚げ者が参加し議事が行われた。懇談に入り、まず大分県海外引揚者団体連盟本部会長の佐藤徳重から、次のような発言があった。

朝鮮に移住した日本人は長きは五十年、或は二、三十年に及び、此處を永住の地として他心なく開発に努力して来たもので、萬一吾人朝鮮移住者を軍閥侵略主義者の先駆又は資本的搾取主義者の如く曲解する者がありとするならばそれは大なる誤りであらう。殊に朝鮮在住日本人には国会議員の選挙権も与へられず、国政に参与し得ない状態に置かれ、軍閥行政等には全然干与出来ない立場にあつたことを連合軍当局に充分了解を得るやう努める必要があるので、之等実行方法を協議したい。(6)

右記のとおり朝鮮縁故者に対する批判は、地方レベルでも実感されていたようである。朝鮮半島を「永住の地」としてその発展に尽くした真意を「軍閥侵略主義者の先駆」や「資本的《ママ》搾取主義者」のような言葉で「曲解」することはいかがなものか。彼らは一歩進んで、参政権すら持てなかったことから軍国主義と自分たちを切り離して理解されたい、とまでいう。第三章の主な分析対象でもある朝鮮事業者会は、自らを軍国主義の犠牲者であるとしたが、他方の朝鮮引揚同胞世話会は、軍国主義とは一切無関係の人だといい切ったのである。ともかく、この問題は議論すべき対象であるということが「朝鮮引揚報告大会」で提案されることになった。

この要望を受けて、翌二二日、朝鮮引揚同胞世話会で委員会を開き協議した結果、当面の問題を三項目にまとめＧＨＱ／ＳＣＡＰ、内閣、外務、大蔵、厚生などの各大臣および政党本部にその問題を提起することが決定された。その内容は陳情書として同月二四日に各要路へ手渡された。この陳情書でまず取り上げられたのが、朝鮮縁故者に向けられた朝鮮植民地支配に対する批判的な論調があるとのことであった。(7)

第一、其の一は即ち引揚日本人の政治的性格を決すべき基本問題であります。世には往々、凡そ朝鮮に於て公私の事業に携りたる者すべてを目して恰も帝国主義、資本主義の走狗として侵略搾取に当りたるものの如く誹謗する論者があることは、我等の最も遺憾とするところであります。改めていふまでもなく、我等のひたすら念頭して已まなかつたのは一に日鮮両民族の緊密なる融合提携に在り、朝鮮に於ける経済及び文物すべての向上発展を図らんとする以外また他意がなかつたのであります。我等及び我等の妻子兄弟が、これがために如何に献身奉公したかは、過去四十年の史実が最も雄弁に之を立証するのであります。(8)

陳情書の内容は、次のように理解できるであろう。我々朝鮮縁故者は日本と朝鮮の両民族が協力し合って現地の経済発展に寄与する一念に他はなく、過去の史実がそれを雄弁に物語っているではないか。それにもかかわらず、この史実に反して、帝国主義、資本主義、走狗、侵略、搾取との言葉を並べる誹謗を朝鮮縁故者は到底容認できないのである。政府当局は周囲に惑わされずに朝鮮縁故者の本来の「政治的性格」を正確に理解してほしい、というのが朝鮮縁故者の現状認識であった。それゆえに朝鮮縁故者は、「一切の考慮の前提として先づ此の点」から公正に理解されたいと政治当局に訴えたのである。(9)

一方、大阪では、東京の「朝鮮引揚報告大会」の熱気を受けて「引揚者生活危機突破大会」(一九四六年六月二四日)が開催された。ここにおいても朝鮮縁故者の植民地認識が表出されながら、没収された在外財産の補償問題へとその論点が移されていた。この大会では、「在外私有財産は我等の生命の綱である。占領軍は自由主義、民主主義の国の軍であるから正当なる私有財産は尊重する筈だ。単に報告や陳情だけでなく、根強く而も堂々と要求すれば必ず我等の手に帰るであらう」と説かれ、在外財産問題が明示的に取り上げられていた。(10)それに続けて「軍需会社に補償をやり、今後それを打ち切るにしても資金融通の方法を講じるとのことだ。然らば、在外財産を見返りに資金融通位はするべきではないか」と政府への不満が噴出した。[11]

これに参加者の熱狂的な応酬が相次いだ。

我々の運命は明日に迫つてゐるのだ。いや、今晩のめしにも窮するのだ。[12]

この時、穂積真六郎が登壇した。

彼は、群衆の前に立ち「朝鮮は卅八年の統治により搾取され奴隷化されたといふものがある。根本の誤謬は即ちこゝに在る。然しあの貧弱だつた朝鮮を今日の如からしめるには、搾取ばかりしてゐては不可能のことだ。日本があらゆる資材や資金や労力をつぎこんだことを見逃してはならない」と喝破した。参加者一同は、この穂積の発言に対し「満堂を揺り動かさんばかりの熱狂的拍手を送つた」とされている。[13]

このように在外財産問題に付随した植民地認識を拠り所に、東京の中保与作は、朝鮮引揚同胞世話会を代表して、海外引揚者新聞主催の「引揚同胞に就て石橋蔵相にものを聴く会」（一九四六年七月一日）に参加した。[14] 中保は、石橋湛山大蔵大臣に向けて単刀直入に在外財産問題を質した。

中保与作――今度出来る復興金融金庫で、引揚同胞の在外財産を見返り担保に融資してほしいものだ。

石橋蔵相――それはできぬと思ふ。復興金融金庫としては何か事業をするものには出せるが、在外財産の見返りとしてはできぬ。……

中保与作――引揚同胞が窮迫するにつれて常に念頭に浮べるのは在外財産の問題である。在外財産は、賠償に繰入れられると否とに拘らず、之に対して日本政府が果して補償をするかどうかを懸念してゐるのである。大蔵大臣として何かヒントを与へて頂くと安心するが……。
石橋蔵相――遺憾ながら安心するやうな返事は今のところ出来ない。……
中保与作――私ども思ふに、或る人々の宣伝や何かのために、海外へ出てゐた日本人は悉くこれを帝国主義の走狗、資本主義的搾取の手先だつたといふ風に観られてゐるやうである。そういふ誤つた考へを基礎にして引揚同胞や在外同胞に対する諸施策を樹てゝゐるやうに見受けられるのは洵に遺憾千万である。
石橋蔵相――其の点は非常に誤解があるやうだから、訂正するやう努力したいと思つてゐる。
中保与作――大変気の毒な人が多い。(15)

中保与作の在外財産問題に関する追及に石橋蔵相は、政府当局がその問題を補償処理するか否かは留保する立場で答えていた。対する中保は、政府内で在外財産の補償の可否を論ずる際にいわゆる帝国主義、資本主義を云々とする「誤解」に惑わされその処理を留保しているのか、と問い質したのであった。石橋蔵相は、これについて明確な答えは控えつつも、いわゆる「誤解」に限っては同調していた。つまりここで注目すべきは、朝鮮縁故者と政府当局の間で在外財産の補償問題をめぐる見解は異なるものの、植民地統治の実績について「誤解」している主義主張には誤りがあるという点で、二人は一致していたということである。中保は、「我が国貿易再開の場合、引揚同胞の知識経験を活用してほしい」と要望することでその言葉を締めくくった。これに応じる石橋蔵相は、「出来るだけ早く産業に取りつくやう皆さんの御協力をお願ひしたい。産業に取付けば資金の出場所もある」と意向を伝えた[16]。この段階において政府側は、在外財産の補償責任を回避するため、政府発の公共事業に朝鮮縁故者を取り付けて再起を促すよう匂わせていたのである。

このように朝鮮縁故者と政府当局は、在外財産の補償問題をめぐり相反していたものの、かつて植民地統治に関する認識に限ってはその類似性を呈していたのである。その認識の様相は、続く「朝鮮引揚同胞物故者追悼会」において朝鮮縁故者と政府当局の間で一層明確になる。

（2）「朝鮮引揚同胞物故者追悼会」から個人財産の数値化まで

一九四六年七月二一日、戦後一周年の節目を前に「朝鮮引揚同胞物故者追悼会」が東京の築地本願寺で挙行された。大本堂正面には朝鮮縁故者の物故者らの霊牌（位牌）を安置し、供物を飾られた壇の左右には、朝鮮引揚同胞世話会をはじめ朝鮮事業者会[17]、朝鮮関係残務整理事務所、阿部信行（元総督）、上月良夫（元第一七方面軍司令官兼朝鮮軍管区司令官）、遠藤柳作（元政務総監）、恩賜財団同胞援護会、外務大臣および内務大臣から手向けられた花輪、生花が所狭しと供えられた。

その会場の遺族席と並んで参列者席には、当日の司会者である穂積真六郎を筆頭に田中武雄・遠藤（以上二名、元政務総監）、関屋貞三郎枢密顧問官（元朝鮮引揚同胞世話会会長・元学務局長）、田中鉄三郎（元朝鮮銀行総裁）、久保田豊（元京城日本人世話会副会長・元朝鮮電業社長）など、朝鮮縁故者の有力名士が着いた。ちなみに政府からは外務省の山中徳二（管理局長）が参加し同席していた[18]。敗戦直後の朝鮮半島において京城日本人世話会を拠点に現地定着を志向した朝鮮縁故者が、離合集散を繰り返してようやくこの追悼会で顔をそろえたのであった。

一同礼拝のあと、朝鮮引揚同胞世話会を代表して穂積真六郎が弔辞を捧げた。

申す迄もなく、朝鮮統治卅六年、日とともに日鮮融和の実が挙つて世界に其の類例を見ぬ平和郷を現出してゐたのでありますが、一たび戦局不利となり遂に敗戦への運命を辿らんとするや、不慮の事相ついで生起し、終戦に及んでは更に混乱の度を加へて又収拾すべくも非ず、此の間に在つて各位は空しく非業にたふれられたのであります。夢にだに予想しなかつた悲痛極まる事態の続出に我等はたゞ万斛の涙を呑んで……

思ふに、各位は朝鮮に在られて、民族の親善と文化の向上、資源の開発等あらゆる分野に心血を注がるゝこと多年、中には親子二代三代にわたられる方も少くないのであります。然るに敗戦の結果とはいへ今日の如き惨状を見るに至つたことに対しては、定めし無限の感慨を抱かれることと存じます。然しながら、各位ののこされた御功績は終戦とともに決して煙の如く消え去るものではないのであります。歴史のあらん限り、国土のあらん限り、必ずや無言の雄弁を以てこれを世界に語り伝へる日が来るでありませう。況んや平和条約締結の暁、各国との自由なる来信交易の途が開かれる日を迎えたならば、各位の御功績及び各位の犠牲が必ずや遠大なる意義を帯びて揺がぬ明日の基礎となつて蘇るであらうことは、おそらく内外何人も斉しく認めずにおかないことゝ信ずるのであります。[19]

穂積の弔辞には、次のような思いが込められている。——我々の朝鮮統治は日本と朝鮮の両民族の融和による「平和郷」を実現していた。それは、世界史上でも稀にみる成功物語として特殊な植民地統治を象徴するに他ならない。なのにその功績が、敗戦・引揚げ・冷遇といった一連の事態により否定されたのである。これは夢にも思わなかった「悲痛極まる事態の続出」である。それでも、多年にわたる朝鮮半島の現地開発と文化向上など、我々が献身的に尽力した功績は史実として、いずれ国内外でも認められるであろう。――このようにして朝鮮縁故者は彼らの他ならぬ朝鮮植民地支配に対する認識をむきだしにしていた。

最後の朝鮮総督であった阿部信行の弔辞がそれを称えていた。

諸君が朝鮮に於て、文化の上に、学術の上に、経済、産業其他各般の事業の上に残された偉大なる幾多の御事績は炳として日星の如く永へに光り輝くであらうことは、何人もこれを否むことが出来ないのであります。諸君の御事績は、おそらく明日の世界平和確立のため不朽の礎の一となるであらうことを、私は確く信じて疑ひませぬ。[20]

時の政権は第一次吉田内閣であったが、外務大臣を兼任する吉田茂の弔辞もこの追悼会で捧げられた。その弔辞で吉田は、亡くなった朝鮮縁故者に向けて「朝鮮の文化経済の発達に人並ならぬ苦労を続けられ、朝鮮を子孫永住の地として努力せられて来たのでありまして、其の辛苦抱負並に業績に対しまして私は深厚なる敬意を表する次第であります」[21]と述べた。内閣総理大臣であり外務大臣の名義で発したこの弔辞は一見すると興味深いが、よくよく考えてみれば政府側としては当然な立場でもあろう。それよりも吟味すべきは、その弔辞の中で「私は平和日本の再建を速かに成就し各位の遺族及子孫の生活の安定発展を期し、以て各位の霊に酬いその御冥福を祈りたいと思ふのであります」[22]と締めくくり、朝鮮縁故者の在外財産問題に対する「償い」、いわば没収された私有財産の補償措置への意向がそこから抜け落ちていたことである。これは前述したとおり、中保与作の在外財産の補償可否に関する質問に、石橋湛山大蔵大臣が留保する立場で答えたことと同様である。なぜならば、当時の政府は、軍需補償の打ち切りの流れに乗って在外財産問題も補償を打ち切る方針に傾いていたからである。[23]

これとは逆に、穂積は「故人が残して来た財産についてはその結末を明瞭にせしめることが吾々の義務であり、故人へのはなむけともなるべく今後も関係者一同努力する」[24]旨を表明し、「朝鮮引揚同胞物故者追悼会」は焼香に入り終わりを告げた。この追悼会でもみられるように朝鮮縁故者と政府当局の双方には、在外財産の補償可否をめぐる認識にズレがあったものの、朝鮮植民地支配に対する認識においてはほぼ一致していたことが再確認されたのであった。

「朝鮮引揚同胞物故者追悼会」の翌二二日、早速、朝鮮引揚同胞世話会では、在外財産の中で個人財産について、台湾、樺太、関東州、南洋群島など、旧領土関係の引揚げ者団体を交えて、その財産に対する補償を目指し積極的に対処するよう協議された。[25]二四日には再度会合（個人在外資産補償要請打合会）を開き、朝鮮関係残務整理事務所において穂積を司会に、各地域の引揚げ者代表の間で、個人財産の補償要求を具体化させる協議が行われた。その結果、首相をはじめとする内閣首脳部、貴衆両院議長議員、新聞報道関係者などへ陳情書を手渡し、各地域の引揚げ者代表がそろって訪問することが決定された。[26]

その一環として朝鮮引揚同胞世話会では、八月七日に新聞報道関係者と朝鮮・台湾・樺太の三地域[27]を筆頭とする引揚げ代表者の「旧領土内個人財産補償問題座談会」が開催された。この座談会の前日、旧外地関連の事業者の中央団体である海外事業戦後対策中央協議会と新聞報道関係者の間でちょうど懇談会（六日）が開かれたところであった。その時の新聞社側の主な出席者は各社の政治部長、経済部長であったが、今回の座談会（七日）にはそのワンランク上の論説委員である朝日新聞の土屋清をはじめ毎日新聞論説委員、読売新聞社取締役などが参加した。一方の引揚げ代表者側は、朝鮮引揚同胞世話会の穂積、中保、塩田正洪（朝鮮関係残務整理事務所所長・元鉱工局長）、原田大六（朝鮮関係残務整理事務所援護部長・元官房企画課長）を筆頭に、台湾（河村徹）、樺太（沖島鎌三）[28]の代表が同席した。[29]この座談会は、朝鮮縁故者に注がれた冷淡な視線を意識した上で、植民地統治に関する「誤解」を解き、在外財産問題の世論喚起を図る目的で開催されたものであった。関連する場面に注目してみると、以下のとおりである。

穂積真六郎――今後第一の目的は在外資産の補償打切といふことに就いて、何とか考えて戴きたい。……特に旧領土にゐた者は五十年も七十年も向ふに渡つて二代、三代と向ふにをつた為めに、内地に親戚も少く、根拠地もない。帰つて来ても頼る所がない人間が多い。その上に、何處でも例外なく今度全部の財産を没収されてゐる。勿論内地でも空爆を受けた人々が資産をなくしてゐるけれども、そのなくした程度が違ふ。……

土屋清――個人財産の補償といふのはどういふ程度の補償を要求されてゐるか。財産の査定も難かしいが、具体的にどういふことをどういふやうにしろといふのか。

穂積真六郎――まだ今は具体案までは何處も出来てゐないが……

土屋清――われ〳〵は、それが聴きたい所なんです。……

沖島鎌三――朝鮮、台湾、樺太から内地に帰つて来た者は全く縁故がない。……それから一時的に海外に行つたのと違ふ事情があるから、特殊の事情を認識して欲しい。……

土屋清――原則論ぢやなく、具体的な程度をどの位要求するか、あなた方の方で案が出来れば、今の財政から見てそれは高いとか、少いとかいふことはいへる、それをお示しになつた方が問題が促進するのぢやないか。

中保与作――正確な数字は分らないが、朝鮮、台湾及び樺太に在つた個人財産の総額は六十億乃至六十五億見当といはれてゐる。この程度の金額を補償しても現在の国家財政に大した負担になる訳ぢやない。……個人財産といふものはほんの僅かである。……

沖島鎌三――この頃の数字からいへば非常に遠慮した数字である。……

中保与作――勘で見積つての計算である。……

沖島鎌三――われ〳〵の方から連合軍の方に向つて耳に入れたいと思ふことは、内地で戦災を被つた工場とか、設備とか、これはまア消滅したが、われ〳〵が外地で取上げられたものは、産業施設が皆連合国のお役に立つてゐる、経済的に価値のある賠償になつてをる。これを内地の破損されたものと同様に見て貰ひたくないといふことがいひたい。詰り向ふの賠償の役に立つやうになつてをれば、それだけいろ〳〵内地の賠償を減ずることになり、貢献してをると言ひたい所である。……

土屋清――全額補償といふことになるといろ〳〵問題が起つて来ると思ふ。決して楽観は出来ない。(30)

朝鮮縁故者は新聞報道関係者に、すべての基盤を失った引揚げ者に対して戦争負担の不公平を強いることはいくら何でも残酷である、せめて在外財産の補償措置だけは与えてほしい、と強調したのであった。このような発言は、植民地支配に対する誹謗が在外財産の補償が与えられない要因であると意識し、まずはその認識を是正するためのものであったことはいうまでもないであろう。

この延長線上から朝鮮縁故者は、国会に向けても同様に訴え続けた。彼らは、意見書案「在外個人財産ノ補償ニ関スル件」をまとめ、貴族院に請願した。これを受けて貴族院の請願委員第一分科会(一九四六年九月一六日)では、その意見書案が取り上げられた。その請願の冒頭ではまず、「政府ハ是等引揚者ノ個人財産ノ損害ニ付テハ軍需補償ノ関係トハ同一視スルコトナク、適当ナル補償ヲ与ヘテ貰ヒタイ」と要請した。その理由として「朝鮮、台湾、樺太、関東州及ビ南洋群島ノ各地ハ何レモ国際法上ノ認メラレタ所ノ合法的ナ日本ノ領土デアッタ」にもかかわらず、敗戦直後には長年にわたる実績が没収され、わずかリュックサック一つだけを背負い、引揚げを余儀なくされたことを訴えた。しかも同じ日本国民でありながら「内地即チ祖国ノ懐ニ居ツタ者」よりも「外地即チ当時ノ祖国ノ最前線ニ居ツタ者」が遥かに冷遇され「帝国主義的侵略ノ走狗」や「資本主義的搾取ノ手先」と烙印を押される現状は、到底理解しえないと強調した。このような戦争責任の不平等さを解消するためには、「軍需補償ノ打切ハ是等在外引揚者ノ個人財産ノ補償ト全然別個ノ問題デアル」との認識に立って別途考慮してほしいと朝鮮縁故者は請願するのであった。対する政府当局の答弁は、同情は示されつつも「在外財産ノ処理ハ賠償問題トモ関連ガアリマシテ、又国内ノ財政負担ヲモ考慮シナケレバナラナイ」と補償責任を避ける意向を表していた。ともあれ、この意見書案は、朝鮮関係残務整理事務所の穂積真六郎他四名の名義で「在外個人財産ノ補償ニ関スル件」として貴族院で議決され、吉田茂総理大臣宛に送付された[31]。

それ以降、朝鮮引揚同胞世話会は、各方面に在外財産の補償措置を要求し続ける一方、没収された個人財産を数値化する作業に取り組んだ。この個人財産の調査を実施するため、同世話会ではメンバーを入れ替えて陣営を立て直した。調査部長には山村正輔（元京城税務監督局長）が就き「在朝鮮日本人個人財産額調」（一九四七年三月二日）を完了させた[32]。調査書に付された説明のとおりこの調査は、短期間で「極めて少量の断片的な資料に依つて推算し一応の原案を作成」したものであった。なお、興味深いことに、この調査書は第三章で考察する外務・大蔵両省の共管機関である在外財産調査会と朝鮮事業者会の調査方法を参考にして整理されたものであった。

その結果は、種別として土地・家屋・家具衣類・それ以外の企業収益資産・個人所得税課税外の企業収益資産・未収穫農作物などの損害・預貯金・株式を含む合計二六〇億二三八六万二、〇〇〇円に負債二億五二七一万円を差し引くと、総額二五七億七一一五万二、〇〇〇円であった[33]。在韓日本財産の中で個人財産は、一応約二六〇億円に収まったのである[34]。この調査結果は、政府側に提出された[35]。

しかしながら、個人と法人を問わず朝鮮縁故者の在外財産の補償問題は、「全く未解決の問題で今後政治的解決に待つ外ない」という状況に置かれていた[36]。その「政治的解決」の一環として朝鮮引揚同胞世話会は、国会に朝鮮縁故者を直接送り込むことを試み始めた。一九四七年三月末の衆議院解散により終結された帝国議会後、戦後日本の国民主権に基づく初選挙が全国自治体の首長選挙を皮切りに参議院議員、衆議院議員の順序で行われた[37]。

この参議院選挙に出馬したのが、朝鮮引揚同胞世話会の会長、穂積真六郎であった。彼は、引揚げ問題と戦後復興の不可分な関係を前面に掲げ、在外財産の補償問題を含むその他の引揚げ問題も解決するよう訴えた。これに合わせて、塩田正洪朝鮮関係残務整理事務所長（朝鮮引揚同胞世話会副会長・元鉱工局長）は、引揚げ同胞の中で最も有力な人物を議会に送り、立法・行政における奮闘の必要性を訴え、穂積の立候補を支持した。中保与作も朝鮮引揚同胞世話会の会報において「今度の選挙こそ、われら引揚同胞や復員者にとり、はじめて公的機関を通じてその要求や希望を表明するまたなき機会」であると強調し、穂積の出馬を歓迎した。その上で「一票をあくまで効果的ならしめようではないか」と呼び掛け、総選挙に期待を寄せていた[38]。

選挙の結果、引揚げ同胞の立候補者の中からは、穂積を筆頭に全国区参議院議員五名、地方区参議院議員一名、衆議院議員一〇名が当選した[39]。この結果を受けて朝鮮引揚同胞世話会は、「特に在外資産の問題に関しては、どこまでも緊密なる連絡をとつて其の歩調を一つにして最善を盡されたいものである」と当選祝賀のメッセージを送った[40]。この引揚げ議員の誕生をきっかけに、朝鮮引揚同胞世話会は旧友倶楽部（中央朝鮮協会の後身）と合併し、同和協会（一九四七年七月設立）へと発展的に解消されるのである[41]。

二　外務省の経済再建構想と鈴木武雄の交錯

（1）外務省調査局特別調査委員会と日本経済の「特殊性」

一九四五年敗戦直後の八月一六日、外務省調査局の特別調査委員会の第一回委員会が開催された[42]。その場で、戦後日本経済に関する論議が交わされる最中、大内兵衛（日本銀行嘱託・特別調査委員会委員・東京大学）は、「まず賠償問題を取り上げなさい。必ず連合国側から賠償を請求される。その場合、日本の立場をどう主張するか。経済的に根拠のある報告をつくらなければならない」と強調した。本来、特別調査委員会は、外交的観点から戦後日本経済の現状を把握するために設置されたものであったが[43]、大内は、特別調査委員会の初会合の場で賠償問題に対応する必要性を訴え、その目的を一層明確に位置づけたのであった[44]。

第二回委員会（一九四五年八月二三日）で発表された大野数雄（農林省審議室調査部長・特別調査委員会関係官）の「日本産業建設ニ関スル一考察」という報告内容は、賠償問題が経済再建構想の大前提として設定されたことを表していた。この報告は「日本民族の生存権に関する若干の考察（工業の存続を必要とする理由）」と題して、外務省調査局の報告書にまとめられた。それによれば、日本経済の近代化を阻害する要因として農村経営の零細性が指摘され、その問題解決のために過剰な農業者を重工業部門に回し産業建設の発展を図るよう提示されていた。[45] その上で、賠償問題の前提が「負担すべき現物賠償」という項目で示されたが、注目すべきは、「外地及び大陸に対する投資の喪失」という項目の設定であった。その項目の内容によると、かつて朝鮮、台湾、樺太、満州など旧外地からの資源供給は、日本国の産業建設および食糧需給を相当程度の割合で補完していた。それゆえに、敗戦による外地喪失は、戦後日本の生存権に直結する緊急課題であると強調されたのである。このように特別調査委員会で、外地喪失に起因する経済的費用の発生を危惧した側面は小前提に該当するであろう。その意味で、特別調査委員会における賠償問題と外地喪失は表裏一体をなすものであった。[46]

前述したように特別調査委員会が、経済再建構想の基盤になる賠償問題と外地喪失を念頭に実施した調査研究は、中間報告書「今後の国内経済施策に関する一考察」（一九四五年九月一八日）としてまとめられた。この中間報告書でも、経済的困難の諸要因の中でまず取り上げられたのが「領土及び海外勢力圏喪失の影響」であった。そこでは、植民地朝鮮における米、硫安、鉄鉱石などの物資総額が五億七二〇〇万円に達していたが、[47] 朝鮮を喪失したことによりこれらの物資がそのまま外貨の負担になると指摘している。それに加えて、朝鮮を含む旧外地に対する投資の喪失および在留日本人の生活費の喪失も、敗戦後の日本経済再建を困難にさせる要因として注目されていた。[48]

第七回委員会（一九四五年九月二八日）では、この中間報告書を議題とし今後の議事の運営方法が審議された。その結果、特別調査委員会の趣旨に沿って「日本経済の理論的把握と之に基く今後の基本的経済政策の研究」を目的に、研究部会が設置された。[49] この特別調査委員会の研究部会から前記の中間報告書の改訂版である「今後の我国の基本的経済政策に関する考察」(一九四五年一〇月九日)が出された[50]。この改訂版の特徴は、以前の中間報告書の終わりの部分に挙げられた対策の一般的条件が「基本的前提」として改訂版の冒頭の方で取り上げられていたことであった。その前提を要約すると、国際経済の相互依存の深化、日本経済運営の計画化および組織化、経済の社会化であった。興味深いのは、この「基本的前提」の項目において国際環境を認識する「一般的方向」と「我が国社会の有する特殊性」をにらみ合わせた経済政策の必要性が提起されたことであった。これを裏づける項目が「我国経済の有する特殊性」である。そこでは、日本社会の後進性、農業生産の過度な比重、中小商工業の広範なる存在、民間企業の国家権力依存性、人口の過剰、そして資源の貧弱および輸出原料の不足までに及ぶ日本固有の「特殊性」という要素が網羅されていた[51]。このようにして、外務省調査局で作成された報告書で初めて提起された「特殊性」というキーワードは、後述する日本経済の特殊性の道筋を示したといえる。

この「特殊性」を多面的かつ理論的に把握する任務を担ったのが、前記した特別調査委員会の研究部会である。第一回の研究部会(一九四五年一〇月一六日)では、部会の運用方針と関連する「今後ノ我国ノ経済政策ヲ如何ナル方法、如何ナル順序ニ従ツテ考究スベキヤノ問題[52]」が議論された。その結果、国際経済の動向を踏まえた、日本経済の特殊性に関する分析を深めるよう決定された[53]。

続く第二回の研究部会(一九四五年一〇月二三日)では、初会合で提案された国際経済の動向を注視するために、市川泰治郎(外務大臣秘書官・特別調査委員会関係官)の報告が行われた。この報告は、二六日の外務省調査局の報告書「世界経済の動向——特に第一次大戦後と異なる五点を中心として」にその要旨がまとめられている[54]。これを皮切りに、研究部会の所属委員の専門分野別による報告、山田盛太郎(東京大学)の「日本農業の特殊性」

をはじめ、平貞蔵（評論家）の「日本経済の特殊性の自然的・歴史的諸原因」、有沢広巳（東京大学）の「資本主義の発展過程を中心として観たる我国経済の特殊性」、岸本誠二郎（法政大学）の「日本経済の特殊性と当面の問題」、そして宇野弘蔵（三菱経済研究所）の「日本経済の特殊性」などの報告が相次いだ[55]。

研究部会で検討を重ねたこの「特殊性」は、一九四五年一二月七日付報告書である「今後ノ我国ノ基本的経済政策ニ関スル考察（改訂案）」の中で核心的な概念として適用された[56]。つまり、この報告書は前記した中間報告書を日本経済の特殊性という文脈で大幅に補足したものであり、それを明らかに示していたのが「日本経済ニ於ケル特殊性」の項目である。

そこでは、日本経済に「特殊性」をもたらす原因を「自然的地域的原因」と「歴史的原因」に分けて明記していた。まず「自然的地域的原因」においては、島国として多種多様な人種と限られた資源にもかかわらず、工業国家を志向せざるをえないことから現実問題として関連資源の海外依存度が生じることを指摘した。それゆえに、日本列島が本来有する「国内外ノ地形的孤立性」から脱皮することを求め、東アジアと日本経済の必然的な関係を強調している。なお「歴史的原因」として、近代国家の中で後進国である日本は「機械工業部門ノ脆弱性ヨリ、国内経済循環ノ海外依存度ノ強化拡大」という側面で、近代化の内外事情に左右されるという。それに続けて、日本の産業を農業・工業分野に分類し、農村人口過剰の慢性化、中小企業の広範なる存続、機械工業部門の低位などを指摘する[57]。とりわけ、この報告書（改訂案）の中で「日本経済ニ於ケル特殊性」の項目を設定することによりその「特殊性」の概念を一層詳細かつ網羅的に整理し、強調したのである。

ところで、この報告書（改訂案）に表記されている日付が、一九四五年一二月七日であったことに留意してほしい。他でもなく、これは「日本の中間賠償計画に関するポーレー大使声明」が発表された日付と重なっているのである。[58] ポーレー中間報告に示された対日賠償の原則は、非軍事化と民主化の基本方針に沿って工業施設の撤去と在外財産の没収を実行することであった。特別調査委員会は、重工業の産業発展なしに日本の経済再建はほぼ不可能であると判断していたゆえに、そのポーレー中間報告は、衝撃そのものであったに違いない。そのためその危機感による特別調査委員会の苛立ちが、賠償問題が現実味を帯びる中、中間報告「日本経済再建の方途」[59]に表れたのであろう。

この報告書の趣旨については、敗戦直後から開かれた第一回会合以来の特別調査委員会の調査研究が「一応の結論」に達したことが明記されていた。ともあれ、その報告書の中でも「日本経済に於ける特殊性」の項目が明記された上で、これまでの分類基準であった「自然的地域的原因」および「歴史的原因」から、「基礎条件に於ける特殊性」「農業に於ける特殊性」「工業に於ける特殊性」といった三つの項目に分けて長々と記述されていた。中でも注目すべきは、敗戦後の日本経済が直面する新たな条件として「領土及び海外勢力圏の喪失」が以前と同様に記され、それらの地域から取得可能であった物資が、今後外貨負担になり、投資の喪失と在留日本人の生活費の喪失が指摘されたことであった。[60] このように特別調査委員会は、現実化する賠償問題を考慮し、外地喪失に起因する「特殊性」というキーワードを提示したのである。これらの報告書がＧＨＱ／ＳＣＡＰへアピールするために用いられたのは想像に難くないであろう。

ともかく、これがいわゆる外務省調査局の特別調査委員会における経済再建構想の中で練りあげられた日本経済の特殊性に他ならなかったのである。その上で、同局の第三課経済班も外地喪失という文脈、すなわち失われた植民地朝鮮との外交関係を樹立するための構想をその「特殊性」の中で組み立てようとするのである。

（2）外務省調査局第三課経済班と植民地統治の「特殊性」

外務省調査局の第三課経済班は、特別調査委員会が国内経済資料の調査研究を進める間、日本経済再建に関する基本問題の研究と日本外交の基調の発見に努めていた。ちなみに第三課経済班は、特別調査委員会の審議結果と別途収集した資料を共有していたといわれる。それは、第三課経済班がまとめた「調三経済班報告書」（一九四六年七月三一日付）における研究成果の要約をみると明らかである。まず、そこには日本経済再建の基本的方向である「経済の民主化」が提示されていた。その民主化を進める大枠は、ポツダム宣言受諾に伴う外部的な諸条件と、日本の内部的な諸要求をかみ合わせるものであった。この日本の内部的な諸要求の中で、特別調査委員会から終始一貫して主張された豊富な人口の存在、国内資源の貧弱、近代国家としての後進性などを指摘している。これらの叙述は、第三課経済班が特別調査委員会の審議結果を共有していたことに他ならないであろう。

それはさておき、その報告書において複数の制約要因を抱える日本経済の民主化は、封建制の払拭による政治的民主化と、国民経済を保障する経済的民主化という二段階を、同時に通過しなければならないと強調された。なぜならば、その民主化は、アメリカ型のような経済的基盤の豊かさとは基本的に異なるものであり、だからといってソ連型のように資源開発および生産力の増加に支えられた政治・経済・社会の民主化とも異なるからであった。すなわち、いずれの民主化の類型も日本に適用させるには現実性に乏しいので、それよりはむしろ日本経済の主体的な条件である豊富な労働力の存在と国内資源の欠乏に照らし、日本経済の民主化を特殊な文脈で理解すべきだということである。[61] それゆえに、日本経済の民主化を達成する方法論として工業化と貿易振興が提示された。そして結局のところ、この報告書が示す方策の内容も日本固有の「特殊性」の中でその論理が展開されるのである。

第三課経済班が作成したというこの報告書は、日本工業のレベルをアジアと欧米諸国の地域的な枠内で、次のように位置づけている。

日本の工業は元来東洋諸国に対しては高度の段階にあるけれども欧米に比しては低位にあると言ふ中間的な性格を持つ。将来も亦此の性格は相当長期に亘つて持続するであらう。従つて差当り日本は低賃金と比較的高度の技術の結合に依つて世界分業に地位を占め、今後技術の向上に依つて裏付けしつゝ、賃金水準の漸進的向上を図ることが必要とならう。[62]

すでに指摘したとおり敗戦後の日本経済再建は日本経済の特殊性の中で構想するべきであり、その前提から日本工業も「中間的な性格」に注目し今後の進路を模索していたのである。さらにこの構想には、日本の帝国主義の復活を懸念する隣国の憂慮を払拭させるための前提が置かれていて、日本が、東アジア地域における唯一の先進工業国として復活し「再び東亜に於ける支配的地位に立つことは絶対に許されない」と明記している。その上で、賠償問題によって日本経済に過度な負担を与えることは、日本経済そのものを原始的な状態に逆転させることに他ならず、それは東アジア地域の経済発展を阻害すると主張した。それゆえにこの報告書は、再度、将来の日本に対する周辺諸国の危惧を念頭に、むしろ東アジア地域における「工業上の対等な分業関係の成立」と「日本の国内政治の民主化」によりその懸念は解消されると強調した。もちろん「以上の関係は朝鮮」にも同様である、と報告書の最後は締めくくられていた[63]。

そうであれば、このような結論に至る経緯を、外務省調査局の第三課経済班が将来朝鮮との外交関係の樹立を想定し、それを経済的な観点から検討したことにさかのぼり論じてみよう。

それはまず、第三課経済班が、佐々生信夫(東京産業大学)にその調査研究を依頼したことから始まる。外務省の依頼(一九四五年九月)を受けた佐々生は、第三課経済班の調査研究の趣旨に沿って「経済的観点より見たる我国朝鮮統治政策の性格と其の問題」(一九四五年一二月一八日)と題する報告書を提出した。この報告書の序論によると、敗戦に伴う外地喪失は日本列島の国土面積を縮小させたのみならず、とりわけ「朝鮮の喪失はそれが今迄帝国の領土、人口、資源その他の諸点に於て占めたる地位の大なりしだけに、今後我が国に齎すべき不利益は一層顕著なるもの」であると叙述している[64]。

それに加えて、佐々生の報告書では、外地朝鮮の喪失が、敗戦後の日本に及ぼす経済的な影響としても「朝鮮の独立は確かに我国当面の諸困難中、最も重大且つ具体的なる影響を伴ふ不利益の一つである」と指摘する[65]。より具体的には、日本における外地朝鮮の分離独立は、「統治下にある広域的分業利益の喪失、並びにそれが伴つた実質的隷属性を前提とする交易条件決定に於ける有利性の喪失」という、二重の喪失を意味するものであった[66]。なお、外地朝鮮を喪失したということは、単純に貿易の不利益以上に巨額投資の喪失を伴い、さらには朝鮮在留日本人が所有していた生活費までも失われ、それは今後の戦後復興に際して財政的負担にならざるを得ないと指摘している[67]。この側面においては、佐々生の報告書も、特別調査委員会の報告書で繰り返し指摘された外地喪失による経済的な影響を注視していた。つまりその意味で、佐々生の報告書と特別調査委員会の報告書にはある程度共通する側面があったといえる。

ただし、朝鮮植民地支配の統治政策の性格に対する佐々生の評価は、外務省調査局（特別調査委員会・第三課経済班）の立場と比べて、その相違点が著しく際立っていたことに注目すべきである。

佐々生は、その報告書の結論において「植民地統治に於て存在する本質的問題の共通性の認識と言ふ一点」にまず注目した(68)。その上で、日本に限らず西欧諸帝国の植民地統治に内在する共通問題、いわば植民地統治が持つ否定的な側面である「一般性」に目を向けて、朝鮮植民地支配に対する懐疑的な評価を下したのであった。この佐々生報告書に対して、第三課経済班は「極めて良心的な労作」であると評価しながらも「全面的に承服し難き点もある」と一線を引いた(69)。当時、賠償軽減を最優先とする日本政府の立場から考えてみると、佐々生の報告書は、外務省の調査研究の趣旨には適していなかったのであろう。

むしろ、外務省と同じ立場をとっていたのが佐々生の報告書に付記された、鈴木武雄(70)（元京城帝国大学・元京城日本人世話会調査部長）の読後感であった。

そこでまず、鈴木は、佐々生報告書の課題設定とそれに対する答えが食い違っていると端的に指摘した。それに続けて、この報告書につき「アカデミックな論文としては兎も角、実際的な課題が与へられてゐる以上之に対する明確な解答が必要」と述べた。ここで鈴木がいう「実際的な課題」とは、賠償問題と外地喪失を想定した日本経済の再建構想に他ならず、それを直視する答えが必要であるとの問題提起であった。それゆえに、鈴木は、報告書の本論と結論に整合性が保たれていないと指摘し、中でも日本の植民地統治の本質が究極的には本国の利益追求であったと強調する本論と比べ、結論ではその植民地統治が西欧諸国の帝国主義と多少異なる部分もあったとする佐々生の論旨の矛盾を、痛烈に批判した。[71]

前者の強調には頗る熱烈で、後者のそれは附言的です。今実際的に強調の必要なのは後者であつて、前者は今更強調の必要なきことです。若し後者の強調が必要なしとすればこの労作は最初からもつと明確な階級的立場に於て書かれ貫かるべきであつたでせう。……封建的土地関係を払拭し得なかつた事は確かに日本の朝鮮統治政策の大きな欠点でありました。衝くべきは正にこの点です。併しこれは日本の朝鮮統治だけの特徴でせうか、あらゆる植民地統治に共通したことではないでせうか。[72]

さらに鈴木は、賠償問題と外地喪失という「実際的な課題」を、佐々生の観点からアプローチすること自体「この仕事の実際的な意図からは無駄なこと」[73]であるとまでいい切った。

ところが、ここで興味深いのは、鈴木が「実際的な意図」に忠実であるあまり、佐々生に対して反駁する論理の矛盾をさらけ出していることである。すなわち前記の引用において、封建的な土地関係を払拭できなかったことは朝鮮植民地統治に限らず、よその帝国の場合においても同じくその問題は解決できなかったとする鈴木の主張こそ、矛盾していたといえる。鈴木は、「実際的な課題」に取り組む前提をめぐり、佐々生の植民地統治に対する評価基準の重点が帝国主義本来の「一般性」に置かれていると批判したが、朝鮮の封建的な土地関係の払拭については帝国主義に共通する限界に「一般性」があるとし、朝鮮植民地だけが特殊な事例ではないと主張したのである。つまり、佐々生の報告書を批判する基準として提示した、鈴木の朝鮮統治評価の「特殊性」とその整合性が取れず自己矛盾に陥っていたのである。[74] いわば、佐々生の報告書は本論と結論が食い違い、それに対する鈴木の読後感の論旨も一致せず、両方とも朝鮮植民地支配の評価をめぐる「特殊性」か「一般性」かの説明に一貫性を欠いていたといえよう。

それにもかかわらず、鈴木は、終始一貫して「実際的な課題」に対応すべく植民地統治の特殊性をその課題に結びつけるために、直接、朝鮮統治政策をめぐる理論的検討に乗り出すのである。

その植民地統治の特殊性を前提として、外務省は「調査ニ当ツテ我国植民地統治ノ特殊的性格ト一般的性格トノ何レニ重点ヲ指向スベキカ」を議題に、外地経済懇談会（一九四六年二月五日）の場を設けた。これには、特別調査委員会の大来佐武郎、平貞蔵を筆頭とする委員会メンバーの多数が参加する一方で、佐々生信夫、鈴木武雄、阿部勇（南満州鉄道株式会社）、北山富久二郎（東京大学）など旧外地関係の学識経験者も席を並べた。

この懇談会において佐々生と鈴木の両者の主張は、植民地統治の評価をめぐり真正面からぶつかりあう。まずは、佐々生の概要報告から始まった。それは外務省に提出した報告書と同様の論旨を口頭で繰り返すものであった。[75]

施政以来我が指導下にあつた朝鮮経済全般の発展――殊に最近十数年間の著しい工業化の発展及び生産力一般の絶対的増加――は確かに注目すべき我が統治政策の特色と看做すに足るでありませう。けれどもそこに繰返し述べた如く我が統治政策の背後を一貫する帝国主義的意図と、そして半島社会内部に根強く残有する封建的要素を払拭し切れなかつた点、否むしろか丶る非資本主義的要素の抵抗を後にはそのま丶肯定し之と苟合し利用せんとさへしたる点等――に於て資本主義制度固有の必然的欲求からとは言へ、諸外国の植民地統治政策と共通する相当廣い場面の存在が明かなる事実として看過されてはならぬと思はれます。要するに外形的特異性を超へる一般的本質的性格が無視されてはなりません。……[76]

このような立場から佐々生は、概要報告でも「植民地統治政策は屢々唱導された『内鮮一体』或は『第二の内地』等の標語にも見る如く、同化主義的方向によつて根本的に特色付けられて来たと云ふ点[77]」も指摘した。とりわけ佐々生は、「従来我国ニ於テハ朝鮮統治ニ付テ、例ヘバ『皇民化』又ハ『内鮮一体』等ノ言葉ガ示ス様ニ其ノ特殊性ノミガ余リニ強調サレ過ギテキタ」がゆえに、「本質的ニハ矢張リ例ヘバ英国ノ印度統治ニ最モ代表的ニ観ラレル如キ植民地統治ノ一般的性格ヲ日本ノ朝鮮統治ニモ之ヲ認メザルヲ得ナイ[78]」と強調し、結論づけた。つまるところ、朝鮮植民地支配も西欧諸国の帝国主義的な目的と共通する「一般性」を認めざるを得ない、と佐々生は披瀝したのである。

鈴木は、即刻反論した。

日本ノ植民地統治特ニ朝鮮統治ガ所謂帝国主義的ナモノデアッタコトハ之ヲ否定シ去ルコトハ出来ナイトシテモ日本ノ統治ニ観ラルル特殊的ナ面モ亦之ヲ看過シテハナラナイ、殊ニ終戦後過去ニ於ケル日本ノ大陸進出ハ凡テ帝国主義的デアリ搾取デアツタ様ニ国外ハ勿論国内ニ於テモ言ハレテキルガ、必ズシモソウト許リハ言ヘナイ……[79]

このように発言するのにもそれなりの理由はあった。なぜならば、鈴木が「実際的な課題」として位置づけた賠償問題と外地喪失を想定する日本経済再建のためには、「今後ドウシテモ平和的ニ再ビ大陸ニ進出セネバヤッテ行ケヌ[80]」と確信していたからである。さらに、鈴木の抗弁は続いた。

単ニ搾取許リヲシタノデハナイトイフダケデナシニ、ヨリ根本的ニハ大陸進出トイフコト自体モ我国トシテハ真ニ止ムヲ得ナカツタ一面モアルノデアツテ戦犯容疑者等ノ個人ハ姑ク措キ「日本」ヲ弁護スル為ニドウシテモ此ノコトヲ何等カノ形デ、ハツキリサセル必要ガアルト思フ、ソウデナイト今言ハレテヰルコトヲ黙認シタコトトナリ将来トモ日本人ハ必要以上ニ肩身ノ狭イ思ヒヲセネバナラナイデアラウ[81]（傍点は原文の表記どおり）

この論争を見守っていた外務省は、佐々生は「学究的、理論的ナ立場」に、鈴木は「政策的、現実的ナ立場」に重点が置かれていると相反的な評価を下した。佐々生の報告に対する鈴木の反論に引き続く参加者の発言は、それに同調するものに過ぎなかった[82]。ここにおいて、外務省調査局の特別調査委員会で抽出された「特殊性」というキーワードは、朝鮮縁故者である鈴木を介して、日本政府が実施する植民地統治の評価の中に組み込まれたのである。日本経済の特殊性が植民地統治の特殊性に変容した所以は、ここにあった。

以後、鈴木が外務省に提出した「朝鮮統治の性格と実績――反省と反批判（調三資料第七号）」（一九四六年三月）は、佐々生報告書に付記された読後感、そして外地経済懇談会でもみられた植民地統治の特殊性が、ただ報告書の形式を取って書かれたものに過ぎなかった[83]。

外務省調査局は、その報告書の「はしがき」において鈴木に対し「在鮮約二十年、現地に於ける体験と学問的研明との綜合」を持つ人物であると称え、その期待を寄せていた。これは、外務省が朝鮮植民地統治の調査研究を実施する際に、朝鮮縁故者である鈴木の知識と情報を重視したことに他ならず、なおかつ帝国大学教授の経験による学問的権威を信頼し、彼がこの「実際的な課題」に適合する情報源かつ専門家であるということであろう[84]。

鈴木は、報告書の「緒言」で次のように述べている。

> 過去三十六年間にわたる日本の朝鮮統治が只管に帝国主義的植民地支配と搾取とに終始したと言ふ見解が内外に支配的であることは今次終戦まで二十年間朝鮮に在住した一日本人として私の頗る遺憾とする所である。勿論日本の朝鮮統治には批判さるべく、また反省すべき多くの失敗と過誤があつたことは否定すべくもない。それは今後の再出発に際して率直に認めなければならないが併しそれだからと言つて特に日本の朝鮮統治が欧米強国の植民地統治にも勝つて朝鮮人を奴隷的に搾取しその幸福を蹂躙したと云ふ論告に対しては正当な擁辨の余地があると私は信ずるのである[85]。（傍点は原文の表記どおり）

鈴木は、さらに一歩踏み込んで、「事志と違つた多くの失敗もあるが日本の朝鮮統治は理想としては所謂植民地支配を指向したものではなかつた[86]」と所信を披瀝した。すなわち、植民地朝鮮の現実はともかく西欧諸国の帝国主義に基づく植民地統治の「一般性」とは異なり、朝鮮統治の理想それ自体は「特殊性」そのものに他ならなかったというのである。ちなみに鈴木は、「日本の朝鮮統治の真の性格と実績とを明かにし反省すべきは率直に反省し、解くべき誤解はこれを解いて置く事は決して無駄なことではない(87)」と調査研究を意義づけている。この文脈からその意味を考えると、日本の国内外で提起された朝鮮統治に対する奴隷、搾取、蹂躙との「誤解」は、今後「実際的な課題」に取り組まざるを得ない名目として鈴木に利用されたともいえるのではなかろうか(88)。なぜならば、鈴木自身もこの報告書について「本稿は斯る意図の下に書かれたもの」である、とその名目的な意図を付言しているからである(89)。

実際に、鈴木の働きぶりには目が離せないところがあった。それらについては続く第三章でみてみよう。

(1) 朝鮮関係残務整理事務所「事務所の沿革と事務概要」(一九五〇年一一月)一～六頁(「友邦文庫」請求記号:369-27)。
(2) 朝鮮引揚同胞世話会『引揚同胞』第一巻第二号、一九四六年五月一日、二頁(「友邦文庫」請求記号:NY253、以下同様)。
(3) 同右。
(4) 朝鮮引揚同胞世話会『引揚同胞』第一巻三・四号合併、一九四六年七月一日、一頁。
(5) 同右。
(6) 朝鮮引揚同胞世話会『引揚同胞』第一巻三・四号合併、一九四六年七月一日、二三～二四頁。
(7) 同右、第一巻三・四号合併、一九四六年七月一日、二四頁。
(8) 同右、第一巻三・四号合併、一九四六年七月一日、二五頁。
(9) 同右。
(10) 朝鮮引揚同胞世話会『引揚同胞』第一巻三・四号合併、一九四六年七月一日、二七～二八頁。
(11) 同右、第一巻三・四号合併、一九四六年七月一日、二八頁。
(12) 同右。

(13) 同右。
(14) 朝鮮引揚同胞世話会『引揚同胞』第一巻三・四号合併、一九四六年七月一日、一六〜一九頁。
(15) 同右、第一巻三・四号合併、一九四六年七月一日、一八〜一九頁。
(16) 同右、第一巻三・四号合併、一九四六年七月一日、一九頁。
(17) 朝鮮事業者会の理事会(一九四六年七月一五日)において白石宗城理事長(元朝鮮窒素肥料取締役)は、この追悼会へ朝鮮事業者会の花輪を供える旨を述べ、所属会員にも「成ルベク多数香花ヲ供フル等会ヲ盛大ナラシメラレタキ」ことを表明した。その意向により当日の追悼会に花輪として供えられたのである。朝鮮事業者会『会報』第一七号、一九四六年七月二二日、八頁(「友邦文庫」請求記号:M3-47)。
(18) 朝鮮引揚同胞世話会『朝鮮引揚同胞世話会特報』第二号、一九四六年七月、一頁(「桜井義之文庫」請求記号:2734、以下同様)。
(19) 同右、第二号、一九四六年七月、二〜三頁。
(20) 同右、第二号、一九四六年七月、五頁。宇垣一成(朝鮮引揚同胞世話会顧問・元総督)も、一九四六年七月二九日付の日記において「台、鮮、満の原住民族の開発や幸福の増進に尽し来りし効果を毫末も顧慮せず無視するは不都合、不公平也」と記述し、阿部信行(元総督)と同様の植民地認識を呈していた。宇垣一成『宇垣一成日記3』(みすず書房、一九七一年)一六七三頁。
(21) 朝鮮引揚同胞世話会『朝鮮引揚同胞世話会特報』第二号、一九四六年七月、五頁。
(22) 同右、第二号、一九四六年七月、六頁。
(23) 当時、対日理事会の英国代表が軍需補償の打ち切りを提案していた。『東京新聞』一九四六年七月二五日、『毎日新聞』一九四六年七月二七日、朝鮮事業者会『会報』第一九号、一九四六年八月五日、八〜九頁。
(24) 朝鮮引揚同胞世話会『朝鮮引揚同胞世話会特報』第二号、一九四六年七月、二頁、朝鮮引揚同胞世話会『引揚同胞』第一巻三・四号合併、一九四六年七月一日、四七頁。
(25) 朝鮮事業者会『会報』第一八号、一九四六年七月二九日、一三頁。

(26) 同右、第一九号、一九四六年八月五日、七〜八頁。
(27) 朝鮮引揚同胞世話会でも朝鮮事業者会と同様に、日本国の旧外地の中で、朝鮮・台湾・樺太の三地域が主導して問題解決に取り組む姿勢が目立っていた。
(28) 沖島鎌三は、海外事業戦後対策中央協議会と新聞報道関係者間で開催された懇談会（一九四六年八月六日）にも参加した。
(29) 朝鮮引揚同胞世話会『引揚同胞』第一巻五・六号合併、一九四六年一〇月一日、一四頁。
(30) 同右、第一巻五・六号合併、一九四六年一〇月一日、一四〜二〇頁。
(31) 第九〇回帝国議会貴族院「請願委員第一分科会（大蔵省、農林省、商工省）議事速記録第三号」（一九四六年九月一六日）四〜五頁（「帝国議会会議録検索システム」http://teikokugikai-i.ndl.go.jp/、二〇一八年二月二三日アクセス）。
(32) 一九四七年二月四日、朝鮮引揚同胞世話会（東京本部）の機構は、以下のように改編された。会長：穂積真六郎、副会長：塩田正洪、総務部長：原田大六、相談部長：中保与作、事業部長：山口重政、弘報部長：中保与作、調査部長：山村正輔、連絡部長：水田直昌。朝鮮引揚同胞世話会『朝鮮引揚同胞世話会特報』第一二号、一九四七年一月二〇日、四頁、同上、第一三号、一九四七年二月一〇日、二頁。
(33) 朝鮮引揚同胞世話会「在朝鮮日本人個人財産額調」（一九四七年三月二日）一〜六丁（「友邦文庫」請求記号：365-2）。
(34) ちなみにＧＨＱ／ＳＣＡＰ民間財産管理局（ＣＰＣ）が、外務・大蔵両省の共管機関である在外財産調査会から提出を受け、作成したと推測される報告書によれば、在韓日本財産の中で、個人財産の総額は一〇五億六三〇〇万円（七億四二〇万ドル）であった。その地域別の内訳は、朝鮮半島の三八度線以南の所在が七三億九四一〇万円（四億九二九四万ドル）であり、一方の以北は三一億六八九〇万円（二億一一二六万ドル）であった。以上の総額は、一九四五年八月一五日現在の円価（一ドル＝一五円）で計算した数値である。"Japanese External Assets as of August 1945 VOLUME 1 Prepared by the CIVIL PROPERTY CUSTODIAN External Assets Division 30 September 1948," National Archives, RG 331, Box 3713, File 741.
(35) 外務省公開外交記録文書「日韓諸協定批准国会における在朝鮮日本財産に関する答弁資料（案）」（文書番号一二三四）五四頁。この外交文書をみる限り、朝鮮引揚同胞世話会の「在朝鮮日本人個人財産額調」（一九四七年三月二日）が日本政府に提供されたことが窺える。

(36) 朝鮮事業者会『会報』第四四号、一九四七年三月三一日、一～七頁。

(37) 石川真澄『[新版]戦後政治史』(岩波書店、二〇〇四年)三六頁。

(38) 朝鮮引揚同胞世話会『引揚同胞』第一巻一〇・一一号合併、一九四七年三月一日、二～三頁、朝鮮引揚同胞世話会『朝鮮引揚同胞世話会特報』第一七号、一九四七年三月二五日、一～二頁。

(39) 朝鮮引揚同胞世話会『引揚同胞』第一二・一三号合併、一九四七年五月一日、一九頁。

(40) 同右、第一二・一三号合併、一九四七年五月一日、二頁。

(41) 朝鮮引揚同胞世話会『朝鮮引揚同胞世話会特報』第二〇号、一九四七年六月二〇日、一頁、同和協会『同和会報』創刊号、一九四七年一一月三〇日、一頁(「友邦文庫」請求記号:Aト12)。

(42) 特別調査委員会設置の経緯について、大来佐武郎(特別調査委員会幹事)の回顧によれば、彼は敗戦を予感し日本経済の再建問題に対する研究の必要性を感じていたとする。一九四五年六月頃、大来(当時、大東亜省総務局調査課)は、杉原荒太(大東亜省総務局長)に前記の研究の件を申し出た。その結果、経済学者と技術者を中心に構成された研究会設置の許可を得た。その研究会の参加者の人選は、経済関係を平貞蔵(評論家)が担当し、技術関係を大来が担当した。ちなみに、両氏は昭和塾で師弟関係にあった。敗戦により大東亜省は解体され、大東亜省所属であった杉原総務局長は外務省調査局長に移り、特別調査委員会は、外務省所管で設けられることになった。特別調査委員会は、非公式的に設置されたため、広範囲にわたる人選が可能であった。この委員会の参加者の言葉を借りると、特別調査委員会は「呉越同舟」の委員および省庁の関係官が経済再建構想に参加した自由主義的な布陣であったという。大来佐武郎『エコノミストの役割』(日本経済新聞社、一九七三年)一四～一七頁、平記念事業会編『平貞蔵の生涯』(出版社記載なし、一九八〇年)三八九～三九〇頁。

(43) 外務省調査局「附録」『国内経済資料』第三輯(外務省調査局、一九四五年一一月)一五四～一五七頁。

(44) 大来『エコノミストの役割』一六～一八頁。

(45) 外務省調査局『国内経済資料』第一輯(外務省調査局、一九四五年一一月)一～三頁。

(46) 一九四五年九月一八日に、外務省調査局の中間報告として「今後の国内経済施策に関する一考察」が整理されるまで、日本工業の各分野をはじめ住宅建設、農業生産など多方面からの調査研究が行われた。外務省調査局『国内経済資料』第一輯。

(47) 一九三七年度の基準に則して輸移入額を示したものである。外務省調査局『国内経済資料』第二輯（外務省調査局、一九四六年一月）二六頁。

(48) 同右、第二輯、二六～二七頁。

(49) 同右、第三輯、一五四～一五七頁。

(50) 有沢広巳監修・中村隆英編集『日本経済再建の基本問題――資料・戦後日本の経済政策構想 第一巻』（東京大学出版会、一九九〇年）九～一〇頁。

(51) 外務省調査局『国内経済資料』第四輯（外務省調査局、一九四五年一一月）七九～八五頁。

(52) 同右、第三輯、一五四～一五七頁。

(53) 研究部会は、特別調査委員会と並行して学者グループと外務省関係官を中心に、毎週会合を持って進められた。有沢監修・中村編集『日本経済再建の基本問題 第一巻』一〇頁。

(54) 外務省調査局『国内経済資料』第三輯、一三四～一三七頁。

(55) 研究部会の報告要旨については、外務省調査局『国内経済資料』第四輯を参照されたい。

(56) 有沢監修・中村編集『日本経済再建の基本問題 第一巻』九八頁。

(57) 同右、九六頁。

(58) Telegram from Edwin W. Pauley, Personal Representative of the President on Reparations, to President Truman, *FRUS*, 1945, The British Commonwealth, The Far East, Volume VI, pp. 1004-1009、賠償庁・外務省共編『対日賠償文書集 第一巻 重要決定・渉外局発表・賠償指定関係指令』（出版社記載なし、一九五一年）一～四頁。

(59) 有沢監修・中村編集『日本経済再建の基本問題 第一巻』九九頁。

(60) 外務省調査局『国内経済資料』第四輯、一一～一二九頁。

(61) 有沢監修・中村編集『日本経済再建の基本問題 第一巻』一二〇頁。
(62) 同右、一二二頁。
(63) 同右、一二四頁。
(64) 外務省調査局「経済的観点より見たる我国朝鮮統治政策の性格と其の問題(調三資料第二号)」(外務省調査局、一九四五年)序。
(65) 同右、一一八頁。
(66) 同右、一一九頁。
(67) 同右、一二〇～一二一頁、一二六～一二七頁。
(68) 同右、一三八頁。
(69) 同右、はしがき。
(70) 外務省調査局の記録によれば、佐々生信夫に調査研究を依頼した時期は、一九四五年九月であった。ちなみに、鈴木武雄は、朝鮮半島で敗戦を迎えて京城日本人世話会の調査部長に就任するものの、一九四五年一一月に日本へ引揚げた。敗戦直後の日本において、植民地朝鮮に関する専門家がほぼ皆無であったことを考慮すると、鈴木の引揚げは、外務省調査局が朝鮮統治の調査研究を進める際に、重要なターニングポイントになったであろう。ちなみに外務省調査局は、一九四五年一二月に佐々生から報告書の提出を受けたのち、これを鈴木に提供したのであろう。以上の経緯をみると、外務省名義で佐々生の報告書が出されるまでのタイムラグにおいて鈴木が読後感を作成し、それが佐々生報告書に付記されたものであると推測できる。同右、鈴木武雄『鈴木武雄――経済学の五十年』(鈴木洋子発行人、一九八〇年)一二一～一二二頁。
(71) 外務省調査局「経済的観点より見たる我国朝鮮統治政策の性格と其の問題(調三資料第二号)」一四一～一四二頁。
(72) 同右、一四二～一四三頁。
(73) 同右、一四二頁。
(74) この鈴木武雄の読後感における自己矛盾は、後日、彼自身が執筆する報告書においても同様に繰り返されている。その報告書では、「日本が朝鮮経済指導の出発に当つてこの封建的土地関係を払拭し得なかつたことは果して日本の朝鮮統治のみの特徴であらうか、と私は言ひ度いのである。……この様なことは多かれ少なかれ凡ゆる植民地に共通したことであつた」と再度主張し、自己矛盾をきたしていた。外務省調査局「朝鮮統治の性格と実績――反省と反批判（調三資料第七号）」（外務省調査局、一九四六年）五〇頁（「友邦文庫」請求記号：M4-165-3、以下同様）。

(75) 外務省調査局「外地経済懇談会議事概要」（一九四六年二月八日）一～三頁（武蔵大学図書館所蔵、以下同様）。

(76) 佐々生信夫「経済的観点より見たる『我が朝鮮統治政策の性格と其の問題』の概要報告」（出版社記載なし、一九四六年）一〇頁（「一橋大学経済研究所資料室」請求記号：Nr.44：3、以下同様）。

(77) 同右、三頁。

(78) 外務省調査局「外地経済懇談会議事概要」三頁。

(79) 同右、三～四頁。

(80) 同右、四頁。

(81) 同右。

(82) 外務省調査局「外地経済懇談会議事概要」四～六頁。

(83) 外務省は、外地経済懇談会が開催される前から、すでに鈴木武雄に調査報告書の作成を依頼していた。その意味で、この懇談会は外務省が事前に用意したシナリオどおり、朝鮮植民地支配に対して佐々生が主張する帝国主義の「一般性」を、鈴木の持論である「特殊性」を通して日本政府の方針を再確認するための場に過ぎなかったのかもしれない。そうでなければ、当時の賠償問題を最優先とする政府の立場は成り立たなかったであろう。同右、七頁。

(84) なお、外務省調査局は、鈴木武雄の報告書について「其の内容は今後新たなる日鮮関係の設定に深き示唆を与へるものと認められる」との高い評価を与えている。これは、佐々生信夫の報告書について「全面的に承服し難き点もある」と評価したこととは対照的であった。このように、両者に対する評価が分かれた側面からみると、外務省調査局は、鈴木の論旨について、暗黙的な同意を示したものと考えられる。したがって、外務省調査局の日本経済の特殊性という基本方針は、鈴木がいう植民地統治の特殊性に符合する余地があったのであろう。外務省調査局「朝鮮統治の性格と実績――反省と反批判（調三資料第七号）」はしがき。

(85) 同右、二頁。

(86) 同右、二～三頁。

(87) 同右、三頁。

(88) 同右、一六九～一七〇頁。

(89) 同右、三頁。

第三章
引揚げ後の朝鮮縁故者（法人）——朝鮮事業者会の没収財産への対応

一　朝鮮事業者会の在外財産の補償要求と植民地認識との連動

（1）海外事業の実情調査の実施と補償委員会の設置

朝鮮事業者会は、没収された在外財産の補償を幾度となく要求し続けてきたが、補償問題は漂流状態に陥っていた。その原因はＧＨＱ／ＳＣＡＰおよび連合国だけでなく、日本国内でも受容されつつあった植民地認識への「誤解」にある、と朝鮮事業者会は判断した。その上で、何よりその「誤解」を解くことが重要課題であると結論づけた。こうした認識のもとで、一九四六年三月一八日に朝鮮事業者会の理事会は開催され、その場ですぐに本題に入った。

朝鮮関係事業者ハ大東亜戦争以前ヨリ朝鮮開発、民主福利増進ニ貢献セルモノニシテ一時的ニ軍閥ヨリ侵略戦争ニ利用セラレタルニ過ギザル実情ヲ、要スレバ小委員会ヲ設ケ具体的資料ヲ取纏メ編纂シ早急当局ニ提出スルト共ニ司令部ソノ他各方面ノ啓蒙ニ資スルノ措置ヲ採ルコト。(1)

この理事会の結論に基づいて朝鮮事業者たちの認識をみてみると、もとより朝鮮半島の経済発展と現地住民の福利厚生に貢献してきた史実が、一時期の軍国主義のみに切り捨てられている。我々の朝鮮半島の全史が「曲解」されているのである。それは「誤解」だ。それを解かねばならない、と彼らは現状を把握していた。ここで興味深いのは、彼らの認識の中に被害者意識が潜んでいることである。つまり、敗戦後の日本国内外における朝鮮植民地支配に対する批判的な論調は、一時期の軍国主義による侵略戦争の最前線で朝鮮縁故者は協力者であったかのように勘違いしているが、むしろ軍国主義に利用されたのは我々であり、それゆえに被害者なのである。したがって、その実情を裏づけるために資料を収集し編纂して具現化させることがぜひとも必要だ、というのが朝鮮事業者会の論理に他ならなかった。また、朝鮮事業者会は、誰よりも植民地朝鮮に対する的確な認識を持つべき主体を、日本政府とＧＨＱ／ＳＣＡＰに定めていた。

朝鮮事業者会の理事会における議論は、通常、案件の性質によって海外事業戦後対策中央協議会に問題を移管するか、あるいは直接関係当局に陳情するかの二つの措置方針に絞られていた。(2) 朝鮮事業者会は、基本的に両方の措置方針を並行させながらも、あくまで懸案解決に向けて主導権を握っていた。例えば、海外事業戦後対策中央協議会と朝鮮事業者会の間で懸案をめぐる対応の進め方にズレが生じる場合は、朝鮮事業者会がその対応を先取りすることをも辞さなかった。この場合は、早速、海外事業戦後対策中央協議会の幹事会（一九四六年三月二二日）にその案件が移されていた。

海外企業者ハ戦時中一時的ニ軍閥ニ利用セラルル事態ニ否応ナシニ追込マレタルモ本来ハ多年ニ亘リ現地住民ノ民生向上、経済開発ニ貢献セルモノナルコトヲ具体的反証ヲ挙ゲ関係要路ニ提出スベキ資料蒐集方中央協議会ニ於テ取上ゲ議題トシ善処アリタキコト[3]。

このように朝鮮事業者会は、海外事業の実情調査を始動させた。一九四六年三月二五日、朝鮮事業者会の理事会では、海外事業戦後対策中央協議会の幹事会における案件の議題化が報告されると同時に、一歩先を進む場面が繰り広げられていた。

ここでまた登場するのが、鈴木武雄（元京城帝国大学・元京城日本人世話会調査部長）である。すでに外務省で披瀝されていた鈴木の持論、植民地統治の特殊性が朝鮮事業者会でも繰り返された。鈴木は、「朝鮮統治ノ性格ニ関シ之ヲ本質的ニ観テ決シテ侵略主義帝国主義的理念ヲ以テ律セラルベキニアラザル所以ヲ数個ノ観点ヨリ具体的ニ説明シ、関係要路ニ提示セントスル参考資料ノ腹案[4]」を提示した。

その腹案は、次のような仮定質問に対し、事実を挙げ反証する試みであった。

（一）日本の朝鮮領有は朝鮮の市場独占といふ日本資本主義の要求に根拠を有したであらうか?

（二）日本統治下朝鮮の経済は発展したか？
（三）日本統治下朝鮮の経済的躍進は否定し得べからざる事実なるもそれが日本資本に依つて遂行されたといふことは矢張り日本による朝鮮の搾取を意味することにはならないであらうか？
（四）日本は朝鮮の文化向上に努力したか？
（五）朝鮮に進出した日本人諸事業は専ら日本軍部と結託して日本の軍事的侵略的大陸膨張の為に奉仕したのではないか？
（六）日本は朝鮮から米を収奪したか？[5]

これに対して、朝鮮事業者会は、「朝鮮事業者が過去数十年に亘つてあらゆる艱難辛苦を重ねつゝ半島の経済発展に、民度の向上に寄与貢献し来つた事実を適例を以て具体的に立証致したく之が資料の調査に着手する」と呼応しながら、「専門家の協力をも仰ぐべく元京城帝国大学教授鈴木武雄氏を煩はす[6]」と決定した。

事実、国内外の植民地支配に対する批判的な認識が持つ「誤解」には、鈴木と朝鮮事業者会の両者に共感されやすい側面があった。その共感を具体化させるには、両者が分かち合う知識と情報を最大限に引き出す相乗効果が期待されるであろう。鈴木には、日本の賠償軽減と経済復興につなげる植民地統治の特殊性という立論があった。だが、それを裏づける資料は乏しい。一方、朝鮮事業者会には、その立論を成り立たせる資料群が散在していた。ただし、それを一本の軸に貫徹させる理論家を探し求めていた。しかも、朝鮮植民地支配に対する否定的な評価には、両者とも異議を申し立てることで一致していた。だから朝鮮事業者会は、所属会員の法人会社宛に、鈴木の提案に適合する資料の提供を呼び掛け、同調を求めたのである。

このように朝鮮事業者会は、在外財産の補償要求を一層緻密に進めるため、その懸案を海外事業戦後対策中央協議会の場に広めるとともに、鈴木の立論に依拠しその主張を補強する資料の準備作業まで同時に進めていた。[7]もちろん、これらの作業は、国内外の否定的な植民地認識の是正にターゲットを絞っていた。それが在外財産の補償を実現させる、朝鮮縁故者の第一歩であったからである。

一方、賠償問題は、朝鮮縁故者にとって没収された在外財産の補償問題に直結していた。その問題に関連する補償措置を達成するために、朝鮮事業者会の理事会（一九四六年五月六日）では、もう一つの対応方針が練られていた。それは賠償問題を専担する、補償委員会の設置であった。

すなわち、朝鮮事業者会では、賠償問題の進展に備えて「補償委員会ヲ設置シ委員ハ各部会ヨリ適格者一名宛推薦スルコト〻シ速ニ理事会ノ承認ヲ得テ実施[8]」する議論がすでに開始されていたのである。これは海外事業の実情調査の件と同様、海外事業戦後対策中央協議会の幹事会において補償委員会の設置の案件を議題化させたのちに、朝鮮事業者会がとった動きであった。つまり、朝鮮事業者会の第一七回理事会（五月一三日）では、早くも補償委員会の設置に関する行動計画に向けた意見交換に移っていたのである。その補償委員会の設置問題について「此ノ会ハ大物デナク実際的ニ活動スル人ヲ選ビ其ノ範囲モ賠償ニ関連シタ国家補償ノ問題ノミ[9]」に限定し、賠償対象に含まれる可能性のある在外財産および終戦前後に略奪もしくは破壊された在外財産を調査対象として設定した。

なお、同理事会は、前述した海外事業の実情調査に必要な資料の提供が遅れていると苛立っていた。「海外事業ガ平和的事業デアル本来ノ性格ヲ明ニスル資料ハ具体的事実ニヨルモノデアリ、各会員ノ手許デ調査サレネバナラヌ。然ルニ会員ヨリノ之ガ資料ノ提出ガ遅クレテキル。ナルベク早急ニ調査サレ提出サルヽ様御努力願ヒタイ」[10]と、一層の資料提供を呼び掛けた。

一九四六年五月二四日開催の海外事業戦後対策中央協議会の理事会では、朝鮮事業者会が発議し、同中央協議会の幹事会を経た原案どおり、補償委員会の設置が決定された。海外事業戦後対策中央協議会における補償委員会の設置と同時に、同中央協議会所属の地域別部会および業態別部会に、補償小委員会が設けられた。補償委員会の委員は、補償小委員会別に一名を委嘱して必要に応じ若干名を選ぶことになった。その補償委員会が取り扱う事項は、「在外財産ノ戦争並ニ終戦ニ因ル損害ニ対スル補償問題」[11]に限定され、在外財産の補償対象とすべき損害の調査が重要視された。なおかつ補償委員会は、海外事業戦後対策中央協議会の理事会および幹事会の週替わり開催に比べ、同委員会の開催を随時かつ頻繁にすることで「臨機即応ノ処理ガ出来ル様」[12]に取り組む構えであった。

他方、海外事業の実情調査については「海外事業ノ平和的性格調査報告ノ下読会」が開かれ、海外事業者からの提供資料が検討された。その結果を、島正孝（朝鮮事業者会理事・三井物産）は「本件ハ意外ノ反響ヲ呼ビ各方面カラ資料ノ提供ガアツタガ、趣旨ガ充分徹底シナカツタ為メカ稍ポイントノ外レタモノ少シアリ。数字的説明ノ省略サレタモノアリ。重要産業デアツテ然モ簡略ニスルモノ等アリ」[13]と、朝鮮事業者会の理事会（一九四六年五月二七日）で報告した。この筋書きどおりであれば、海外事業の平和的性格を特徴づけるためには、朝鮮縁故者の論理を一貫させて資料の数値化に重点を置き、重要産業は詳細な調査資料の提供が要求されるであろう。

予想どおりの展開であった。朝鮮事業者会は、これらについて「国際経済研究所ノ川野教授（筆者注：川野重任）ノ検討ヲ煩ハシテ適宜ソノ指示ヲ受ケテ加除添削ヲ加ヘテ行クコト」[14]を望み、学識経験者の知識に依存していた。これに合わせて、海外事業の実情調査に充てる資料提出の期限を「五月一五日デ締切リハシタガ尚有効適切ナ資料ハ後レテモヨイカラ引続キ御提供ヲ切望スル」[15]と求めた。このように朝鮮事業者会は、最大限の有効適切なデータを収集することに腐心していたのである。

海外事業の実情調査を進めていた川野重任（東京大学）からは海外事業戦後対策中央協議会の幹事会（一九四六年五月二一日）で経過報告が行われた。そこでは、以下の骨子が示された。「一．直截簡明ナ要約趣旨ト附帯資料ノ適切ナル編纂整理ヲ要スルコト。二．資料ハ具体性ヲ要求ス。数字ニ重点ヲ置クコト。日時、場所ノ明示、グラフノ作成等。三．各種企業ノ綜合的検討、企業ヲメグル環境ノ調査等モ必要デアル。四．論理的ナルコトガ執筆要領トシテ大切デアル」[16]。

要するに、海外事業の内容を簡明かつ圧縮し論理的な一貫性を保つこと、そしてその具体性は数値化で裏づけることが想定されたのであった。

（2）補償委員会の推移と法人財産の数値化

他方、連合国の極東委員会（一九四六年五月一三日）では、第一次中間賠償の取立案が可決された上で、造船業硫酸工業および工作機械製造業を対象とした第二次中間賠償の取立計画（五月二三日）が採択された[17]。賠償問題が進展する最中、海外事業戦後対策中央協議会の補償委員会で、朝鮮部会を代表する委員に、市川欣次郎（朝鮮事業者会理事・日本鉱業）が内定した[18]。市川は、一九四六年六月一七日、朝鮮事業者会の理事会で初回の補償委員会（六月一一日）の状況を報告した。それによると、補償委員会の組織の業務分担は四部制をとっていた。第一部（調査班）では補償対象に含まれるべき損失の調査研究が、第二部（研究班）では賠償および補償問題に関する情報の調査研究が、第三部（渉外班）は交渉連絡を担当し、第四部（宣伝班）は世論を喚起する任務がそれぞれ割り当てられていた。(19)

続けて、第二回の補償委員会（六月一四日）における各委員の業務分担の決定が報告された。この補償委員会の場には、大蔵省の伊藤管理課長および吉田賠償課長、外務省の鈴木事務官が臨席した。補償委員会を設置するにあたり、大蔵省令第九五号(20)による在外財産報告書の数字に疑問があったからである。以前、海外事業者が政府当局に提出した同報告書の数字には、重複する部分があり評価基準も一定せず、また円貨および外貨が統一されずにそれぞれ表記される問題があった。そのため、財産補償の参考資料としては直ちには役立たないと評価された。第二回の補償委員会において、その問題点が外務・大蔵両省から指摘され、改めて在外財産報告書の正確さを高めることが要請されたのであった。(21)

政府当局の要請に答えるため、早速、第三回の補償委員会（六月二〇日）で在外財産の調査をめぐる議論が進められた。その議論の主導権は依然として、朝鮮縁故者が握っていた。市川欣次郎委員（第三部／渉外班）は、補償対象に含まれる在外財産の損失額を決定する際に、大蔵省令第九五号による在外財産報告書を利用するよう提案した。その上で、分類・整理から評価・集計に至るまでの作業を海外事業戦後対策中央協議会が代理し、実質的な事務は地域別の事業者会が担当することを提案した。これに対し、島正孝委員（第一部／調査班）も各種の総額の決定方法につき説明しながら応じた。(22) 同中央協議会の補償委員会においても、朝鮮縁故者は、彼らが想定する解決策の枠内に議論を収めるよう先導していたのである。

この事項は、朝鮮事業者会の理事会（六月二四日）にも持ち込まれた。「一．資料取直シヲヤラヌトスレバ省令九五号ノ報告ヲ如何ニ補正スベキヤ。二．取直シヲスルトセバドウイフヤリ方デ行クベキカ。三．補償ニ入ルベキ在外財産ノ枠ヲ如何ニ決メルカ。四．ソノ評価基準ヲ如何ニスベキヤ。五．為替換算率ヲ如何ニスベキヤ[23]」など、具体的な検討を要請した。なお、朝鮮事業者会は、「海外事業ノ資料取纏メハ目下ノ処各方面トモ極メテ不充分ナル」現状から、同中央協議会において実効性ある措置を追求し「補償委員会ニ任セ放シニセズ」ことも心掛けていた[24]。この局面においても、朝鮮事業者会の同時並行的な物事の進め方が如実に表れていた。政府当局から強調された在外財産報告書のあり方の問題提起に、朝鮮事業者会が具体策を練っていた所以である。

再び議論は、補償委員会（六月二八日）へ差し戻された。その結論は、「補償問題ヲ速急、具体化スル為メニモ、所謂『カン』ヲ以テ在外財産ノ地域別ノ大キナ枠ヲ推算スル大数観察的ナ達観的結論ヲ出スコト[25]」であった。とにかく、在外財産の大枠を示すのが至急だとされたのである。事実、海外事業者からの資料が期待されたほど集まらない中、政府からは正確性のある報告書を要求され、しかも国会の会期中でもあった。このように切迫した情勢に置かれた海外事業者は、ひとまず財産規模の可視化を図り、その中身の穴埋めは後回しにする方針を打ち出したのである。そのためには「カン（勘）」が必要であった。

朝鮮事業者会の理事会（七月一日）では、その「カン」で推算した在外財産の総額が示された。まず、旧総督府を母体とする朝鮮関係残務整理事務所の調査結果では、資本金五〇万円以上の法人八三一社の在外財産の帳簿価格は約一〇四億円であった。一方、朝鮮事業者会の調査結果では、会員法人一三七社の在外財産の帳簿価格は約三七億円、評価額は約一一六億円であった[26]。つまり、朝鮮事業者会の調査結果では帳簿価格の約三倍が評価額となることから、これを朝鮮関係残務整理事務所の調査結果に適用させると、資本金五〇万円以上の法人会社の在外財産は約三〇〇億円の評価額となる。その他、資本金五〇万円以下の法人および個人単位の財産を加算すれば、おおむね法人および個人を含む私有財産の総額は出る見通しであった。

しかしながら、このような単純化した評価手法は「仲々困難デアル」と吐露していたことが、朝鮮事業者会の内情でもあった[27]。かといって問題を放置するわけにはいかない。具体策を打ち出すべき時間は刻々と迫っている。このように朝鮮縁故者は実感していたのであろう。それゆえに「カン」に頼らざるを得なかったのである。

各地域の「カン」に依拠した結果は、一九四六年七月五日の補償委員会で提示された。第一部／調査班の島委員の報告によると、評価額（終戦時基準）は、以下のとおりであった。朝鮮は三〇〇億〜三五〇億円、台湾は七五億〜一〇〇億円、樺太は三〇億〜四〇億円、満州は四〇〇億〜六〇〇億円、そして中国は満州と同額に推定され、南方は二〇〇億〜三〇〇億円、欧米豪印は五億〜一〇億円、総計は一四一〇億〜二〇〇〇億円であった。

この数値について、彼らは、次のような考えを示した。

最低一、四一〇億乃至二、〇〇〇億ト推算シタガ政治的ニ考ヘレバ色々ナ見方モアラウガ一応ハ在外資産概計一千五百億ト推算シテ見タワケデアル。議会モ開会中デアリ当局ヘノ建白書等出ストスレバ時機モ切迫シテ居ルノデ一応コノ千五百億円ノ在外資産トイフ数字ヲ利用セラレテハ如何カト考ヘル[28]。

海外事業者の在外財産の総額は「カン」でみると、最低一四一〇億円から最高二〇〇〇〇億円であった。これを政治的に考慮すると、その総額は調整可能であると示唆したが、暫定合計は一五〇〇億円に一段落したのである。彼らの言葉を借りれば、この数値化は「大雑把ナ大数観察」に他ならなかった。このような報告を受けて、荒川昌二海外事業戦後対策中央協議会長は、GHQ／SCAPの海外事業に関する態度について「敗ケタ以上棄テロ。過去ヲ云フナ。新シク生キヨ」との有様だと述べた。したがって、国内向けに対応するのが本筋であるから「ラジオヤパンフレツト等デアマリ深刻ニ強クヤルコト」は抑えて、政府当局に対する圧力行使を目的に、建白書を提出し関係要路に説明を繰り返すと同時に、有力筋との懇談会を開催すること、そして国会の場を活用することが提言された[29]。補償委員会の閉会直後に開かれた海外事業戦後対策中央協議会の理事会（一九四六年七月五日）では、政府へ建白書を提出するタイミングが議論された[30]。

このような同中央協議会の対応とは裏腹に、朝鮮事業者会は、代替案も模索する。

（3）建白書と陳情書の間における「官民合同補償委員会」

朝鮮事業者会の理事会（一九四六年七月八日）の席上では、政府当局に限らず積極的な働き掛けを広げるようその対策が練られていた。市川欣次郎（補償委員）は、世論を重視するGHQ／SCAPの動静を考慮して補償問題を国内化せず、むしろGHQ／SCAPにも「積極的ニ有効適切ナ工作ヲスル要アルベシ」と意見を開陳した。その上で「勿論逆効果ヲ生ゼザル様細心ノ留意ヲナシツツ適時適切ナル方途ヲ講ゼネバナルマイ[31]」と注意を払いつつも、基本的に朝鮮事業者会の考えは、海外事業戦後対策中央協議会の対応方針とはズレがあった。すなわち、かねてから強調していた、朝鮮事業者会の没収財産をめぐる主導的かつ積極的な対応ぶりに変わりはなかったのである。同中央協議会の建白書が政府に提出される前に、それと同様の趣旨を先取りして朝鮮・台湾・樺太の三地域の名義で陳情書を手渡したことも、その文脈で理解できる。事実、朝鮮事業者会の理事会（七月一五日）を経て補償要求の陳情書は完成されていた。その場で、白石宗城（朝鮮事業者会理事長・元朝鮮窒素肥料常務理事）は陳情書を朗読したあと、次のように補足した。

一、本陳情書ハ旧領土ノ特殊事情ヲ考慮ニ入レ台湾樺太朝鮮三者共同デ原案ヲ作成シタ。
二、陳情書ノ骨子ハ中央協議会ノ方針ニ順応シツヽ議会開会中ニ強力ニ補償問題ヲ具体化セントスルニアル。
三、本案ノ提出先ハ政府デアルガ貴衆両院関係ノ旧領土ニ関係深キ議員ニモ協力仰ギタイト考ヘテヰル。適任ノ方ガアレバ推薦願ヒタイ。
四、陳情書ノ代表者ハ朝鮮事業者会代表白石理事長トイタシタイ。(32)

ここで強調された「旧領土ノ特殊事情」とは、「戦前連合国自体モ認メテ多年ニ亘リ拮据経営原住民ノ撫育ニ努メタ処ノ旧領土タル朝鮮台湾樺太ノ如キハ文字通リニ平穏且ツ公然ト現地ノ開発進展ニ盡シタ実績ヲ如実ニ示シテ居ル(33)」との意味合いを持つ。この行間には、朝鮮縁故者独自の植民地認識が込められていた。このような認識を共有する朝鮮・台湾・樺太縁故者は、海外事業戦後対策中央協議会に歩調を合わせつつも、三地域の特殊性を謳うのである。陳情書の代表者を名乗り、それを主導するのが、朝鮮縁故者であったことはいうまでもなかろう。

他方、建白書は、一九四六年七月一八日の海外事業戦後対策中央協議会の理事会および補償委員会で審議されていた。補償委員の島正孝（朝鮮事業者会理事）は、建白書の草稿を審議するにあたり、次のような説明を加えた。

（一）現下内外ノ状勢カラ見テ相当強ク書イテ見タ。
（二）中央協議会トシテ法人ノミニ止メズ大衆支持ノ関係モ考慮シ個人ノ立場ニモ言及シタ。
（三）内容ハ三項ニ分ケ第一次ニ在外資産ハ国家補償ヲ受ケルモノト観ル根拠ヲ挙ゲ第二項ニ海外事業者ノ現状ト要望ニ言及シ第三項デ官民合同補償委員会ノ設置ヲ提唱シタ。[34]

建白書の草稿は三項で構成されていたが、ここで注目すべきは、政府側に「官民合同補償委員会ノ設置」を提案した部分である。海外事業者側から在外財産問題の解決方法を提唱して、官民協調の枠内でその議論を抑えながら補償措置に運ぶ構想であった。この場には、大蔵省の伊藤管理課長も同席していた。政府側はそれに応じる意向を漏らした。その話は、朝鮮事業者会の理事会（七月二二日）において「補償ノ形式デハ社会ガ許サナイカラオ見舞トシテ出シタラドウカ。ダガ額ハ小額ダ。ソレヲ個人及法人ニ対シ分配スルノデアルカラ混雑ガ起ルカモ知レヌ[35]」と明かされた。政府当局は、軍需補償の全面打切りの見込みにたとえ、海外事業者にも補償打切りを匂わしたのであった。これに対する朝鮮事業者会は、「引揚者ニ対シテ酷ニ過ギルト云フコトニナル。国民全体ガ公平ニ負担スルト云フコトデナケレバナラヌ。コノアンバランスハヨクナイ[36]」と反発した。

しかしながら、海外事業者が描くシナリオの中で、政府の補償措置が見舞金に落ち着く可能性が少なくない、と想定し始めたのは大きな転換であった。このような様子は、続く海外事業戦後対策中央協議会の幹事会および補償委員会（七月二五日）における議論でも窺える。その場で直ちに三地域の陳情書に加え建白書をもって、政府関係者をはじめ貴衆議両院および新聞社の各方面を訪問し陳情することが決定されたからである。[37]

朝鮮・台湾・樺太の三地域代表の陳情書は、一九四六年七月二五日に首相官邸をはじめ石橋蔵相および寺崎外務次官に手交された。それと同時に、陳情書を英訳してＧＨＱ／ＳＣＡＰにも提出する手配が取り進められた。[38]翌二六日、朝鮮事業者会の白石理事長と信原専務理事は、会期中の国会で木村小左衛門衆議院副議長および協同民主党議員の船田亨二（元京城帝国大学）と懇談し、予算審議を迎える院内関係者にも陳情書が行き渡るよう依頼した。これを受けて船田議員は、衆議院内に超党派の同胞救援議員連盟が結成される旨を伝えた。[39]他方の石橋蔵相は、記者会見で「軍需補償その他経済再建に関する諸問題は経済安定本部を中心として八月中旬ごろまでに解決したい[40]」と発言し、在外財産の補償問題にも触れて目途を立てていた。これに接した朝鮮事業者会は、「補償問題も愈大詰めに来たといふ感じが深い[41]」と心境を語っていた。事態の転換が予期されていた。

海外事業戦後対策中央協議会の理事会および補償委員会（八月一日）における報告どおり、陳情書の効果は微々たるものに過ぎなかった。[42]政府側は、主要閣僚がその陳情書を受け取ることさえ避けて、事実上、在外財産問題の処理方針の転換を伝えていた。海外事業者側も、その対応策の重点を官民協調の枠組みに一層移さざるを得なかった。その方向に沿って、「官民合同補償委員会設立ノ具体案ニ関スル件」を取り上げ、その委員会には外務省・大蔵省・厚生省・経済安定本部などの閣僚が参画し所属委員は各省から選出すると同時に、民間の事業者側も同中央協議会より適任者を選び委員会の構成に参加することが協議された[43]。

しかし、このような官民合同で構成される補償委員会の設置に対して、朝鮮事業者会では反論も根強かった。朝鮮事業者会の理事会（八月五日）の席上、人見次郎（元京城日本人世話会常任委員・元朝鮮商工会議所会頭・元鉄道局長）は、「朝鮮総督府関係及日本政府当局デ外地企業者ノ庇護ノ手ガ余リニモ延ビテ居ラヌ」「関係要路筋ヘ正当ナル要求ヤ意見ヲ堂々ト開陳スル機関ガ予想ニ反シ余リニモ無力ノ感ガアル[44]」と、事態を厳しく非難した。朝鮮縁故者、人見の発言は続く。

外地企業者ト云ツテモ朝鮮デハ我々ハ帝国領土内ト考ヘテ凡テノ仕事ヲヤツテ居ツタノデアリ、然モ終戦トイフ予期セザル事態ノ為メニ根底ヨリ凡テヲ失ヒ言語ニ絶スル苦難ヲ嘗メサセラレテ赤裸トナツテ帰国シタ。再起ハオロカ今日ヲ如何ニスベキヤニ苦慮シテ居ル。

終戦ノ犠牲ハ併シ乍ラ之ヲ負担スルニ決シテ人後ニ落チルモノデハナイ。只旧領土内ニ在ツタ日本人トシテ内地ト同様ノ公平ナル負担ヲ分担スルコトヲ要求スルニ過ギヌ。

軍需補償ト在外財産、企業ニ対スル補償トハソノ性格ニ於テ全然異ル。戦争責任ハ飽クマデ全日本人ガ公平ニ平等ニ負担スベキモノデアリ、偶外地ニ在ツタガ故ニ総テヲ挙ゲテ賠償ニ取上ゲラレツ放シデ見舞金ヤ涙金デアツサリ片付ケル様ナコトヲサレテハ理論ガ一貫セヌカラ断ジテ承服デキヌ[45]。

ここには在外財産と植民地認識を媒介する、被害者意識がよく表れている。――帝国領土で正々堂々と経済活動をなしてきた我々は、敗戦により財産は没収され、引揚げを余儀なくされた犠牲者である。当然、日本の全国民は戦争責任を均等に負担すべきであるし、軍需補償と在外財産はその性質自体が異なるので補償されるべきである。したがって、政府が見舞金などで決着をつけようとすることに、断じて反対する――というのが朝鮮縁故者の立場に他ならなかった。

同理事会では、人見に同調する声が相次いだ。

涙金ヤ見舞金デ片付ケラレテハタマラナイ。
人見氏ノ言ノ如ク須ラク引揚当初ノ頑張リヲ取戻シ意識ヲ新タニシテ目下ノ差迫ツタ補償問題ノ解決ニ全力奮ツテオ互ニ精進スベキダ。
場合ニ依テハ理詰メノ戦法ヨリモ感情ニ訴ヘテモ正シキ世論ノ喚起ニ有効ナ手ヲ打ツベキダ(46)。

このような意向を新聞記者懇談会に反映させ、認識の転換を図ることが要請された。それとともに、「新聞関係トノ懇談会、又ハ政党方面ヘノ働キカケ等ハ独リ中央協議会ノ善処ニ既得スルノミニ止メズ、朝鮮事業者会自体デモチヤンスヲ捉ヘテ独自ノ活動ヲ展開スベキ(47)」ことまで提案された。またもや朝鮮事業者会の主導的かつ同時並行的な対応ぶりを窺わせる場面でもあった。

前記の理事会で提案された、新聞報道関係者と海外事業者間の懇談会は一九四六年八月六日に開催された。まず、海外事業戦後対策中央協議会の荒川昌二会長が口火を切り、同会は政府の要請により海外事業の戦後対策を一元化させ、九地域別部会および四業態別部会の体制でその平和的な実績を集大成する作業に加え、当面課題の補償要請を展開している旨を伝えた。続けて、北支部会の鼈宮谷清松は、陳情書の要点を説明しながら「海外事業ハソノ本質ニ於テ公然且ツ平穏友好裡ニ現地ノ開発ニ貢献シ来ツタノデ一時終戦前ニ於テ否応ナシニ軍需ニ駆リ立テラレタコトガアツタカモ知レヌガ内地ノ純軍需企業トハ著シク趣ヲ異ニスル」「現地民ノ民度文化ノ向上ニ資シタル実績ハ今日尚如実ニ事実ガ立証シテ居ル」と主張した(48)。

すなわち、このような主張とは次のようにも理解できる。——我々の海外事業は、内地の軍需産業に比して性質自体が異なる。なぜならば、海外事業は現地の経済発展および文化向上に貢献した実績があるからであり、しかも平和友好裡に行われていたことは公然たる史実である。それが一時期の軍国主義に利用されたに過ぎない。したがって、在外財産を軍需産業の補償打切りと同列に置くことは不公平であるがゆえに、在外財産は当然補償されるべきである——このような論理で、海外事業者は新聞記者を前にして訴えたのであった。

巨億ノ在外資産ガアツタカラコソ国内賠償ニ於テ苛酷ナル施設ノ撤去ガ軽減セラレル傾向ハ否定出来ヌ。海外事業ノ全面的ナ賠償編入ノ為メニ国内設備ノ温存ガ認メラレテ居ルモノガ多クナツテキルワケデアル。之ニ対シ何等ノ補償ナシトスレバ不当ニ苛酷ナ処理ダト云ハネバナラヌ。

補償ハ当然デアルガ固ヨリ国家財政上ノ破綻ヲ来シテマデ補償ヲ要望スル意志ハ毛頭ナイ。ソノ方法、評価、順位等官民衆知ヲ集メテ迅速ニ対策ヲ決定スル為メ官民合同補償委員会ノ設立ヲ提唱スル。中央協議会ニ於テハ之ニ対処スル万全ノ方寸既ニ定マツテ居ル(49)。

また、海外事業者は、没収された在外財産が苛酷な賠償措置から国家を救ったとする理論づくりを踏まえて、賠償軽減に貢献した我々に補償すべきことを訴えた。だからといって国家財政の破綻をきたす程度の補償を要求するつもりはない。このように海外事業者側は一歩譲歩するかたちを取りつつも、実質的な問題解決に向けた方法論として「官民合同補償委員会」の設置を提唱した。官民協調の枠内で補償措置の果実を最大限に実らせる目的であり、その準備は整っていると訴えた。これは問題解決に向けた官民協調の枠組づくりに重点を確実に置くものに他ならなかった(50)。

一方、新聞記者からは肝心要の質問があった。では、在外財産をいかに見積もるのか。これに対し、島正孝(朝鮮事業者会理事)が答えた。彼は、海外事業戦後対策中央協議会で算出されていた「総額一四一〇億乃至二〇〇〇億ニ達スル(51)」旨を詳細に説明した。その上で、政府閣僚などから在外財産の算出は困難であり、補償は無理、しかも資料もない、といった無責任な国会答弁が新聞記事(52)に載せられていると批判した。この問題を解決できる案が我々にはある、とまで海外事業者は断言した。


断ジテ調査不能デハナイ。的確ニ近イ資料モ引揚ノ促進ト共ニ逐次集メラレツツアルシ、既ニ相当集マツテ居リ確信ヲ以テ立派ニ取纏メ得ル。中央協議会ニ於テ必要トアラバ提示シ得ル成算ガアル。

コノ資料ヲ以テ合理的ナ善後処置即チ如何ニシテ如何ナル程度ニ補償スベキヤノ示唆ヲスルコトハ期待セラレテヨイ。

官民合同補償委員会デモ出来レバ大イニ勉強スル積リデアル。

再起出来ヌ様ナ極端ナ苛酷ナ処遇ヲサレテハ将来ガ思ヒヤラレル。ソノ時ニナレバ矢張リ海外事業ノ経験者ガ何ト云ツテモ物ヲ云フ筈ダ。之ヲ生カサネバナラヌ。

敗戦ノ負担ヲ平等公平ニ日本国民全体ガ負担スルトイフ根本理念ノ上カラ当然スギル程当然ナ国策デアル(53)。

海外事業者の発言は、次のように理解できよう。――我々の在外財産問題、すなわち没収財産の補償問題が解決できる時期を逸することは困る。海外事業者には補償を具体化させる成算があるし、それを裏づける資料も用意されている。我々海外事業者の経験を重んじることなくあとで後悔する愚かなことはやめてほしい。日本国民の全体が戦争責任の負担を均等に分け合うのは当然ではないか――このように海外事業者は再度強調し主張していたのである。これは、あくまで「官民合同補償委員会」という在外財産問題をめぐる官民協調の枠組づくりに沿う発言でもあった。

皮肉にも政府当局が、その発言に答えていた。海外事業戦後対策中央協議会の幹事会および補償委員会（一九四六年八月八日）では、「大蔵省特殊財務部ニ於テ外務省管理局経済部ト協力シ官民一体トナリ在外財産調査ニ関スル委員会ヲ設置シ迅速且ツ的確ニ調査ヲ遂ゲル」ことが報告されていた。しかも「相当ノ職員ヲ包容スル構成ヲ以テ予算モ計上方考究中」との話まで流れ込み、同中央協議会は、それに積極的に協力する姿勢で歓迎していた。この時点ですでに海外事業者は、「外地引揚者ニ対スル補償金ハ何レニシテモ充分ナコトガ出来ヌ」と全額補償の断念を吐露しつつも、その代替プランとして「官民合同補償委員会」に強い期待を寄せていたのであった(54)。

このような経緯から、外務・大蔵両省の共管機関である「在外財産調査会」（一九四六年九月）が設置されるのである。

二　在外財産調査会と『日本人の海外活動に関する歴史的調査』

（1）外務・大蔵両省の共管機関、在外財産調査会の設置

一九四六年八月一五日という終戦一周年を迎えた時に、海外事業戦後対策中央協議会の理事会および補償委員会では、大蔵省の伊藤管理課長が参加して、在外財産調査会の設置に関する説明があった。

政府側は、第一次世界大戦後の対ドイツ講和条約と第二次世界大戦後の対イタリア講和条約案における在外財産の補償義務の明文化を例に挙げて「極東ニ之ガ如何ニ反映スルカ現在デハ明確ニハ言ヘヌ」と前置きし、補償義務を留保する立場を伝えた。ここで留保するといったのは、海外事業者から提起され続けた没収財産による賠償負担の軽減という補償要求論を退けるためであった。伊藤管理課長は、「補償ヲ賠償ニ結ビツケテ考ヘルノハ量見ガ狭イ。兎ニ角財政上多クヲ望メヌコトハ明カ」であると表明した。だからといって海外事業者を放置するわけにはいかない。その同情をもって「外務大蔵厚生内務各省協力一致救済策ノ万全ヲ期シタイ」ので、在外財産調査会を設置する、と政府は提案した。それに続けて、「在外財産調査ハ政府ノ責任ニ於テ調査ノ要ヲ認メラレ追加予算ニ相当額ヲ計上シ[55]、大規模ニ然モ速急ニ処理シタイ。何レ賠償会議開催トナレバ当然在外財産ニ付テモ、資料トシテ有権的ナモノヲ作成シテ置クノ要ガアル」との政府の意気込みを伝えた[56]。

事実、一九四六年七月、連合国とドイツ・オーストリアを除く旧枢軸国間でのパリ講和会議が進展していたことから[57]、日本政府は、対日講和条約をにらみ賠償軽減の交渉材料を準備することに追われていた。それゆえに、在外財産調査会の設置が具体化されたのであった。政府の在外財産調査会の設置案には、調査会は総務部会と地

域部会に分割され、総務部会は方針を決定する任務を担い、地域部会は各地域の資料調整に当たる役割分担まで用意されていた。そのため、「常任常勤ノ専任者ヲ得テ九月業務開始ノ予定デアル。要員モ二五〇名位ニナル筈デアルカラ中央協議会ノ協力ノ下ニ迅速ニヤリタイ。人モ出シテ貰ヒタイ」とまで、海外事業者に呼び掛けたのである。このように政府側は、在外財産の補償問題に関する解決策を先取りするかのように官民協調の枠組づくりを進めていた。

さらに政府当局は、海外事業者に対する財産補償の打切りを婉曲に表明して、その代わりの救済措置を考究する必要性を訴えていた。海外事業者の補償要求論を放棄させ、対日講和会議における賠償軽減の材料を準備させることが、在外財産調査会の設置を試みた政府側の思惑であった。海外事業戦後対策中央協議会の理事会および補償委員会（一九四六年八月二九日）においても、大蔵省から長沼弘毅特殊財務部長と伊藤管理課長が出席した。長沼部長は、在外財産調査会の趣旨を再度説明した。

兎ニ角在外財産ノ概貌ヲ纏メテ置クコトハ賠償会議ノ基礎資料トシテ絶対必要ナリトノ結論ニ関係閣僚間ニ意見ノ一致ヲ見、外務大臣ヲ会長ニ大蔵次官ヲ副会長ニシテ陣容ヲ整ヘ、概ネ来年二月乃至三月ヲ目途トシテ纏メル為メ来月早々カラコノ在外財産調査会ノ発足ヲ考慮シテ居ル。場合ニ依テハソレヨリモ早ク片付ケタイト急イデ居ルノデ中央協議会トシテモ労力的奉仕協力ヲ煩ハシタイ。

政府は、対日講和会議における賠償問題に備えて、在外財産の調査整理を極めて重要視していた。その作業には、旧帝国領土の関係者の知識と情報が切実に求められることから、政府は海外事業戦後対策中央協議会にその協力を要請したのである。もとより海外事業者は、在外財産の補償問題を官民協調の枠内で解決するよう提唱していた。その案に政府当局が応じることは歓迎されるはずであった。しかしながら、政府は、事実上の財産補償の打切りを婉曲に表明しつつ、講和会議に備えることが在外財産調査会の主な目的であることを明確にしていた。財産補償の打切りが現実味を帯びていく中、海外事業者は、その立場をはっきりさせざるを得なかった。

そこで朝鮮事業者会は、会員宛のメッセージを発信する。

タトヘ対伊講和条約案ニ準ジテ対日講和条約ニ日本政府ニ対シ補償命令ガ明文デ指示サレテモ恐ラク現実ノ補償タルヤ雀ノ涙カ焼石ニ水トイフ結果ニナラヌト誰ガ保証デキヤウ。今ヤ補償打切リハ必然デアル。打切リトナラヌマデモ殆ド実効ハ期待デキヌト観念シ、最悪ノ事態ヲ想定シテ力強ク只只自力更生アルノミトイフ固イ決意ニ徹シ、復興金融金庫又ハ引揚者更生金庫等ノ国策トニラミ合セツツ、積極果敢ニ引揚者協心戮力シテ転換更生ノ方途ヲ策定スルノガ賢明デハアルマイカト思ハレル[61]。

朝鮮事業者会は、情勢の変化に合わせて役員人事を刷新した。山口重政（元京城日本人世話会常任委員・元朝鮮殖産銀行副頭取）の専務理事の就任後に事務局の陣容が整備された。調査部に藤本修三（元朝鮮殖産銀行理事）、連絡部に辻桂五（元京城府尹）、総務部に今泉茂松（元西鮮中央鉄道社長）を配置した[62]。特に、朝鮮事業者会の理事長のポストに並ぶ専務理事の席と、同事業者会内で最も重点が置かれた調査部に、朝鮮殖産銀行の役員出身の朝鮮縁故者が就いたことは、在外財産調査会の活動目的に合わせた対応に他ならなかった。在外財産調査会に参加した朝鮮縁故者では、穂積真六郎（朝鮮引揚同胞世話会会長・元京城日本人世話会会長・元殖産局長）、水田直昌（元財務局長）が総務部会の委員に就任し、地域部会の朝鮮部会の委員には、朝鮮事業者会から白石宗城理事長、山口重政専務理事が内定し、水田直昌が朝鮮部会長の職務を兼ねた。そして朝鮮事業者会の藤本修三嘱託が、総務部会と朝鮮部会の幹事を兼任した(63)。

在外財産調査会は、一九四六年九月一六日の「在外財産調査会規定」に基づいて、外務・大蔵両省の共管機関として設置された(64)。在外財産調査会の組織構成は、総務部会と地域部会に分けられた。総務部会は、調査方針の確立、地域別の通貨評価の調整、送金・預金問題の取り決めを担当した。地域部会は、朝鮮、台湾、樺太、南洋群島、満州、北支、中南支、南方第一（旧陸軍占領地域）、南方第二（旧海軍占領地域）、欧米の一〇部会に細分化され各地域の調査を担当した。

在外財産調査会の当面の課題は、大蔵省令第九五号により提出された在外財産報告書（一九四六年七月末現在）の約二八万件を整理し、その他に外務省の資料、未報告分の処理および民間の資料を収集することであった。これに関して政府側は、講和会議に備えた調査であるとの前提を再度強調しながら「本来政府自体ノ事務デアルケレドモ其ノ方面ノ実体ニ精通シタ人ガ少ナイカラ御協力ヲ願フ」と要請した。その上で、「此ノ調査会ノ調査ハ在外財産補償ノ資料トシテ調査スルモノデハナイカラ承知シテ貰ヒタイ」と、民間側に再確認させた(65)。

朝鮮事業者会は、会報を用いて会員宛に「外国に本店を有する会社等の本邦に在る支店出張所又は其の他の営業所等の報告について」（大蔵省発表一九四六年九月二一日：大蔵省告示第六九二号）を周知させた。それに加えて、会員に漏れなく報告するよう呼び掛け、もし報告を怠った場合には処罰（一九四五年勅令第五七八号）されることに注意を喚起した[66]。

このように、在外財産調査会の活動は開始されるのである。

（２）在外財産調査会の活動とＧＨＱ／ＳＣＡＰ民間財産管理局（ＣＰＣ）

海外事業戦後対策中央協議会の幹事会および補償委員会（一九四六年一〇月三日）で、在外財産調査会の部会長会議の状況が報告された。

まず、在外財産報告書の提出を督促する問題が指摘された。大蔵省令第九五号による報告書の提出が「案外少イ」ので、講和会議に備えた資料収集および調査研究の目的を明確化させ、政府側が別途に引揚げ者の更生対策案を構想していることを発表して、その報告書の提出を慫慂することになった。

その次に、在外財産の調査方針が示された。一般調査（全面調査）と並行し「在外財産ノ総額ヲ大摑ミニ早急ニ算定スル必要ガアル」と提起された。重要商社の一〇〇程度を選定して緊急調査を行い、その中でさらに一〇社を選び一〇月までに調査を整理する。一九四六年末までには、その残り九〇社の調査を終える。そして一般調査（全面調査）は一九四七年三月末完了を目途にする。同中央協議会としては、各地域に代表的な一〇社を選定し、在外財産調査会に至急提出したいとのことが述べられた[67]。

朝鮮事業者会の理事会（一九四六年一〇月七日）では、このような調査方針についてＧＨＱ／ＳＣＡＰの意向を汲み取った経緯が説明されている。

在外財産報告書ヲ集計シタトコロGHQデハ其ノ妥当性ニツイテ自信ガナイノデ妥当性ヲ裏書スルモノヲ望ンデヰルガ之ヲ克明ニ検討スルコトハ多大ノ時日ヲ要シテ不可能デアルカラ其ノ中ノ重ナモノヲ百社モトツテ見タラ総体ノ財産ノ八十五パーセント位ノモノガ明カニナルダラウシ二百社モトレバ九十五パーセント位ガ明瞭ニナルダラウトイフ見当カラ百社ノリストノ中ニアルモノカラ王子製紙、日本鉱業、日本製鉄、東洋紡、三菱鉱業、三井鉱業、大倉鉱業、東洋綿花ヲ選ビ百社ノリスト外カラ鐘淵産《ママ》業、日鉄鉱業、大日本塩業、日清汽船等ヲ選定シテコレヲ検討シテ報告ノ正確サヲ確メルコトニナツタ[68]。

そこで在外財産調査会でも、GHQ／SCAPに歩調を合わせて各地域の一〇〇社を調査し、その中でさらに一〇社を選定して至急調査を進めることになったわけである。朝鮮事業者会は、業態別部会の中で、以下のような会社を選んだ。石炭部会から朝鮮無煙炭、三陟開発。鉱業部会から日本鉱業、小林鉱業、朝鮮鉱業振興、茂山鉄鉱開発。製鉄部会から日本製鉄、日本高周波、三菱製鋼。化学部会から日本窒素肥料、朝鮮石油。窯業部会から朝鮮電工、朝日軽金属、朝鮮住友金属。林業・農業部会から東洋拓殖。電気・交通部会から朝鮮電業、京城電気。繊維部会から鐘淵工業。金融部会から朝鮮銀行、朝鮮殖産銀行。以上の二〇社を選び、朝鮮関係残務整理事務所長の塩田正洪（元鉱工局長）、穂積真六郎と水田直昌の両総務部会委員の相談を経て在外財産調査会に提出された[69]。

興味深いのは、このような経緯にGHQ／SCAPが絡んでいた事実である。もちろん、占領統治下にあった日本政府がGHQ／SCAPの意向に影響されるのは当然であるが、GHQ／SCAPが在外財産の調査要領を、先に示したことは注目に値する。なお、GHQ／SCAPも在外財産の綿密な調査は困難であると認識していたことは、日本政府と海外事業者の現状認識とも同様であった。

一九四五年一〇月六日、GHQ／SCAPは「金、銀、白金及在外財産に関する関係書類の分離保管並に報告に関する件」の指令を出したが、日本政府も在外財産問題を処理する必要性を実感していた。この指令に則し、大蔵省令第九五号をもって「在外財産等報告に関する件」（一九四五年一一月八日）が実施され、それに基づき提出された報告書の整理を、政府は日本銀行に委任した。以後、対日講和会議をにらみ在外財産調査会が設置されたのは前述したとおりであるが、ちょうどGHQ／SCAPも在外財産の調査に乗り出していたのであった。

ちなみにGHQ／SCAPの担当部署は、民間財産管理局（Civil Property Custodian、CPC）であった。CPCは、在外財産調査会を率いる大蔵省・外務省・日本銀行の関係者を交えて委員会を設置し、会合を定期的に開いた。CPCが主催するこの委員会と在外財産調査会の関係は、非公式かつ間接的であったが、実質的には在外財産調査会がCPCの委員会の「下請の様な恰好」になっていた[70]。

CPCから在外財産の推定総額を至急調査するよう指令が出されたため、在外財産調査会の調査結果は、第一回調査報告として一九四六年一〇月二八日に提出された。前述した在外財産調査会の部会長会議で議論された調査方針の日程とほぼ合致する。この調査結果をもとに、日本銀行内においてCPCを囲み大蔵省、外務省、日本銀行の関係官が出席し、第一回の会議が開かれた。これがCPCの委員会であった。その後は、ひと月に二回ずつ会議が開かれ、二〇回まで続いた[71]。

一方、在外財産調査会は、以下の資料をもとに調査を実施した。

（一）大蔵省令第九五号による報告書、（二）各部会において其々担当地区の商社から収集した資料、（三）外務省が保有する資料、（四）現地より持ち帰った調査書類、（五）在外財産調査会が直接収集した記録、などの五種類であった[72]。

在外財産調査会の朝鮮部会の場合は、各会社の年鑑、朝鮮殖産銀行の『朝鮮金融事情概観』『殖銀調査月報』などを参照し把握した[73]。これは、前述のとおり朝鮮殖産銀行出身の山口重政と藤本修三が朝鮮事業者会の主要ポストに就き、両者は在外財産調査会にも所属し、その調査に朝鮮縁故者として在韓日本財産に対する知識と情報を注いだことと関連しているのであろう。

在外財産調査会の調査方法は、（一）各地域における重要商社の企業資産を算出した基準から企業全体の資産を推定し、（二）国有財産（在外分）を加算する方式であった。したがって、個人資産および陸海軍財産は除外されている[74]。あくまで在外財産調査会の調査は「有形的財産の統計[75]」を示すものであった。

外務省管理局経済課の記録（一九四九年三月一〇日）によれば、在外財産調査会は二年半にわたり調査が進められ、「今回調査も略々完了の域に達したので、本年一月十六日同調査会において外務省管理局長、大蔵省管理局長以下両省関係課長出席のもとに解散式を挙行した。なお、未だ多少の整理事務が残されているが、本年度末までには終了の見込である[76]」と記述されている。ここで言及された終了見込みの「本年度末」とは、一九四九年一二月に当たるが、大蔵省がＧＨＱ／ＳＣＡＰに在外財産報告書を提出した時期とちょうど一致する[77]。

その報告書のリストの中で「(A) The 20th Report of Inquiry EXPLANATORY NOTES FOR TABLES on ESTIMATES OF JAPANESE EXTERNAL ASSETS」と表記されている文書があるが、これは在外財産調査会

が、二〇回目の報告書を作成して提出したものである。在外財産調査会の報告書がCPCに提出される都度に開かれた委員会の回数も、二〇回であったことから、この報告書が最終提出版であると推測できる。こうして在外財産調査会は、その役割を果たして解散するのである。

（3）『日本人の海外活動に関する歴史的調査』――植民地認識の集約

ひとまず日本の在外企業財産（法人財産）の推定額は算出されたものの、在外財産調査会は、一つの課題を抱え込んでいた。はたしてこの程度の在外財産を日本が保有できたのか。これを裏づけることができないと、せっかく算出した財産額の妥当性が失われかねない。このような懸念から在外財産調査会は、『日本人の海外活動に関する歴史的調査』を作成した。その執筆の動機は、次のように明かされている。

特に、朝鮮、台湾、樺太或は満州国の如き旧領土若しくは密接な関係にあつた地域に於ては、古くから相当の投資を為してゐるのであり、対日貿易等の歴史的背景なくしては之を裏付けることは出来ないものと信ずる。そこで、各地域と日本とのそもそもの当初から歴史的に領土の範囲、人口、鉱工業、農業、産業、文化、教育等の万般に亘り調査し、在外財産の存在を妥当ならしめる様調査を始めたが、茲に謂ふ歴史的調査である。この為専門家多数を動員し大車輪で調査を実行し、現在その大半を完了した次第である。これを以て、日本在外財産調査の画龍点青《ママ》を図らうといふのである。[78]

すなわち、在外財産調査会ではその調査結果に妥当性を持たせるために、関連諸国との歴史的な背景を全般にわたり調査することが求められたのである。それが、いわゆる『日本人の海外活動に関する歴史的調査』であった。一九四八年、大蔵省管理局の名義で刊行されたこの調査は、総論、朝鮮篇、台湾篇、樺太篇、南洋群島篇、満州篇、北支篇、中南支篇、海南島篇、南方篇、その他地域篇からなる大東亜共栄圏を、日本帝国の占領以前から終了前後までにかけて網羅的に取り扱った書物である。その中で朝鮮篇は、植民地統治の広範な領域を調査研究しており一六〇〇頁にも及ぶ大著であった。朝鮮篇の執筆者は、朝鮮半島と日本列島が地理的に近いことを含め、終戦後にＵＳＡＭＧＩＫの協力を得ることで早期引揚げを完了させ、この調査に参加することができた。したがって、他の地域より執筆者の陣容と調査内容が比較的充実していた。ともかく『日本人の海外活動に関する歴史的調査』の企画・作成・編集・監修・印刷[79]まで一連の流れに関与した主体が、外務・大蔵両省と朝鮮縁故者を筆頭とする外地関係者であったことはいうまでもない。彼らは、その調査の背景を次のように描写した。

この仕事を漸次押し進めて行く間に、吾々は次の様なことを考え始めた。一体如何なる取引の結果として、これらの貸借対照表が残されたか、或は、これらの統計が究局《ママ》に於て意味するものは何か、という全体的な説明を別に必要とするのではないか、各地の、各時期の、各種の企業を一貫する説明なり、主張が別になければならない。少なく共、これらは、侵略とか、掠奪とかいう言葉で、一列に言つてのけられる取引の結果ではなく、日本及び日本人の在外財産は、原則としては、多年の正常な経済活動の成果であつたということだけでも、この際はつきりしておくことが是非必要ではないか。これは連合国に対する弁解という意図からでは勿論なく、吾々の子孫に残す教訓であり、参考書でなければならない。[80]

このように彼らは、在外財産調査会で調査研究を進めるにつれ浮上した課題として歴史的調査を作成したという経緯を再度繰り返していた。また、その調査結果に妥当性を持たせるために練られた論理も、鈴木武雄をはじめ朝鮮事業者会の没収財産への対応を通して明らかになった朝鮮縁故者の植民地認識の反復でもあった。つまり、この独自の植民地認識は「吾々の子孫」に残すべき遺産であるがゆえに、その認識につき「誤解」されている以上は身の潔白を証明する他ないと考えた彼らは、散逸していた資料を取りまとめ、植民地認識と在外財産の調査結果を『日本人の海外活動に関する歴史的調査』の中で両立させようとしたのである。その思惑を裏づけるために、本調査の「総論」ともいうべき部分に注目したい。

> 吾々の仕事の序論であり、結論でもあり、構想の基盤をなす考え方は、次の通り要約出来ると思う。日本及び日本人の在外財産は、日本及び日本人の海外活動に於ける正常な経済活動の成果である。一つ一つの出来事を取り上げるならば、ある時期、ある場所に於ては、所謂侵略、掠奪によつて加算されたものがあつたかも知れない。特に日華事変から太平洋戦争に入つては、軍の行動に便乗した悪質の取引によるものがあつたろう。が然し、日本及び日本人の在外財産の生成過程は、言わるるような帝国主義的発展史ではなく、国家或は民族の侵略史でもない。日本人の海外活動は、日本人固有の経済行為であり、商取引であり、文化活動であつた。このことは、日本人みずからまづはつきり認識することが必要である。[81]

彼らの主張に基づいて植民地朝鮮に限っていえば、次のようになる。——日本の在外財産は、長年にわたりごく正常な経済活動の成果であった。それが一時期の軍国主義により、植民地史の全期間が歪められたのである。

むしろ、我々は軍国主義の犠牲者である。国内外でいわれる日本の侵略、掠奪といった植民地認識には「誤解」がある。ただ、その一時のみに切り取られ一般化されることは容認できない。あくまで、そのような認識を是正しなければならないのは、まず、日本人からである。

このような文脈で理解してみると、在外財産調査会で数値化されたデータが、彼らの植民地認識に説得力を持たせ、それにＣＰＣがある程度の共感を示したかもしれない。だからこそ、残るターゲットは日本人であったのであろう。つまり、前述したとおり朝鮮事業者会が診断したＧＨＱ／ＳＣＡＰおよび連合国をはじめ国内外の植民地認識にある「誤解」は、この段階において日本人に限り残っていたともみることができよう。

ともかく、正常な経済活動、経済開発、福利厚生の増進、文化向上、軍国主義の犠牲者などの朝鮮事業者会で挙げられたキーワードが、『日本人の海外活動に関する歴史的調査』にほぼそのまま踏襲されている。それは無理もない。この歴史的調査の編集委員四名の一人に、朝鮮縁故者の鈴木武雄もいたからである。[82]

（1）朝鮮事業者会『会報』第一号、刊行日記載なし、二丁（「友邦文庫」請求記号：M3-47、以下同様）。
（2）同右。
（3）朝鮮事業者会『会報』第二号、一九四六年四月一日、二丁。
（4）同右、一九四六年四月一日、三丁。
（5）同右、一九四六年四月一日、四～五丁。
（6）同右、一九四六年四月一日、四丁。
（7）朝鮮事業者会『会報』第四号、一九四六年四月一五日、三丁。

(8) 朝鮮事業者会『会報』第七号、一九四六年五月一三日、三頁。
(9) 朝鮮事業者会『会報』第八号、一九四六年五月二〇日、四頁。
(10) 同右、一九四六年五月二〇日、五頁。
(11) 朝鮮事業者会『会報』第一〇号、一九四六年六月三日、二頁。
(12) 同右、一九四六年六月三日、三頁。
(13) 同右、一九四六年六月三日、四頁。
(14) 同右。
(15) 同右。
(16) 朝鮮事業者会『会報』第一一号、一九四六年六月一〇日、三~四頁。
(17) 朝鮮事業者会『会報』第一〇号、一九四六年六月三日、一頁。
(18) 朝鮮事業者会『会報』第一一号、一九四六年六月一〇日、二頁。
(19) 朝鮮事業者会『会報』第一三号、一九四六年六月二四日、二~三頁。
(20) 「外国為替管理法ニ基キ連合国最高司令官ノ要求ニ係ル事項ヲ実施スル為在外財産等ノ報告」の提出が要求された。大蔵省外資局「在外財産等ノ報告ニ関スル大蔵省令」(大蔵省外資局、一九四五年一一月)一頁。
(21) 朝鮮事業者会『会報』第一三号、一九四六年六月二四日、五頁。
(22) 朝鮮事業者会『会報』第一四号、一九四六年七月一日、三~四頁。
(23) 同右、一九四六年七月一日、五~六頁。
(24) 同右、一九四六年七月一日、五頁。
(25) 朝鮮事業者会『会報』第一五号、一九四六年七月八日、六頁。
(26) 調査資料の詳細は、朝鮮事業者会『会報』第九号の三~四丁を参照されたい。
(27) 朝鮮事業者会『会報』第一五号、一九四六年七月八日、八頁。

(28) 朝鮮事業者会『会報』第一六号、一九四六年七月一五日、二～三頁。
(29) 同右、一九四六年七月一五日、五頁。
(30) 同右、一九四六年七月一五日、五～六頁。
(31) 同右、一九四六年七月一五日、七頁。
(32) 朝鮮事業者会『会報』第一七号、一九四六年七月二二日、八頁。
(33) 朝鮮事業者会『会報』第一四号、一九四六年七月一日、一頁。
(34) 朝鮮事業者会『会報』第一八号、一九四六年七月二九日、二～三頁。
(35) 同右、一九四六年七月二九日、五頁。
(36) 同右、一九四六年七月二九日、六頁。
(37) 朝鮮事業者会『会報』第一九号、一九四六年八月五日、二～三頁。
(38) 同右、一九四六年八月五日、五～六頁。
(39) 同右、一九四六年八月五日、七頁。
(40) 『毎日新聞』一九四六年七月二七日（東京朝刊）。
(41) 朝鮮事業者会『会報』第一九号、一九四六年八月五日、一頁。
(42) 朝鮮事業者会『会報』第二〇号、一九四六年八月一二日、二～四頁。
(43) 同右、一九四六年八月一二日、五～六頁。
(44) 同右、一九四六年八月一二日、六～七頁。
(45) 同右、一九四六年八月一二日、七～八頁。
(46) 同右、一九四六年八月一二日、八～九頁。
(47) 同右、一九四六年八月一二日、九～一〇頁。
(48) 同右、一九四六年八月一二日、一五～一六頁。

(49) 同右、一九四六年八月一二日、一六～一七頁。
(50) 同右。
(51) 同右、一九四六年八月一二日、一八頁。
(52) 『読売新聞』一九四六年七月三一日（東京朝刊）。
(53) 朝鮮事業者会『会報』第二〇号、一九四六年八月一二日、一八～一九頁。
(54) 朝鮮事業者会『会報』第二一号、一九四六年八月一九日、二丁。
(55) 大蔵省管理局提出の科目「在外財産調査等に要する経費」によると、在外財産調査会の予算に充てられた総額は、以下のとおりに年々増加していた。一九四六年度（追加予算）は三〇一万一、〇〇〇円、一九四七年度は六七二万七、〇〇〇円、一九四八年度は一四八九万八、〇〇〇円であった。外務省管理局経済課（一九四九年三月一〇日）「在外財産調査会概要」『在外財産調査会関係資料目録』（分類記号番号：B61.00／レファレンスコード：A13111639200、アジア歴史資料センター https://www.jacar.go.jp/、二〇一八年二月二三日アクセス、以下同様）一九九七～一九九八頁。
(56) 朝鮮事業者会『会報』第二二号、一九四六年八月二六日、三丁。
(57) 石井修『国際政治史としての二〇世紀』（有信堂高文社、二〇〇〇年）一六〇頁。
(58) 外務・大蔵両省の職員も常勤した。外務省管理局経済課（一九四九年三月一〇日）「在外財産調査会概要」『在外財産調査会関係資料目録』一九九二頁。
(59) 朝鮮事業者会『会報』第二二号、一九四六年八月二六日、三丁。
(60) 朝鮮事業者会『会報』第二四号、一九四六年九月九日、三丁。
(61) 朝鮮事業者会『会報』第二六号、一九四六年九月二三日、二丁。
(62) 朝鮮事業者会『会報』第二八号、一九四六年一〇月七日、一丁。
(63) 同右、一九四六年一〇月七日、三丁。
(64) 外務省管理局経済課（一九四九年三月一〇日）「在外財産調査会概要」『在外財産調査会関係資料目録』一九九一頁。

(65) 朝鮮事業者会『会報』第二八号、一九四六年一〇月七日、三丁。
(66) 同右、一九四六年一〇月七日、三〜四丁。
(67) 朝鮮事業者会『会報』第二九号、一九四六年一〇月一四日、二丁。
(68) 同右、一九四六年一〇月一四日、三丁。
(69) 同右。
(70) 大蔵省管理局管理課（一九四八年二月二日）「終戦時に於ける日本在外財産調査について（未定稿）」『在外財産調査会関係資料目録』（分類記号番号：B61.00／レファレンスコード：A13111639200、アジア歴史資料センター https://www.jacar.go.jp/、二〇一八年二月二三日アクセス、以下同様）二〇〇三〜二〇〇四頁。
(71) 外務省管理局経済課（一九四九年三月一〇日）「在外財産調査会概要」『在外財産調査会関係資料目録』一九九八頁。
(72) 大蔵省管理局管理課（一九四八年二月二日）「終戦時に於ける日本在外財産調査について（未定稿）」『在外財産調査会関係資料目録』二〇〇五頁。
(73) 作者不明「在外財産調査会における調査について」『在外財産調査会関係資料目録』（分類記号番号：B61.00／レファレンスコード：A13111639200、アジア歴史資料センター https://www.jacar.go.jp/、二〇一八年二月二三日アクセス、以下同様）一九八八頁。
(74) 大蔵省管理局管理課（一九四八年二月二日）「終戦時に於ける日本在外財産調査について（未定稿）」『在外財産調査会関係資料目録』二〇〇七頁。
(75) 外務省管理局経済課（一九四九年三月一〇日）「在外財産調査会概要」『在外財産調査会関係資料目録』一九九三頁。
(76) 同右、一九四九年三月一〇日、一九九一年。
(77) 表紙の題目は、「Japanese External Assets Report Submitted by Ministry of Finance 21 Dec. 1948_Special Reports listing Japanese Government Ownership」と手書きされている。National Archives, RG 331, Box 3713, File 741.
(78) 大蔵省管理局管理課（一九四八年二月二日）「終戦時に於ける日本在外財産調査について（未定稿）」『在外財産調査会関係資

料目録』二〇一五頁。

(79) 外務省管理局経済課の記録によれば、「英訳も略略完了する運びに至つている」と記述されている。この調査の印刷版は、ほぼ間違いなくＧＨＱ／ＳＣＡＰに提出されたであろう。外務省管理局経済課（一九四九年三月一〇日）「在外財産調査会概要」『在外財産調査会関係資料目録』一九九九頁。

(80) 大蔵省管理局「序」『日本人の海外活動に関する歴史的調査』（大蔵省管理局、一九四八年）一～二頁。

(81) 同右、三頁。

(82) 同右、四頁。

第四章

日韓交渉における請求権問題の顕在化
——予備会談・第一次会談（一九五一〜一九五二年）

一　交渉以前の両国の相互認識と請求権問題

（1）韓国の対日認識と『対日賠償要求調書』——対日賠償要求論の理論化

韓国政府の対日請求権の理論的な出発点は、カイロ宣言およびポツダム宣言であった。カイロ宣言で連合国が「暴力及貪欲ニ依リ日本国ガ略取シタル……朝鮮ノ人民ノ奴隷状態ニ留意シ[1]」と表明し、ポツダム宣言がそれを再確認したことは、被解放国の国民感情に適うものであった。韓国政府は両宣言を国際法の新たな潮流として捉え、対日賠償要求の準備を進めた。

その一端が、「対日銀行為替清算試論」（一九四七年七月[2]）である。その序説において「対日賠償の獲得は日本人が荒廃化させた朝鮮経済再建の一出発点になり、起死回生的資源になる」とした上で、対日賠償は将来の朝鮮にとり必要不可欠かつ正当な要求であると位置づけられた。この試論では、連合国の対日賠償方針の中でカイロ・ポツダム両宣言をはじめ「降伏後ニ於ケル米国ノ初期ノ対日方針」[3]（一九四五年九月二二日）と「日本の中間賠償計画に関するポーレー大使声明」[4]（一九四五年一二月七日）を引用して、日本の国公有財産および日本人の私有財産は一切喪失されたものと見なした。その財産所有権は、過渡的にUSAMGIKが持つものの、将来においては当然に朝鮮に帰属するものと見通していた。それに加え国際法上で、ヴェルサイユ講和条約の第二九六条の金銭債務条項にならい、「過去日本が朝鮮を一方的に搾取したことを考慮して、その清算は一方的（即補償）でなければ、条件付清算であるべき」ことを指摘している。つまり、対日清算は対日賠償要求の原則と範疇に属するものであり、その問題提起は可能であると判断された。

それに続き、「対日通貨補償要求の貫徹」（一九四八年七月）[5]という論考がその論理を引き継いだ。そこではまず、対日賠償要求の事項が、略奪・虐待による被害、交換価値の不均衡などによる強制取引の実損、通貨・有価証券・その他債権の補償に大別された。その上で、朝鮮経済を再建するには何よりもまず海外資材の輸入が必須条件であるとし、外貨獲得を優先課題に掲げた。そして一方的な輸入資金の調達が緊要であり、対米借款を除けば、対日賠償を要求するより他はないと指摘した。それゆえ、対日賠償要求は「朝鮮経済の再建においてその因に限らず、その果においても不可分な関係」にあるとされた。[6]ちなみに李承晩大統領が、韓国政府樹立を宣言したのちの記者会見で「大韓民国は第二次大戦中日本と戦つているので対日講和会議には当然参加できる権利がある」と主張し「日本の支配中に発行した朝鮮銀行券のためうけた損害の賠償を要求する」と語ったのは、前述の対日賠償要求の準備を根拠とするものであった。

ともかく、USAMGIKに帰属した日本の没収財産は、米韓間の「財産に関する最初の協定」(一九四八年九月一一日)に依拠して、韓国政府に移譲されることになった(7)。

その後、制憲議会における李承晩大統領の施政方針は、米韓財産協定にプラスアルファとしての対日賠償要求を公式化するものであった。その施政方針の中で「日本の帝国主義的侵略主義の完全な放棄と今後の民主主義的再建に関して当然厳重な監視を怠りません。政府は過去の日本の帝国主義政策によるすべての害悪を回復して、又将来、隣接国家として正常な外交関係を保護するため、連合国の一員として対日講和会議に参列することを連合国に要請して、民国が対日賠償に対する正当な権利を保有する」と公言している(8)。なお、李大統領は、一〇月一九日にマッカーサー元帥の建国式典の参加に答礼する名目で日本を公式訪問した際に、記者会見で日本側に直接訴える。

韓国国民は四十年にわたる日本の統治の結果、心身ともに大きな打撃を受けた、その傷あとがなおるためにはなお時間がかかる、しかしわれ〳〵は過去を忘れて新しい友好関係に入る努力をするであろう、……日本人が軍国主義的な要素を除去することに成功するならば、両国間の古傷はやがてなおり、相互の有利な貿易関係が復活するであろう、私はその日の来ることを望む(9)。

李大統領の声明は控え目ではあるが、日韓両国の協調を呼び掛けるものであった。しかしながら、受け手によっては、前記の制憲国会の施政方針と同様の朝鮮植民地支配に対する否定的な見解であり、もしくは一種の侵略主義、軍国主義への批判として捉えたかもしれない。なぜならば、一一月二七日の韓国の国会では「対日強制労務者未済賃金債務履行要求に関する請願」および「対日青壮年死亡賠償金要求に関する請願」の二件の請願案が採択されるに至り[10]、対日賠償要求の姿勢が明確化されたからである。前記の李大統領の訪日声明と韓国国会の請願案の採択には矛盾が生じていた。それは対日賠償要求を追求するに際して、韓国が制約を受けていたからである。その制約とは、いわゆる米国の対日占領政策の「逆コース」である。

すなわち、米国の対日占領政策の転換は、連合国の寛大な対日賠償方針を予告するものに他ならず、それゆえに、韓国政府はその制約に拘束されない独自の方針を打ち出さざるを得なかったのである。韓国はその一環として、年内の重大施策の中で対日賠償問題を掲げた。李大統領は、国際連合（United Nations）の承認国である韓国は対日講和会議に参加すべきであるとした上で、対日賠償を要求する被害期間は「少なくとも四十年前から起算すべき」だと明言した[11]。この方針を受けて韓国の駐日代表は、GHQ／SCAPの賠償責任者と会談し、対日賠償の中で一般賠償以外の美術品、金塊など特殊品の返還請求を一九四九年四月末までにGHQ／SCAPに提出するよう求められた。その結果、韓国政府の企画処に対日賠償調査審議会が設置され、対日賠償関連の収集資料を審議し、三月に『対日賠償要求調書』第一部が作成されたのちGHQ／SCAPに提出されたのである[12]。施政方針演説の中で、李範奭国務総理はこの経緯を、対日賠償要求の政策として説明した。そこでは「正当な要求額の集計は大体完了」したと報告され、今般の調査は現物返還要求案に限られたのであり、今後は一般賠償の要求を貫徹させるとされた[13]。

しかしながら、米国の対日占領政策の転換が現実味を帯びる最中の一九四九年五月、極東委員会のマッコイ(Frank R. McCoy)米国代表により対日中間賠償撤去の中止が公表された。その背景には、米ワシントンにおいてジョージ・ケナン(George F. Kennan)政策企画本部長の「封じ込め」政策を反映した「NSC13/3」が採択され、対日占領政策が転換されたことがあった[14]。そうであればこそ、韓国政府としては、連合国の対日賠償方針の転換に拘束されない独自の方針を追求せざるを得なかったのであろう。韓国の兪鎮午高麗大学校総長と林松本朝鮮殖産銀行総裁が、七月二〇日から九月上旬にかけて駐日韓国代表部に各々法律顧問、経済顧問の資格で派遣されたのは、そのためである。両顧問は関連資料を集めつつGHQ/SCAP関係者と会合を重ねてその対策を講じた。その成果が、九月の『対日賠償要求調書』第二部・三部・四部に反映され、各部の内容は債権債務関係の確定債権、戦争に起因する人的物的被害、日本政府の低価収奪による損害の順番で列記されたのである[15]。

以上の経緯で作成された『対日賠償要求調書』は、韓国独自の対日賠償要求論の集大成でもあった。その調書は、前述した「対日銀行為替清算試論」にはじまる韓国の対日賠償要求の論理構成を継承し、さらには「韓国人民の奴隷状態に留意し韓国を自主独立させる決意」を表明したカイロ宣言のみならず、それを再確認するポツダム宣言、すなわち朝鮮植民地支配が「非人道性と非合法性」に満ちたものであったとの国際社会への公言を前提としていたのである。それゆえに「最大の犠牲を被った被害者」である韓国の対日賠償要求には疑いの余地はない。とはいえ、韓国の対日賠償要求の基本精神は「日本を懲罰する為の報復の賦課ではなく、犠牲と恢復の為の公正な権利の理性的要求に基づく」ということを、韓国側は強調したのであった[16]。

このような論理の帰結が、韓国独自の対日賠償要求論の理論化であり、これを基盤に韓国政府は日韓国交正常化交渉の請求権問題に臨むことになる。

（2）日本の対韓認識と在外財産調査会の「数字」——対韓請求権の補強

一九五〇年の年初から、東アジア国際秩序はすでに急変していた。一月一二日、「アチソンライン」によって韓国が米国の防衛圏から外されたことに続き、翌二月一四日に「中ソ友好同盟相互援助条約」が締結されたことは、韓国政府の対日賠償方針に冷戦の論理を絡ませることになった。二月一六日、李承晩大統領は第二次公式訪日の到着声明で、現在の情勢につき「日韓両国民が共同の危険すなわち太平洋地域に向けて主力を拡大して来る共産主義による共同の危険に直面」していると述べた。その上で「共同の安全を計るために相互の理解を深めることが必要」と強調し、日韓両国が「共同の危険」を自覚して協力するならば「互の間のどんな問題でも解決することができる」とも李大統領は訴えた[17]。深まる東アジア冷戦に対応する李大統領は、翌一七日にはGHQ／SCAP外交局次長主催の茶会で吉田茂首相をはじめ外務・大蔵両首脳部、幣原喜重郎・佐藤尚武衆参両院議長、一万田尚登日本銀行総裁など各界の指導部と接触した[18]。李大統領は離日声明において、今般の訪日は日韓両国間の同盟もしくは条約の締結を目的とするものではないとしつつも「日韓両国の理解と親善の基礎を樹立する」ことへの希望を示した[19]。

「韓国では冷戦はすでに熱戦[20]」という李大統領の発言どおり、第二次訪日は冷戦の論理のもとで日韓両国の協調を探るためのものであった。その意味で、李承晩政権の対日政策の基調は「反日」一辺倒というより、日韓両国の軍事的関係の形成に至ることには警戒しながらも一方では協調を模索するある意味での「防日」姿勢であったといえよう[21]。換言すれば、韓国が日本に望んだのは、実質的な軍事関係の樹立ではなく、防共のための経済的援助であった。そのためにもまず「過去の清算」が最低限必要であり、それを前提とし連合国の対日賠償の枠に制約されない韓国独自の対日請求権を要求する、というのが李承晩政権の主張に他ならなかったのである。

しかし、他方の日本は、李承晩の取り組みを「大統領のたえまない排日的言辞」として受けとめていた。韓国による対馬、船舶・文化財の返還要求、日本漁船の拿捕は、日本国内で共産系の在日朝鮮人の動向が注目を集める中、不快な印象を与えた。そのことが、李大統領の発言に一層不信感をもたらしたのであろう[22]。

当時、米軍の占領統治下に置かれた日本政府は、朝鮮関係の債務処理につき検討を進めていた。そこでは「日本による朝鮮の併合は、日本と当時の朝鮮政府との間の併合条約に基いて適法に行はれたものである」との前提のもと、朝鮮植民地統治の合法性が強調された。その上で「日本と朝鮮との間には戦争関係はなかつたのであるから、朝鮮は連合国の地位を持つものでもなく、又日本に対して戦争賠償要求をすることも出来ないのが本筋である」とされた。

また、日本政府内では「朝鮮側には、日本の併合は不当に行はれたもので、日本は統治間の損害を賠償すべしとの、原状恢復的の意向が看取せられる」との見立てがあった[23]。その根拠は、李政権の発言から韓国政府の対日賠償調査におよぶ各新聞報道に求められていた。中でも『東亜日報』の記事である「対日賠償要求資料完成[24]」に注意が払われた。そこには、韓国が提起する対日賠償要求の総額と内訳が明記されていたからである。これに対して、日本は責任を負うものでなく、その債務の性質、法理、先例などが勘案されるべきであるとされた。それに加え、「朝鮮には日本側の積極財産が存在する」ことに注意を喚起している。

ともあれ、日本にとって最も重要なのは、実際の問題解決のために韓国の膨大な賠償要求額を引き下げることであった。そしてその意味で、「政治的見地」も考慮すべきであるとされた。[25]その「政治的見地」が、韓国の対日賠償要求を相殺するための日本による逆請求権、いわば対韓請求権の論理を意味したのは自明であろう。

事実、一九五〇年六月の朝鮮戦争の勃発以降、外務省は李大統領の政治顧問であったオリバー（Robert T. Oliver）博士の著述から、韓国の対日賠償要求の内訳を入手し、その分析を進めていた。その内訳によれば、「日本に対する朝鮮の請求権」の総計は四九二億五四二八万八、〇〇〇円であり、「朝鮮に対する日本の請求権」の総計は八八億八九三九万九、四二〇円であった。[26]この二つの総計の差額によって、韓国の対日賠償要求額は「四百億円以上」に達すると把握されたのである。

そうであれば、政府当局として外務省が韓国の対日賠償要求の内訳と日本の在外財産調査会の在韓日本財産データを比較したことは、自然であった。九月、外務省内ではその在外財産調査会の調査結果が示されている。そこでは、個人財産および陸海軍財産を除外する、日本の在外財産総額（旧外地全体）を一九四五年八月一五日現在の円価（一ドル＝一五円）で計算すると、三五五二億二〇〇〇万円（二三六億八一〇〇万ドル）になるとされた。

その内訳（旧外地全体）は、民間企業財産（法人財産）が三二〇一億三四〇〇万円（二一三億四二〇〇万ドル）、国有財産が三五〇億八六〇〇万円（二三億三九〇〇万ドル）である。

その中で、朝鮮の場合、民間企業の所有資産額（法人財産額）は五一五億二四〇〇万円（三四億三五〇〇万ドル）、国有財産額は一九二億六五〇〇万円（一二億八四〇〇万ドル）であった。

すなわち、在韓日本の法人財産と国有財産を合わせると、総計七〇七億八九〇〇万円（四七億一九〇〇万ドル）

になる。
その上で、かつて日本国の旧外地別総計額の比率は、朝鮮二〇％、台湾一〇％、満州三七％、北支一六％、中南支九％、その他（樺太、南洋群島、南方地域、欧州、米大陸など）八％と表記された。[27] 二〇％の比率を占める朝鮮は、国際法上日本が合法的に請求権を主張しうる地域の中でも最大のものであると評価されたであろう。これが日本政府の在韓日本財産に関する認識に他ならず、だからこそ日本政府は対韓請求権の妥当性を確信していたのである。

我が方が朝鮮に残置した公私の各種財産について我が方がある種の請求権を有することは確実であり、問題はこの点について何の種の、又、何の程度の主張をなし得るかにある。この請求権は金額にして最も膨大であり、少くとも政治的、道義的には我が方の最も大きな請求権であろう。[28]

ここで注目すべきは、韓国の対日賠償要求の内訳と日本の在外財産調査会の内訳の概算を比較すると、四〇〇億円対七〇〇億円になるということであった。そのように日本政府は比べ合わせた上で、在外財産調査会のデータの不備を認めつつも、韓国政府の対日賠償要求の総額を遥かに上回る「数字」が用意されたことに安堵した。日本政府は、とりわけこの「数字」に裏づけられた日韓請求権の差額に確信を持ち、対韓請求権の対策案を練り上げるのである。さらに、ここで指摘すべきは、日本政府がその比較に利用した在外財産調査会の在韓日本財産データは、朝鮮縁故者の知識と情報の総括であったという事実である。つまり、朝鮮縁故者の存在があってこそ在外財産調査会の在韓日本財産データの算出が可能となったのであり、そうでなければ日本政府は対韓請求権を主張するに躊躇せざるをえなかったであろう。

このように日本政府は、日韓国交正常化交渉の予備会談が開催される以前から、韓国政府の対日賠償要求の撤回を目指し、朝鮮植民地統治が適法であったとの前提のもとで日韓両国の請求権額の「数字」を比較検討していたのである。その過程で用いられた資料が、外務・大蔵両省の共同機関である在外財産調査会の中で、朝鮮縁故者が没収財産に関する知識と情報を結集し算出した在韓日本財産データであったことは注目に値する。

二　予備会談・第一次会談における日韓請求権問題

(1) 予備会談期の請求権問題に対する日本政府の政策的検討

一九五一年三月二〇日、米国務省が対日講和条約の草案を韓国政府に手交し署名国の資格を与えるという既存の構想は、英国との講和条約草案の作成過程において韓国の不参加という決断に変転した。米英共同案である対日講和条約の第二草案は、七月にダレス（John F. Dulles）米国務長官顧問から梁裕燦駐米韓国大使に手交された。そこでは「日本との交戦国であり一九四二年の連合国宣言に調印した国家のみがこの条約に調印できる」のであり、日韓両国間はかつて「交戦状態」ではなかったので、韓国政府は対日講和条約の署名国から外される、とされていた。[29]

これに対して、李承晩大統領は、「日本は連合国側の援助により再びアジアの支配国として再建されてはならない」と切り出し、対日講和会議から除外された不満をあらわにした。[30] しかし、韓国政府には、諸懸案を解決するために日韓の二国間の交渉に臨むより他に選択肢はなかった。その意味で、対日講和会議への韓国不参加という米英の決断は、日韓国交正常化交渉の開始を早めたといえよう。[31] 米国務省は、日韓交渉の開始に向けて米国の仲介を求めた韓国側の意見を受け入れると同時に、シーボルト（William J. Sebald）GHQ／SCAP外交局長とムチオ（John J. Muccio）駐韓米国大使からの、米国は日韓両国の当事者同士による解決を促すにとどめる、とする意見を取り入れた。[32] GHQ／SCAPがオブザーバーとして参加するかたちで、日韓予備会談は一九五一年一〇月二〇日に幕を開ける。

日韓予備会談の第一回会合における梁裕燦韓国首席代表のオープニング・ステートメント（Opening Statement）は、李大統領が筆を入れたものであり、そこには従来の日本に対する立場がそのまま盛り込まれていた。すなわち、朝鮮植民地支配を批判し対等な二国間関係の樹立の必要を訴えると同時に、共産主義の脅威に対抗するための日韓協力の必要を呼び掛け、その手段として請求権問題の解決を求めるものであった。

> 多年の日本占領は容易に解決し難き幾多の問題を韓国民に残した。西暦一九〇五年より一九四五年に至る期間我等は自家の主人で無く自己の欲する機構を造ることが出来なかつた。我等の経済的処置は日本のそれと密接に且容赦なく結びつけられ日本の発展に従属せしめられた。其の結果我等の産業発達は不健全にして独立し得ないよう仕組まれて居た。[33]

ステートメントの論旨によると、韓国はこのような「ハンディキャップ（handicaps）」を抱えているが、将来のためにあらゆる手段を模索すべきである。その中でも最も重要とする韓国の対日請求権の公平かつ完全な解決は、日韓両国が過去への反省に根ざしてより良き未来の建設を構想するための不可欠な基礎を築くであろう、との見解が披瀝された。とりわけ日韓両国が経済再建と共産主義への対抗という共通課題を抱え、新たに建設的な相互利益を求めることによって「過去の対立と不公正」を克服するよう願望する。日韓国交正常化交渉の意義はここにある。この機会を逃してはならない。最後に韓国側の代表団は、「目の前に堆積する諸問題を解決して健全なる基礎を作り、しかる後此の地盤の上に新しき信用を築くべく共々に努力」すべきことを要請し、そのステートメントを締めくくった(34)。

しかし日本側は、予備会談の終了後、シーボルトGHQ/SCAP外交局長に韓国側のステートメントに関する不満を漏らし、休会をほのめかした。シーボルトは、日本がこの交渉を絶つことは「将来日本と国交正常化を望むアジア諸国の信用」にまで影響を与えるので、引き続き交渉に応じるよう説得した(35)。同時にシーボルトは、韓国側の梁首席代表には「過度な表現を用いては日本側の協調を得られない」と忠告した(36)。米国は日韓両国を交渉のテーブルにつなぎとめたが、日本は韓国側のステートメントの中でも請求権問題と植民地支配の批判に関し敏感に反応した。外務省内文書「日韓基本関係調整交渉について留意すべき事項」(一九五一年一一月二三日)では、このステートメントを今次会談に臨む韓国の姿勢を端的に示すものと捉えている。請求権問題に対する韓国政府の基本的態度は、「日本による四十年の朝鮮統治が搾取的植民政治であつたとの建前をもつて来るべきことは、今次交渉における梁代表のオープニング・ステートメントによつても予見される」と、日本政府は受けとめた(37)。それへの対処方針を日本側は、次のように検討している。

我が方としては原則論としてかかる態度を論破する要があり、必要あれば何時にても韓国側及び世界の曲解ないし誤解を解く用に資するため、日本の朝鮮統治下における韓国人の経済生活、文化生活の向上の実際面を具体的に説示した一般的なステートメントを準備し置く要があり、適当なる諸点については、他の外国のコローニアリズムとの比較を示すことも必要であろう。

朝鮮側は凡百の事項にわたる巨額の対日請求の提示を準備中と伝えられており……我が方としては、我が方の有する在朝鮮財産に対する膨大な請求権との対比において、一括相殺することを提起するも……韓国側はこれに容易に応じない可能性が多分であり、たとえ窮局《ママ》において応じるとしても、それまでに混合委員会等により各ケース別の論議を相当尽した後、はじめて折れて来るであろう[38]。

このように外務省内では、日本国の植民地統治に対する否定的な評価には「曲解」ないし「誤解」があるので、適宜その認識を是正する必要があるとの指摘がなされた。そして、植民地朝鮮に果たした実際的な貢献を示すステートメントを準備するよう、提言された。加えて、世間で批判されるように略奪、搾取と云々することに対して、日本国の植民地統治を西欧諸国のコロニアリズム（colonialism：植民地主義）と比較して反駁する必要がある、との議論までなされた。日本政府の植民地認識は、日韓交渉に臨む上での原則にまで昇華しつつあったのである。

ここで興味深いのは、その認識のもとで日本政府が請求権問題の対策案を模索した側面であった。政府当局では、前述のように在外財産調査会の在韓日本財産データを念頭に置いて、日韓両国の請求権の処理を「一括相殺」に持ち込むことが検討されていたのであった。とりわけ、韓国側がこれに応じない可能性が多分にあるので

「混合委員会」などを設置し、日韓請求権問題をケース別に審査することにより解決の見込みが生じると考えられた。この委員会形式で請求権の内訳を審査することによって、韓国の対日請求権を撤回させうると、日本側はほぼ確信するのである。なぜならば、朝鮮縁故者が主要な構成員であった在外財産調査会の在韓日本財産データと『日本人の海外活動に関する歴史的調査』を、日本政府は手に入れていたからである。それは、日本政府が請求権問題に取り組む交渉要領案の確固たる基盤となっていた。

外務省内では、請求権問題を処理する交渉要領が本格的に検討され始めた。前述のとおり在外財産調査会の在韓日本財産データを根拠に、朝鮮半島での没収財産に対して「ある種の請求権を有することは確実」だとし、韓国の対日請求権の総額を「我が方財産価格が遥に超過することは明か」であると強調した。しかも日本側の「数字」の根拠については韓国側も認めている。[39]ならば、問題は日本側が請求権問題に対して「何の種の、又、何の程度の主張をなし得るか」であった。その検討において重要であったのは、USAMGIKが日本の国公有財産および日本人の私有財産を没収した際に依拠したヴェスティング・デクリー（Vesting Decree：在韓日本財産の帰属に関する米軍命令）の、法理的な解釈の仕方であった。[40]基本的にヴェスティング・デクリーの効力に対する日本政府の立場は、その最終処分権を認めず、私有財産権は尊重されるというものであった。しかし、サンフランシスコ講和条約の第四条(b)項において、日本がUSAMGIKの指令で実施された「日本国及びその国民の財産の処理の効力を承認[41]」することにより、日本側の立場は著しく制約されていた。

ただし、サンフランシスコ講和条約の第四条(a)項において、日韓両国間の請求権問題を処理する際に適用される「日本国とこれらの当局との間の特別取極の主題とする[42]」との文言は、日本政府に請求権問題をめぐる交渉の余地を残した。少なくとも同条約の第四条(a)項によって請求権問題が「特別取極」の対象になりうる以上、交渉にあたり「在鮮日本資産が韓国側に帰したという事実を勘定に入れるべきことを主張しうることは確実である」と日本政府は判断した。とはいえ、実際問題として日本国および日本人（法人含む）財産の多くは清算済みであり、朝鮮戦争により該当財産は減失していた。しかも、米国の同条約の第四条に関する解釈が日本側に不利であると伝えられていた以上、日本政府の対韓請求権による返還ないし補償は実現不可能と見込まれた。それのみならず、韓国政府の立場は、日本は同条約の第四条(b)項においてＵＳＡＭＧＩＫのヴェスティング・デクリーの有効性を認めており「在鮮財産に対しなんらの発言権なし」というものであった。それゆえに、韓国側は日本の対韓請求権を認めず、対日請求権を強固に主張することはほぼ間違いないとされた。

したがって、日本政府としては在外財産調査会の在韓日本財産データとヴェスティング・デクリーの法理論を駆使して「相互に一括放棄」する立場を固守すべきであり、それが「絶対に譲れぬ線」であることが強調された。なぜならば、韓国は「日本の在鮮資産は過去四十年における対韓搾取の集積」との論調で交渉に臨むことが予想される中、韓国が日本の没収された財産を手中に収めながらも、なおかつ対日請求権を提起することは「不公正極まる」からであった[43]。それゆえに、ヴェスティング・デクリーの法理論は、日本政府の植民地認識と在外財産調査会の在韓日本財産データに支えられた交渉戦術上の解釈論でもあった[44]。その意味で、在外財産調査会の「数字」が、韓国の対日請求権の撤回を目指して日本が請求権問題に取り組む上での、交渉の基盤を提供したといえる。

前記の案には、外務省内の初案「請求権問題会談の初期段階における交渉要領」（一九五二年一月二三日）としてさらなる検討が加えられた。その基本方針ではそれまでと同様、請求権問題の処理につき「金額においては、朝鮮の在日財産及び対日請求権に比して、我方在鮮財産ははるかに大であることは間違いない」とされた。他方、韓国側は一方的な立場に立って「自儘な要求を提起してくることが予想される」ので、この交渉にあたり「当初より長期戦の肚を据え十二分に揉んだ後に大衆的、政治的解決に落す」ことが目標とされた(45)。

以上の折衝要領の要点は、三つにまとめられる。第一に、交渉に際しては受け身に回り韓国政府の対日請求権の内訳の把握に努める。同時に各種請求の総件数および総額の提示と合わせてその証拠資料を要求する。その狙いは、韓国の「自儘な要求」を自制させることと、朝鮮戦争による資料の欠如を衝くことにあった。第二に、国際法の先例上、領土分離にあたり分離国（韓国）の請求権を認めるには、分離国所在の被分離国（日本）の私有財産が尊重されることを主張する。その狙いは、韓国が対日請求権を提起する場合に、国際法の先例にならって韓国が日本の対韓請求権を尊重するか否かを確認することにあった。韓国側がこの点を認めるまでは、各種請求権をめぐる個別の交渉を拒否することが提言された。第三に、ヴェスティング・デクリーの法的性質につき検討を要求する。これに関しては、国際司法裁判所（International Court of Justice、ＩＣＪ）での闘争も辞さないとの覚悟のもと、韓国が「在鮮財産はすべて日本が朝鮮より収奪したもので本来韓国のものである」との持論を展開する可能性があるので、その際には朝鮮統治の実績、国際法の原則などを持ち出して反駁し、「当初より屈する要はない」ことが確認されている。万が一、以上の対立点が解消されて各請求権の個別的な審査に入ることになれば、その前に評価の方法（レートの問題、原価、時価、収益の資本還元方法など）につき原則の協定を定める旨を提議することが付け加えられた。さらに、審査に際しては、各事項の小委員会を編成して学者、実業界の専門家を加えることも想定された[46]。もし小委員会を設置する段階に至れば、関連分野の専門家である朝鮮縁故者が、韓国側の代表団と対面したであろうことは想像に難くない。ともあれ日本政府は、日韓両国間の財産請求権の「一括相殺」を目指し、入念に策を練っていたのである。

非常に興味深いことに、前記の外務省内で提示された折衝要領を裏づけるため、総論的事項の中で、朝鮮統治実績の場合は「同和協会調書」が準備すべき資料として取り上げられた。なお、計数的事項の中では、分離地域における日本側の没収財産の場合には「在外財産調査会資料」を用意することが明記された[47]。これは日本政府の請求権問題の対応にあたり、朝鮮縁故者の知識と情報がその交渉要領を検討する上での材料として活用されたことに他ならないであろう。朝鮮縁故者の調査研究の成果に支えられた外務省の交渉要領は、日本側の対韓請求権の論拠を明確にするために、ヴェスティング・デクリーが管理処分以上の効力を持たないという法理論の解釈を堅持する方針として定められた[48]。このように外務省内の請求権問題をめぐる対応の検討において、朝鮮縁故者の知識と情報が日本側の対韓請求権の法理論的な主軸であるヴェスティング・デクリーの解釈を補強した事実は、特筆に値する。

一九五二年二月一四日に外務省は、請求権問題を主管事項とする大蔵省を交えて「請求権問題に関する交渉要領案（第三次案）の再検討」について協議した。そこでは、外務省が準備したヴェスティング・デクリーの法理論に加えて、朝鮮戦争による損害に対して国家責任（韓国）を追及することで意見が一致した。いわば、朝鮮戦争によって日本側の対韓請求権に該当する財産に損害が与えられていた場合、それを韓国政府の責任として追及するとの方針が検討されたのである。この責任を追及できれば、請求権問題に対する日本側のカウンタークレーム（counterclaim）が強化され、交渉が有利になるのは明らかだったからである。外務省と大蔵省は、いずれにせよ「相手が悪い」とし、時間をかけて交渉することにも意見を一致させている。大蔵省も、李承晩政権の統治能力、韓国の主権が三八度線以北に及ぶという「フィクション（fiction）」、そして朝鮮戦争の帰趨の不確実性から、韓国との交渉には慎重であった。現情勢下で「何等かのコミットメント又はコンセッションを与える」ことは避けるべきというのが、政府当局の意向であった。さらには、選挙を控えていたことも、請求権問題の早期処理に対して日本側を慎重にさせた。[49]両省は協議の結果、請求権問題を交渉する際に日本側のヴェスティング・デクリー論に加えて、大蔵省が計数的資料を各項目に応じて準備する方針が確認された。[50]大蔵省が準備する計数的資料は当然、在外財産調査会の在韓日本財産データに依拠するものであった。

ここで興味をかきたてられるのは、第一次日韓会談の開会中に朝鮮事業者会の専務理事を務め、同和協会にも所属した山口重政（元朝鮮殖産銀行副頭取）が、請求権問題の関連資料を外務省に提供した事実である。その資料は、二月一九日、外務省の第一回請求権分科会に関する打合会で報告された。そこでは、「同和協会の山口氏及び同氏提供の資料について西沢事務官より報告乃至紹介があり、韓国側の態度を知る参考資料としても、各種数字的資料としても相当に利用価値があると考えられるので、至急検討」を要するとされたのである。そして、そのリストを至急作成し、大蔵省にも配布する必要があるとされた。[51]この打合会の終了直後に開かれた外務・大蔵両省の会議では、「同和協会資料の利用方法について打合せをした」と記録されている。現在では、外務省に提供された「同和協会資料」が具体的にどのような資料を指すのかは、それに韓国文化財の関連資料が含まれたことを除き明らかでない。[52]しかし、同和協会および朝鮮事業者会の指導部を構成する朝鮮縁故者の山口が、日本政府に交渉中の請求権問題に直結する資料を提供した事実だけでも、それは注目に値するであろう。

ともかく、この外務・大蔵両省の会議において大蔵省は、交渉の場で日本側の対韓請求権の案を提出する際には「大体の数字と、当該項目についての説明の概要とはすぐ準備できる」と発言している。すでに指摘したとおり、大蔵省の発言を裏づける根拠は、在外財産調査会の資料に他ならなかった。[53] 請求権問題に対するこのような交渉要領をめぐり外務・大蔵両省間では「別に異議[54]」はなく、その交渉方針はヴェスティング・デクリー論を軸に、在外財産調査会率いる朝鮮縁故者の知識と情報により補強されたのであった。

(2) 第一次会談の請求権委員会(その一)――韓国の対日請求権をめぐる主張の展開

一九五二年二月二〇日、第一次日韓会談における第一回財産請求権問題委員会[55]が開催された。

日本政府の委員は、主査として外務省の大野勝巳参事官を筆頭に課長クラスと賠償庁の服部五郎特殊財産部総務課長、そして大蔵省の石田正理財局長および同局の上田克郎外債課長から構成された。一方の韓国政府代表団は、代表委員の林松本殖産銀行頭取を筆頭として洪璡基法務部法務局長と李相徳韓国銀行調査部次長を、外務部の駐日韓国代表部が支援する陣営であった。[56]

第一回の委員会は、大野代表の、「本会議で認められたから、御提案を承りたい」との発言から始まった。これに対する韓国の林代表は、「その前に、挨拶を行いたい」と要請し、挨拶文を朗読した。

韓日間の財産及び請求権の問題とは、一応、甚だ複雑なもののようであるが、実は、極めて明確な問題であります。何故なればこの問題を解決するための基本原則が、昨年秋桑港において調印された対日平和条約第四条によつて、既に闡明されたからであります。

この平和条約第四条によれば、日本は、米軍政庁が韓国において日本及び日本人の財産に対して採つた措置即法令第三十三号を承認致しました。

しかして、この法令第三十三号は平和条約第十四条の連合国にある日本又は日本人の財産の処理と酷似しています。

そうだとするならば韓国即ち日本から解放された国家と連合国即ち日本との戦争において勝利をおさめた国家とは何故に同じ様に日本または日本人の財産を取得するのであるか、この会談の成否は一にこの点に対する認識にかかつておるのであります。……

韓国側は、日本が韓国を占領していた三十六年の間韓国において蹂みにじつた過去の追憶から出る要求よりは、韓国が今後生きて行くために絶対に必要なことのみを、それも法的に韓国に帰属されねばならないもののみを請求するのでありまず。従つて、かかる合理的且つ、理性的な要求に対して、日本側は、合理的なそして理性的な応答をもつて対して下さるよう衷心から希望致します。(57)

前述の予備会談第一回会合における梁裕燦韓国首席代表のオープニング・ステートメントの趣旨と同様、韓国の経済再建への協力の一環として請求権問題の解決を促したものであった。大野代表は、サンフランシスコ講和条約の第一四条に関連して、「韓国は参戦国でもないし又サンフランシスコ平和条約の署名国でもない」から、同条約の第二条、第四条、第九条および第一二条の利益を受けうることはあっても、第一四条の利益を享受しえないとすぐさま反論した。さらに、「一九一〇年以降独立の認められるまでは、適法に日本の支配下にあつたことは、国際的にも認められている」と述べた。さればといって、会議の冒頭から紛糾するわけにもいかず、大野代表は「財産権、請求権処理に関する貴方提案を承りたい」とも加えた[58]。相互の腹の探り合いのあと、洪璡基代表は、「韓国側の提案が全部終了するまで、日本側は待っているということにして貰わないと安心して進めない」と切り出した。これに対する大野代表は、「妨害になるようなことは致さない、貴方提案とその説明が終了してから日本側の案を提出する」と応じた。「それでは、これは試案であつて、これ以外にも附加するところがあるかも知れないが」と断りながら、林松本代表は「韓日間財産及び請求権協定要綱韓国側案」（以下、八項目）を提示した[59]。

一、韓国より運び来りたる古書籍、美術品、骨董品、その他の国宝、地図原版及び地金と地銀を返還すること
二、一九四五年八月九日現在日本政府の対朝鮮総督府負債勘定を決済すること
三、一九四五年八月九日以後韓国より付替又は送金したる金員を返還すること
四、一九四五年八月九日現在韓国に本店あるいは主事務所のありたる法人の日本にある財産を返還すること
五、韓国国民（法人を含む）の日本国あるいは日本国民（法人を含む）に対する公債、日本銀行券、被徴用韓人未収金及びその他の請求権を決済すること
六、韓国国民（法人を含む）の有する日本法人の株式又はその他の証券を法的に認定すること
七、前記諸財産又は請求権より生じたるまたは生ずべき諸果実を返還すること
八、前記返還及び決済は協定成立後即時開始され遅くとも六箇月以内に終了すること[60]

すぐさま大野代表はこの八項目の説明を求めたが、林松本代表に「次回会議から」と、かわされた。再度、大

野代表は、韓国代表団の正式提案であるのかを質した。洪璡基代表は、これ以外は追って提出する権利を留保すると付言し、「字句の点を除き、正式提案である」と答えた。(61)

この委員会の終了後に、外務省は大蔵省と打合会を開き、韓国側の八項目に対する大蔵省の検討案について協議した。その結果、次回の委員会では一応韓国側の説明を聞いた上で、質疑により「先方提案の全貌を提示せしめる」ことに合意した。(62) 前述の外務・大蔵両省が用意していた請求権問題の交渉要領の手順どおりであった。

第二回請求権委員会(一九五二年二月二三日)では、予定どおりに韓国側の八項目の主張につき、項目別に説明が行われた。林松本代表は、第一項である文化財、地金銀の返還の理由として「不自然な方法、即ち、奪取の如き、我々の意に反して搬出された」と切り出し、八項目の概略を述べた。それに続いて、洪璡基代表が説明を行った。洪代表によれば、韓国が利益を受けるのはサンフランシスコ講和条約の第一四条でなく、第四条とのことであった。換言すれば、同条約の第四条(b)項において、USAMGIKの指令により実施された「日本国及びその国民の財産の処理の効力を承認する」との点を強調するのが、韓国側の立場であった。さらに、USAMGIKの法令の中で「特に根底をなす法令」が法令第三三号(Vesting Decree No. 33)であると指摘し、この法令は「平和条約第十四条に似て、更にそれよりも強力な規定になっている」と主張した。初回の委員会で朗読された韓国代表団の挨拶文とはすなわちこのことを指すのである、と洪代表は日本側を呼び覚ませた。(63)

前回の大野代表の発言を念頭に、洪代表の発言は続く。

先日日本側は、一九一〇年から平和条約発効時までの日本の韓国領有は合法的であると述べた。我々の開会の挨拶や提案要綱も、日本の領有を積極的に無効とするところに請求の根拠を置くのでもなく、また、日本の領有を積極的に有効であるとするものでもない。たとえそれが有効だとしても、その間に種々の虐殺事件等（例えば水原事件）において韓人が蒙つた被害について損害賠償の請求は出来ると思う。しかし、我々は、そのような、過去の不愉快な記憶に由来する様なものを要求しようとしているのではない。今回の要求は、平和条約第四条に基くものである。[64]

韓国側の八項目に関する説明を聞き終え、大野代表は「只今の説明で、貴案の考え方の概略」はわかったものの、例えば、第一項は漠然として「観念的にピンとこない」と質した。これに対して洪代表は、第一項につきリストを提出する予定であり他の項目も用意されていると断りつつ、第二項から第六項（第五項を除く）について「我々には、日本の事情が分らない。提案は韓国側が行うが、日本側にもつとよい資料があると思う」と答えた。それに続けて「正確な資料によつて討議したいから、隠すことなく、資料を提出されたい、我々も日本側の資料を見たい」と、林代表が促した。洪代表も「第二項については日本側の数字の方が正確であると思う。その他の項についても、日本側で数字を持つていると思う」と付け加えた。[65]韓国側は、日本側の「数字」と「資料」を提出させ、共同作業のかたちで請求権問題を解決することを試みたのである。

これに対して大野代表は、「法的解釈の如何によつて数字は異つてくるので、直ちに日本側の数字を出すという訳にはいかない」と応じた。ここでの「数字」とは法的見解によってていくらでも変わりうるのであり、さらにそれを政治的にみると「数字」は調整可能であることをも示唆したのである。この発言は、在外財産調査会の「数字」を背景とし、あくまで韓国の対日請求権を相殺するために法理論をマッチングさせるとの日本側の交渉方針に基づくものであった。だからこそ、大野代表は「貴方の理論に立脚した数字を出して戴いて、理論と数字とを一つの統一あるものとして頂戴するのでないと、質問をすることもできない」としたのである。

韓国側も容易には退かなかった。洪代表は「根本原則に対する日本側の見解を聞かないうちに韓国側の数字を出すことは、無意味とは云えないにしても、どうか（傍点は原文の表記どおり）」と突き返した。大野代表も「大体、請求する側で請求の項目や根拠を示すべきではないか、貴方の理論と具体的なものとを合致させて説明願わないと、こちらには分らない」とし、この問題は「今回の会議の問題の中で最も現実的なものである」と述べた[66]。

再び洪璡基代表は、八項目の中で「正確な資料が沢山あるのは何処かと云えば、それは日本である。例えば、第二項は郵便関係のものを主とすると申し上げたが、この関係の資料は双方にあるであろう。それを出し合つて、協同作業をしたい。韓国の方は、一九四五年八月末までは日本の支配下にあり、資料を焼いたりしたこともあり、その後、今次の動乱で更に滅失した」と指摘し、あくまでも日本側からの資料提供を求めた。しかし、大野代表は「私の立場は極めて簡単であつて、法的見解の如何によつて、出てくる項目や数字が違う」と先の議論を蒸し返した。この大野代表の発言に対して「韓国側に数字を出させ、韓国側のみをコミツトせしめて、そこで終り、というようなことに持つて行こうとするのではないか」と、洪代表は不信感をあらわにした[67]。

なおかつ、洪代表は「日本側の考えが分らないので、たまらない気持である（傍点は原文の表記どおり）」と、苛立ちを隠さなかった。林代表も「もう少し日本側の考えを見せて欲しい」と求めたが、大野代表は「貴方の提案の、あと半分について、できるだけ詳しく承つて、その上で質問を行いたい、そのうちに、我々の方も考えを出す」と応じた。つまり日本側は交渉上、韓国側提案の法理論の説明は問題解決の条件の半分を満たすものに過ぎず、残り半分を満たすには「数字」の提出が不可欠であるとの立場を崩さなかったのである。結局のところ、洪代表が、非公式の発言であると断りつつ「厳重な訓令を受けているので、数字的な点は絶対に出せないから、貴方から質問を出す形でやつて戴きたい」と譲歩をみせ、第二回の請求権委員会は終了した[68]。

以上の第二回の請求権委員会において日本側は、韓国の対日請求権の理論的根拠が、サンフランシスコ講和条約の第四条(b)項におけるUSAMGIKの法令第三三号などのヴェスティング・デクリーによって在韓日本財産の処理の効力を承認すべきことに置かれていると理解した[69]。請求権委員会の終了後、所属委員を中心に外務・大蔵両省間で打合会が設けられ、交渉要領を再確認した。そこでは、韓国側が明らかに請求権問題の解決を急いでおり、実利を欲しているとの分析が共有された。

そこで、日本側の交渉方針としては、第一段階で八項目に対する大蔵省作成の「質問すべき諸点[70]」に沿って一般的な質問を行い、韓国側提案の全体を把握するように努める。その場合、内容に深入りせず「黙って聴く」姿勢を保つべきことが留意された。第二段階としては、具体的内容に立ち入り日本側の法的見解を開陳し、韓国側の論拠に対抗する。ヴェスティング・デクリーの効果の解釈については、USAMGIKの処分は承認するが、米韓財産協定はそのままでは承認しない。すなわち日本側の解釈の主眼は、帰属（vest）する権限そのものまで韓国政府に移転（transfer）されたとの見解は、承認しない点にあった。大蔵省は、このような私有財産権尊重の線で押して行く方針に同意しつつ、そのタイミングを慎重に計るよう要請した[71]。日本側としては、請求権問題をめぐる交渉は当初用意した交渉要領のシナリオどおりに進んでいたのである。

（3）第一次会談の請求権委員会（その二）――日本の対韓請求権をめぐる主張の展開

第三回請求権委員会（一九五二年二月二七日）では、韓国側から「韓日間請求権協定要綱韓国側提案の細目」が提出され、八項目のうち第一、二項目に関する質疑応答が行われた(72)。

第四回請求権委員会（一九五二年三月三日）の議事内容は前回の継続に過ぎなかった。質疑応答の終盤、大野勝巳代表は「日本側からの、韓国側提案に対する形式的・字句的質疑は以上で打切る」と切り出した。その上で「我々は、韓国側提案の字面について質問を行ったので、実体的問題に入っていない」と前置きし、次回に日本側の案を提示したいと述べた。林松本代表は「材料も提出されるのか」と質した。大野代表が「日本側の考え又は提案を行いたい」と答えると、林代表は「韓国側から質問を行いたい」と応じた。大野代表は「喜んで、できる限り回答する」と返答している(73)。

韓国側は第三回、第四回と請求権委員会が回を重ねる中で、日本側が「黙って聴く」姿勢を保ち八項目に対する質疑を一般的かつ形式的なものにとどめたことを、自国の提案が日本側に受け入れられている証左であると判断したのであろう。韓国側は交渉の展開を楽観的に捉え、請求権問題の解決を急いだ模様である。しかし、それとは裏腹に日本側の本心は、韓国の「身勝手な、一種の感情論」と受け流し、その提案内容を聞き出すことにあった(74)。韓国政府が描いた請求権問題の妥結に向けたシナリオは、第五回請求権委員会で潰《つい》えることとなる。

第五回請求権委員会（一九五二年三月六日）で日本側は、「日韓両国間に取極めるべき財産及び請求権の処理に関する協定の基本要綱（日本側提案）」を正式提案として示した。

一、（一）日本国及び大韓民国は、それぞれの国民（法人を含む。以下同じ。）が相手国の領域において有する財産に関する権利（利益及びその果実を含む。以下同じ。）並びに相手国及びその国民に対して正当に取得したその他の権利を、相互に確認し、その権利の行使が妨げられているときは、これを回復する措置を講ずるものとする。
（二）前項の権利が国又はその国民の責任において侵害されているときは、その国又は国民は、それぞれ、これが原状回復又は損害の補償の責を負うものとする。
（三）第（一）項の回復の措置及び第（二）項の原状回復又は損害の補償の方法等については、当該権利の種類に応じ、別途協議するものとする。……
（二、三は省略）
四、日本国及び大韓民国は、この協定の締結に当つては、前記一ないし三を一体として取扱うものとし、且つ、前記の別途協議に当たつては、具体的実施が相互に衡平且つ実効的に行われるよう措置するものとする。[75]

日本側提案の説明にあたり大野代表は、韓国側の対日請求権の主張はサンフランシスコ講和条約第四条(b)項に依拠してＵＳＡＭＧＩＫが出した法令第三三号の効果を「没収」と同様に解釈することに支えられているが、その解釈には「絶対に賛成出来ぬ」と釘を刺した。[76]続けて、補足説明を加えた。

国際法上占領軍に認められていない処分まで合法であると認めたのではないという立場に立つている。前記Vesting Decree即ち米軍令第三十三号は日本財産が軍政府にVested in and owned by（帰属され所有されている）と規定しているが、これはヘーグの陸戦法規第四六条が「私有財産はこれを没収することを得ず」と規定している私有財産没収の禁止の条項を超えて有効のものであるという意味ではない[77]。

ＵＳＡＭＧＩＫは敵国（日本国）の私有財産を直接かつ包括的に没収しえない、と日本政府はハーグ陸戦条約第四六条に依拠して主張したのである。ＵＳＡＭＧＩＫは占領下、管理者の立場で敵国私有財産を処分しうるが、その対価および果実を所有する原権利者が請求権を有することは当然である。したがって、このような権利は「移転と無関係に存続する」と強調した。日本側は、移転（transfer）という法律用語を援用して米韓財産協定を承認しないとの立場をとり、その最終的な処理は当事国間、当事者間の別途協議によるものであるとの見解を示した[78]。すなわち、在韓日本財産がサンフランシスコ講和条約の第四条(a)項の「特別取極」の対象として指定されているとの見解である。大野代表が「貴方でも、この提案をよく御研究願いたい」と述べ委員会は終了した[79]。

この第五回請求権委員会（一九五二年三月六日）の終了後に、韓国側は日本側に非公式会談を要請した。その翌七日の午前と午後にわたり二回、さらに八日午後にも非公式会談が行われた。これに関する日本外務省の記録をみる限り、韓国側は、請求権問題の妥結をやや楽観視していたこともあり、今般の日本側提案は「正に青天の霹靂」に他ならなかったようである。なお、日本側提案を受理したこと自体が韓国代表団の叱責を受けるところであり、韓国側の代表団内では議論が紛糾し本国宛に報告するか否かが検討される有様であったという。非公式会談での韓国側の説明によれば、八項目提案は李承晩大統領や臨時政府（重慶）出身の強硬派が主張する対日報復的な賠償要求を、林松本・洪璡基代表のような知日派が辛うじて説得しまとめたものであった。韓国側の八項目提案は、「過去の不愉快な記憶に由来する様な要求を削除し、証拠の明確な、穏当な要求を主とする案を作成し、これを携行した来た由である」と、林・洪代表は伝えた。それにもかかわらず日本側提案は、韓国に所在する財産の中の九〇パーセントが日本系財産であり、それに該当する財産の回復を要求するとの立場をとるものであったので、韓国側は「極めて驚愕」した。韓国側は、これでは全く話にならないとして「何とかならないか」と訴えた[80]。

非公式会談を経て日本政府内では、「請求権問題交渉の中間段階における対処要領案」（一九五二年三月一〇日）がまとめられた。韓国側提案は「比較的リーゾナブル」であるが[81]、日本側としては「わが方理論が、国際的にも十分承認される正論であるとの印象を先方代表団、殊に梁大使にも与え、この線を通じて、先方の本国政府をも反省せしめる程度までは、大いに強く主張すべきである。……その間において、アメリカの極東政策の中で、李承晩が如何なるウエイトを与えられているかが分り、将来の対韓関係の根本方針を樹立するのに大いに参考になるであろう。……安易な妥協は、思いあがつた先方を増長せしめるのみで、将来の日韓関係に何等のプラスともならないことを考え、矢張り、正論に立脚して、堂々と反駁するのみである」と結論づけた[82]。非公式会談にもかかわらず、請求権問題をめぐる日本政府の交渉方針には何ら変化はなく、韓国の立場は硬化するばかりであった。早くも日韓会談は停滞しつつあった。

第六回請求権委員会（一九五二年三月一〇日）の冒頭から、韓国側は「請求権問題に関する日本側提案に対する韓国側異見」を提出し日本側提案に対して反駁した。その提出文書の後半には、次のようにある。

（八）以上において、韓国側の根本的立場を、日本側の意見との関連において明らかにしたが、要するに、韓国側としては、日本側の考え方は、その根本において未だ旧支配関係の惰性から止揚されていないという印象を深くせざるを得ない。一九四五年八月九日現在韓国の富は、その大部分が、日本あるいは日本人の所有であつた事実を、日本は正当なる状態として、このままの権利を主張し、今これについて韓国側の再確認を求めることは、すなわち新しい経済的併合を結果するものであり、カイロ宣言にいう奴隷状態の新しき承認を求むものである、といわざるを得ない。[83]

韓国側は、日韓両国間の請求権問題を議論する大前提として、サンフランシスコ講和条約の第四条(b)項は第二条(a)項と照応して韓国の独立を規定したこと、加えて請求権委員会では懸案の性質上「政治的意義の充分なる認識から出発せねばならない」ことを強く主張した。さらに、同条約に対して疑いを差し挟むこと自体、韓国の独立に疑義を差し挟むことである、と断じた。[84]林代表は、日本側提案につき「これが若し最後案であるとされるならば、これ以上、本件について議論をする余地が無いので、日本側提案は、最高方針から出た絶対的のものであるか、それとも、この委員会としての仮案であるかを確めたい」と質した。大野代表は、「この案が、妥結そのものを欲しないための「最後」案と解されるならばそれは誤りであつて、何かを negotiate したいと思つて提出しているということを考えて、最後案かどうかを解釈されたい」とつなぎとめようとした。しかし、林代表は「根本精神が天地の開きがあるので、調整は難しい」と述べた上で「日本側が代案を提出されるなら別であるが、このまゝでは、次回会議は不要である」といい切った。大野代表は「個々の問題について日本側の見解を聞くという考は無いのであるか」と念を押したが、林代表は「全然無い」と投げ返すのみであった。[85]

今度は日本側が、第六回請求権委員会の終了後、韓国側に非公式会談を持ち掛けた。日本側は、打開のため請求権問題の法律論を迂回し妥協点を見出そうとしていた。しかし、韓国側は事務的な討議に入ることを一切受付けない態度であった。韓国側としては、韓国所在の日本財産は触れることすら許し難いタブーであり、「たとえ仮定の上に立つたものであつても、行うことはできない、また、非公式会談においても、その財産について情報を提供することもできない」との立場であった。他面、韓国側として請求権問題が「このようにこじれるとは予想せず（傍点は原文の表記どおり）」との不満を漏らした上で、この問題の解決が見込めないとすれば「日韓会談全体に影響を及ぼすようになる」と懸念を表した。日本側は非公式会談の結論として、「事務担当者間の話合いを進めることは不可能である」と認めざるを得なかった(86)。

暗礁に乗り上げた請求権問題は、第四回本会議（一九五二年三月二四日）に上程された。韓国側の梁裕燦首席代表（駐米韓国大使）が次々と請求権問題について質問を繰り出すのに対して、日本側の松本俊一首席代表（外務省顧問）は原則論を繰り返すばかりであった。梁首席代表は「衷心から申上げるが、日本側が、韓国のいずれかの部分にある有体財産に対する請求権を撤回されない限り、我々の会談は何事も成し遂げることができないのではないか」とした上で、「日本は、請求権のみならず、現在の動乱による損害に対する補償までも要求するというが、これは本当であるか」と質した。大野代表と松本首席代表は、それは「誤解」であり「不可抗力的な動乱の損害について補償をして戴こうとは考えておらないことを明言しておく」と、韓国側の懸念を打ち消そうとした(87)。

この会議の終盤、日韓両首席代表が請求権問題を委員会に差し戻すことに合意したあとに、韓国側の任哲鎬代表は、ポツダム宣言の受諾が日本を法律的に拘束しないのかを質した。松本首席代表が受諾の旨を答えると、任代表は次のように所信を表明した。

ポツダム宣言の前にはカイロ会談が行われ、そこにおいて、韓国のことについて種々の認定が行われ、日本が韓国を「略取」「盗取」したことは不法行為であることが認められたのである。従つて、日本が韓国を不法に略取したということになると、日本の韓国における凡ゆる行為が不法行為であつたということになり、日本と（旧）韓国との間の諸条約はすべて無効ということになる。……また従つて、法令第三十三号が発せられたのであると私は解するものである。……我々二千万韓人は、以上により、在韓日本財産が処理されなければならないと考えている。か丶る感情を考慮して友好的に処理して行かなければ、両国が合意点を見出すことはできないであろう。[88]

続けて任代表は、「これは韓人の感情であり、日本の指導層の方々も、この点を考えて戴きたい」と感情論を持ち出した。ともかく、請求権問題は第七回請求権委員会（一九五二年三月二八日）に差し戻されたが、依然としてその問題解決の糸口は見つからなかった。韓国側の質問権の行使による形式的な質疑応答を経て、会議はあっけなく幕を閉じた。[89] 請求権委員会は「今のところ何等の進展を見ていない」との簡略な共同報告を第五回本会議（一九五二年四月四日）で行った。[90]

日韓国交正常化交渉の第一次会談は、このように挫折したのであった。

（1）鹿島平和研究所編集『日本外交主要文書・年表 第一巻』（原書房、一九八三年）五五～五六、七三～七五頁。
（2）朝鮮銀行「対日銀行為替清算試論」『朝鮮銀行調査月報』（一九四七年七月）一〇五～一〇六頁（韓国語）。

（3）外務省特別資料部編集『日本占領及び管理重要文書集 第一巻 基本篇』（東洋経済新報社、一九四九年）九二〜一〇八頁。

（4）Telegram from Edwin W. Pauley, Personal Representative of the President on Reparations, to President Truman, *FRUS*, 1945, The British Commonwealth, The Far East, Volume VI, pp. 1004-1009、賠償庁・外務省共編『対日賠償文書集 第一巻 重要決定・渉外局発表・賠償指定関係指令』（出版社記載なし、一九五一年）一〜四頁。

（5）『読売新聞』一九四八年八月一九日（東京朝刊）、外務省公開外交記録文書「韓国の対日賠償要求について」（文書番号一五七二）一〜五頁。

（6）朝鮮銀行調査部「対日通貨補償要求［の］貫徹」『朝鮮経済年報』（一九四八年七月）三三四〜三三五頁（韓国語）。

（7）국가기록원［国家記録院］「연표와 기록――시대의 변화를 담다」［年表と記録――時代の変化を捉える］（http://theme.archives.go.kr/viewer/common/archWebViewer.do?singleData=Y&archiveEventId=0049272290、二〇一八年一月二三日アクセス）、大韓民国政府『韓日会談白書』（出版社記載なし、一九六五年三月）四〇頁（韓国語）、外務省公開外交記録文書「日韓特別取極の対象となる日本資産及び請求権について」（文書番号一五六三）一〜六頁。

（8）대한민국국회［大韓民国国会］「제1대국회 제1회 제78차 국회본회의」［第一代国会第一回第七八次国会本会議（国会速記録第七八号）］五頁「국회회의록」［国会会議録］（http://likms.assembly.go.kr/record/mhs-10-010.do、二〇一八年二月二三日アクセス、以下同様）。

（9）『朝日新聞』一九四八年一〇月二一日（東京朝刊）。

（10）대한민국국회［大韓民国国会］「제1대국회 제1회 제115차 국회본회의」［第一代国会第一回第一一五次国会本会議（国会速記録第一一五号）］七〜八頁。

（11）『동아일보』［東亜日報］一九四九年一月八日、『조선일보』［朝鮮日報］一九四九年一月八日。

（12）大韓民国外務部政務局『対日賠償要求調書』一九五四年八月一五日（非売品）二頁（韓国語）、外務省公開外交記録文書「日韓国交正常化交渉の記録（総説・目次・平和条約発効前の日韓関係と日韓会談予備会談）その二」（文書番号一一二四）一九〜二一頁、『동아일보』［東亜日報］一九四九年二月八日、二二日。

(13) 大韓民国国会「第一代国会第二回第七〇次国会本会議、第二回国会定期会議速記録第七〇号」七～八頁（韓国語）。
(14) Report by the National Security Council on Recommendations with Respect to United States Policy toward Japan, *Foreign Relations of the United States*, 1949, Volume VII, Part 2, The Far East and Australasia（以下、*FRUS*, 1949, Volume VII, Part 2, The Far East and Australasia）, pp. 730-736、The Secretary of State to the Secretary of Defense (Johnson), *FRUS*, 1949, Volume VII, Part 2, The Far East and Australasia, pp. 797-799、大蔵省財政史室編集『昭和財政史——終戦から講和まで 第一巻』（東洋経済新報社、一九八四年）四一三～四三三頁、五百旗頭真『日米戦争と戦後日本』（講談社、二〇〇五年）二四一～二四五頁。
(15) 外務省公開外交記録文書「日韓国交正常化交渉の記録（総説・目次・平和条約発効前の日韓関係と日韓会談予備会談）その二」（文書番号一一二四）三〇～三一頁、『동아일보』［東亜日報］一九四九年一〇月二六日。
(16) 大韓民国外務部『対日賠償要求調書』一～二頁（韓国語）。
(17) 『朝日新聞』一九五〇年二月一七日（東京朝刊）、『読売新聞』一九五〇年二月一七日（東京朝刊）。
(18) 『読売新聞』一九五〇年二月一八日（東京朝刊）。
(19) 『朝日新聞』一九五〇年二月一九日（東京夕刊）。
(20) 『読売新聞』一九五〇年二月一九日（東京夕刊）。
(21) 太田修『［新装新版］日韓交渉——請求権問題の研究』（クレイン、二〇一五年）四九～五〇、三五三頁。
(22) 外務省公開外交記録文書「日韓国交正常化交渉の記録（総説・目次・平和条約発効前の日韓関係と日韓会談予備会談）その一」（文書番号一一二四）六五～七〇頁。
(23) 外務省公開外交記録文書「朝鮮における債務の処理について」（文書番号一五五九）一頁。
(24) 『동아일보』［東亜日報］一九四八年一〇月九日。
(25) 外務省公開外交記録文書「朝鮮における債務の処理について」（文書番号一五五九）一～二頁。
(26) 外務省公開外交記録文書「日本に対する朝鮮の請求権」（文書番号一五六一）一～五頁、Robert T. Oliver, *Why War Came in Korea* (New York, NY: Fordham University Press, 1950), pp. 244-245.

(27) 外務省公開外交記録文書「日本の在外財産」(文書番号一八六一)四～九頁、米国国立公文書館(National Archives and Records Administration, NARA)国務省在外公館文書(RG 331)“Japanese External Assets Report Submitted by Ministry of Finance 21 Dec 1948_Special Reports listing Japanese Government Ownership,” Box 3713, File 741に収録された図表General Table on Estimates of Japanese external assets (Excluding Army, Navy and individual assets), The 20th report, Dec., 10. 1948の数字を参照されたい。

(28) 外務省公開外交記録文書「日韓特別取極の対象となる日本資産及び請求権について」(文書番号一五六三)一～三頁。

(29) Memorandum of Conversation, by the Officer in Charge of Korean Affairs in the Office of Northeast Asian Affairs (Emmons), *Foreign Relations of the United States*, 1951, Volume VI, part 1, Asia and the Pacific, pp. 1182–1184.

(30) 『조선일보』[朝鮮日報]一九五一年九月五日。

(31) 太田『[新装新版]日韓交渉』八一頁。

(32) 米国国立公文書館(National Archives and Records Administration, NARA)国務省在外公館文書(RG 84)Records of Japan, Tokyo Embassy, Records of Japan, Tokyo Consulate General and Records of Office of the U. S. Political Advisor for Japan, Tokyo(在日米国大使館領事館・政治顧問部文書)Box no.:58 ; Folder no.:7, 1950-52: 320 Japan-Korea 1951-52 (Folder title)(国立国会図書館憲政資料室所蔵、以下、RG 84, Japan-Korea)。これとあわせて、국사편찬위원회[国史編纂委員会]が「한일회담 관련 미국무부문서」[韓日会談関連の米国務省文書]のコレクションとして米国国立公文書館(NARA)からの資料収集の成果をデータベース化した동북아역사재단[東北亜歴史財団]のウェブサイト「동북아역사넷」[東北亜歴史ネット](http://contents.nahf.or.kr/item/item.do?itemId=kju、二〇一八年二月二三日アクセス)からも参照されたい。

(33) 中央日韓協会訳「第一次日韓会談時の韓国代表声明 梁祐燦」(「友邦文庫」請求記号:319-21)。英語の原文は、外務省公開外交記録文書「日韓会談(第一回会合)」(文書番号六三)一八～二二頁を参照されたい。

(34) 同右。

(35) RG 84, Japan-Korea.

(36) William J. Sebald with Russell Brines, *With MacArthur in Japan: a personal history of the occupation* (New York, NY: W.W. Norton, 1965), p. 288、日本語版は、ウィリアム・J・シーボルト著／野末賢三訳『日本占領外交の回想』（朝日新聞社、一九六六年）を参照のこと。

(37) 外務省公開外交記録文書「日韓基本関係調整交渉について留意すべき事項」（文書番号一八三五）一五頁。

(38) 同右、文書番号一八三五、一五～一六頁。

(39) 外務省公開外交記録文書「日韓特別取極の対象となる日本資産及び請求権について」（文書番号一五六三）二～三頁。

(40) 朝鮮半島の三八度線以南の管轄区域に所在した日本国および日本人（法人含む）財産は、法令第三三号（Vesting Decree No. 33／第二条／一九四五年一二月六日付）によってＵＳＡＭＧＩＫに帰属（vested）かつ所有（owned）され、米韓財産協定（第五条／一九四八年九月一一日調印後に二〇日発効）に依拠して韓国政府に移転（transfer）された。同右、文書番号一五六三、三～六頁。

(41) 日本語の原文は、以下のとおりである。「(b) 日本国は、第二条及び第三条に掲げる地域のいずれかにある合衆国軍政府により、又はその指令に従つて行われた日本国及びその国民の財産の処理の効力を承認する」。鹿島平和研究所編集『日本外交主要文書・年表』四一九～四四〇頁。

(42) 日本語の原文は、以下のとおりである。「(a) この条の(b)の規定を留保して、日本国及びその国民の財産で第二条に掲げる地域にあるもの並びに日本国及びその国民の請求権（債権を含む。）で現にこれらの地域の施政を行つている当局及びそこの住民（法人を含む。）に対するものの処理並びに日本国におけるこれらの当局及び住民の財産並びに日本国及びその国民に対するこれらの当局及び住民の請求権（債権を含む。）の処理は、日本国とこれらの当局との間の特別取極の主題とする。第二条に掲げる地域にある連合国又はその国民の財産は、まだ返還されていない限り、施政を行つている当局が現状で返還しなければならない。（国民という語は、この条約で用いるときはいつでも、法人を含む。）」。鹿島平和研究所編『日本外交主要文書・年表』四一九～四四四頁。

(43) 外務省公開外交記録文書「財産、請求権処理に関する件」（文書番号五三六）一～四頁。

(44) 外務省公開外交記録文書「第一回請求権分科会に関する打合せ会次第」(文書番号五三九)四〜五頁。
(45) 外務省公開外交記録文書「請求権問題会談の初期段階における交渉要領」(文書番号五三七)一〜二頁。
(46) 同右、文書番号五三七、二〜七頁。
(47) 同右。
(48) 外務省公開外交記録文書「請求権問題に関する初期の交渉要領案(第三次案)」(文書番号五三七)一七〜二〇頁、外務省公開外交記録文書「請求権問題に関する交渉要領案(第三次案)の再検討」(文書番号五三七)二四〜三六頁。
(49) 外務省公開外交記録文書「請求権問題に関する大蔵省との打合せ会」(文書番号五三八)一〜一二頁。
(50) 同右、文書番号五三八、一一頁。
(51) 外務省公開外交記録文書「第一回請求権分科会に関する打合せ会次第」(文書番号五三九)二頁。
(52) 外務省公開外交記録文書「請求権問題に関する大蔵側との打合せ会」(文書番号五三八)一五、一九頁。
(53) 同右、文書番号五三八、一六頁。
(54) 同右、文書番号五三八、一五頁。
(55) この委員会は第二回の場で「請求権委員会」(Claims Committee)という正式名称に決定された。外務省公開外交記録文書「日韓会談第二回請求権委員会議事要録」(文書番号一一七五)三頁。
(56) 肩書きは、日本外務省の公開外交記録文書の表記による。韓国側委員の中で表記された「殖産銀行」は、かつて山口重政(元朝鮮殖産銀行副頭取)のような朝鮮縁故者の職場であった朝鮮殖産銀行を前身とする。ちなみに、法務部法務局長の洪璡基は、植民地統治下の朝鮮人として京城帝国大学で初の助手(文科)に選ばれた人物でもあった。外務省公開外交記録文書「日韓会談における日本政府代表の任免および日韓代表団の構成」(文書番号一二三五)一九頁。維民洪璡基傳記간행위원회[刊行委員会]『維民洪璡基傳記』(中央日報社、一九九三年)二一七〜二一九頁。
(57) 外務省公開外交記録文書「日韓会談第一回財産請求権問題委員会議事要録」(文書番号一一七三)四〜五頁。
(58) 外務省公開外交記録文書「日韓会談第一回財産請求権問題委員会議事録」(文書番号一一七四)二〜五頁。

(59) 同右、文書番号一一七四、一九〜二〇頁。
(60) 外務省公開外交記録文書「日韓会談第一回財産請求権問題委員会議事要録」(文書番号一一七三) 七〜八頁。
(61) 外務省公開外交記録文書「日韓会談第一回財産請求権問題委員会議事録」(文書番号一一七四) 二一〜二二頁。
(62) 外務省公開外交記録文書「請求権問題に関する大蔵側との打合せ会」(文書番号五三八) 一八頁。
(63) 外務省公開外交記録文書「日韓会談第二回請求権委員会議事録」(文書番号一一七六) 二〜一〇頁。
(64) 洪璡基代表の発言の中で取り上げられた「水原事件」とは、一九一九年の三・一独立運動の余波で多数の朝鮮人が当時京畿道水原郡郷南面堤岩里で日本軍により殺害された「堤岩里事件」のことを指す。同右、文書番号一一七六、一〇〜一二頁。
(65) 同右、文書番号一一七六、三三〜三六頁。
(66) 同右、文書番号一一七六、三七〜四二頁。
(67) 同右、文書番号一一七六、四八〜五二頁。
(68) 同右、文書番号一一七六、八七〜九一頁。
(69) 外務省公開外交記録文書「日韓会談第二回請求権委員会議事要録」(文書番号一一七五) 一〜二頁。
(70) 外務省公開外交記録文書「請求権問題に関する大蔵省との打合せ会」(文書番号五三八) 二五〜三二頁。
(71) 外務省公開外交記録文書「請求権問題交渉に関する打合せ会」(文書番号五三九) 二三〜三四頁。
(72) 外務省公開外交記録文書「日韓会談第三回請求権委員会議事要録」(文書番号一一七七) 一〜四頁。
(73) 外務省公開外交記録文書「日韓会談第四回請求権委員会議事録」(文書番号一一八〇) 六六〜六八頁。
(74) 外務省公開外交記録文書「請求権問題交渉の中間段階における対処要領案」(文書番号五四二) 一〜七頁。
(75) 外務省公開外交記録文書「日韓会談第五回請求権委員会議事要録」(文書番号一一八一) 二〜四頁。
(76) 同右、文書番号一一八一、五〜八頁。
(77) 同右、文書番号一一八一、五〜六頁。
(78) 同右、文書番号一一八一、六頁。

(79) 同右、文書番号一一八一、四頁。
(80) 外務省公開外交記録文書「請求権問題交渉の中間段階における対処要領案」(文書番号五四二) 三〜八頁。
(81) 外務省公開外交記録文書「覚書請求権問題省内打合せ会」(文書番号五三九) 二二頁。
(82) 外務省公開外交記録文書「請求権問題交渉の中間段階における対処要領案」(文書番号五四二) 一一〜一四頁。
(83) 外務省公開外交記録文書「日韓会談第六回請求権委員会議事要録」(文書番号一一八三) 九〜一〇頁。
(84) 同右、文書番号一一八三、一〇頁。
(85) 外務省公開外交記録文書「日韓会談第六回請求権委員会議事録」(文書番号一一八四) 三〜一七頁。
(86) 外務省公開外交記録文書「日韓会談請求権問題に関する非公式会談結果報告」(文書番号一一八九) 二〜七頁。
(87) 外務省公開外交記録文書「日韓会談第四回本会議議事録」(文書番号一九〇) 五〜三〇頁。
(88) 同右、文書番号一九〇、四〇〜四二頁。
(89) 外務省公開外交記録文書「日韓会談第七回請求権委員会議事録」(文書番号一一八六) 一〜五三頁。
(90) 外務省公開外交記録文書「日韓会談第五回本会議議事要録」(文書番号一九一) 一〜二頁。

第五章

日韓交渉における請求権問題の深刻化

——第二次会談・第三次会談（一九五二〜一九五三年）

一　外務省と大蔵省による請求権問題の再検討——会談中断期

（1）外務省における日韓請求権の「相互放棄」案の浮上

請求権委員会での紛糾を受け開かれた第四回本会議（一九五二年三月二四日）の終了後、韓国側は日本政府の対韓請求権を撤回させるために米国に支援を求めた。梁裕燦首席代表は、翌二五日にアチソン（Dean G. Acheson）国務長官宛にUSAMGIKの法令第三三号、およびサンフランシスコ講和条約第四条に関する米国政府の公式見解を求める書簡を送った。[1]米国政府は韓国側の要請に応答せず、日韓両国のどちらにも肩入れしない「不介入政策」（non-intervention policy）を維持した。

梁首席代表と駐米韓国大使館は、米国政府に公式見解の表明を要請し続けた。米国務省がようやく韓国政府宛に返答したのは、四月二九日であった。その前日にはサンフランシスコ講和条約が発効している。つまり、米国務省は同条約が法的効力を発するタイミングをみて、韓国に覚書を発出したのである。覚書は、同条約第四条(b)項を支持して日本側の対韓請求権を否認しながらも、その財産処理については同条(a)項に「関連」（relevant）するという折衷的な内容であった[2]。米国は日韓両国間の懸案には深入りせず、当事者間の直接交渉による解決を促すという既存の立場を保持したのである[3]。

日本政府からすれば米国務省の四月二九日付対韓覚書は、基本的には日本側の対韓請求権の法理論に対する明確な反対意思の表明であった。それゆえ、覚書は日本政府内に請求権問題を再検討する気運をもたらした。従来、請求権問題に対する日本側の立場は、サンフランシスコ講和条約の第四条(b)項に基づきＵＳＡＭＧＩＫの在韓日本財産の処理の効力を承認したのは、国際法の枠内に限られるとするものであり、その範囲を越える処分は法的に占領軍に認められてはいないというものであった。厳密には、この点は日米両国間の同条約に対する解釈の争点になりうる。しかも韓国は善意の第三者であり、そうであれば日本側の請求権の根拠はさらに希薄になる。したがって、日本政府として同条約の第四条(b)項の承認に関する解釈は、韓国ではなく米国を相手に争うべきものであった。とはいえ、米国を相手に国際司法裁判所（ＩＣＪ）で争うには日本側の法理論は不利であり、外交戦略上も米国を敵に回すことは得策ではなかった[4]。

他面、米国務省の四月二九日付対韓覚書には日本側に有利な事項も含まれていた。覚書では、サンフランシスコ講和条約の第四条(b)項における日本国および日本人の財産請求権の処理は、韓国との特別取極の主題になりうるとの「関連」（relevant）が明記されていた。韓国側の一方的な請求権要求に歯止めをかける工夫がなされていたのである。米国の公式見解を受けて外務省内では、対韓覚書に暗示された実際的な方法につき「在鮮財産が韓国の手に帰したことをバーゲイニングツールとしてエクイティの観念に訴えて韓国の対日請求権を抑えよ」という主旨のものと解された。裏返せば、米国は巻き込まれるのをおそれて請求権問題をめぐる日韓両国の争いへの直接の干渉を控えることが予想され、それゆえに日韓関係の軋轢がよほど深刻にならない限りは米国の干渉を受けずに交渉を行えるということであった(5)。

すなわち、対韓覚書の折衷案は事実上、韓国側を一方的な請求権を主張しえない立場に置くものでもあった。したがって、今後の交渉次第では韓国側が日韓請求権の「相互放棄」を提案する可能性もある、との見立てが外務省内では共有された。そこで、日本側はヴェスティング・デクリー（Vesting Decree：在韓日本財産の帰属に関する米軍命令）の効力を問題視する法的立場を堅持しつつも、その法理論を蒸し返すことを避けて実際的な解決方法を模索する。そして韓国側が絶対視する「請求のギリギリ」の項目と総額を具体的に提示させる。日本側から「相互放棄」を提案するのは時期尚早であるが、韓国側がそれを提案する場合に備えて国内措置の研究が必要であるとされた。換言すれば、請求権問題の最終局面では原則的な「相互放棄」の他に、韓国側が主張する若干のプラスアルファの承認が必要であり、そのためには大蔵省にその了解を求め、承認すべきプラスアルファの項目と総額について腹を決めておくことが提言されたのである。日韓交渉の請求権委員会の委員長は、大蔵省より選任することが望ましいとのこともいい添えられた(6)。こうして外務省は請求権問題を見直すべく、日韓両国の請求権の「相互放棄」案を大蔵省に打診した。

それに先立ち外務省内の打合会（一九五二年七月一八日）では、日韓請求権の「相互放棄」案について予想される大蔵省の態度につき、意見が交わされた。重光晶条約局第三課長が「日韓請求権を双互に放棄する案については日本側内部においても大蔵省が強硬に反対する可能性がある」と指摘すると、後宮虎郎アジア局第二課長は「大蔵省は予算措置を必要とすることを嫌つてをり、請求権の決済方法についても私人間の私法的な解決に委ねたい等の意向で、実質的な日本側の損失を顧みないイージーゴーイングな考方である」と答えた。倭島英二アジア局長からは「ケースバイケースで審議し若干の特別な請求のみを認めてやつて、他は流すと云う方法は考えられないか。相互放棄をした場合に台湾との交渉にどう響くか」との発言があった。これに対して後宮アジア局第二課長は「台湾に対しては中国が交戦国であつたことに鑑み、韓国に対するよりも更に甘い態度をとる必要があるので、相互放棄はむしろ有利な先例となる」と答え、日韓請求権を「相互放棄」で決着づける方針を肯定する姿勢を示した。その場において、大蔵省を交えての検討が決定された(7)。

(2)「相互放棄」案をめぐる外務・大蔵両省の対立――没収財産に対する国内補償問題

「相互放棄」案をめぐる外務・大蔵両省の打合会（一九五二年七月二二日）において外務省の倭島英二アジア局長と後宮虎郎アジア局第二課長は、米国務省の四月二九日付対韓覚書を踏まえて日本側の従来の法理論を固守することは困難だとして、「今回は対韓国懸案全体を片付けたい心構でいるので大蔵省もこの点を察せられて、請求権問題に付ても何とか片付ける方向に行くようにしていたゞきたい」と要請した。そして、その一環として「相互放棄」案を提案した。これに対して大蔵省の宮川新一郎理財局総務課長は、第一次会談の請求権委員会における日本側の私有財産尊重論の原則を念頭に置きつつ、「政府が自ら放棄することは当然補償問題を惹起する。第二次会談でも補償問題が発生するような行き方をしたくない。実際的な解決としてはcase by caseで実情調査で行きたい」と、外務省の「相互放棄」案に反対した。後宮アジア局第二課長は「先方は戦乱で破壊しつくされているので、大蔵省従来のような個人間勘定でcase by caseでやつて行けば国全体としては取られ分が多い」と懸念を表明した。これに酒井俊彦理財局次長は、「先方からは取られなくて、日本から持出しになるのを承知しているが、相互放棄というようになればすぐにも補償問題がおきて、財政負担になるようなことはしたくない。……放棄をすれば補償は憲法上の義務となる」と答えた[8]。とりわけ、大蔵省側の懸念は、日韓請求権の「相互放棄」に伴う没収財産の所有権者に対する日本政府の補償問題（国内補償問題）と日本国憲法上の補償義務との間で板挟みになることであった。それゆえに大蔵省は、外務省が提案した日韓請求権の「相互放棄」案に反対したのである。

　外務省の倭島アジア局長は、「プライベート・ベースを又持出すと四条(b)項に関する法理論をむし返すことになる」と、請求権問題によって再び日韓会談が挫折を余儀なくされるとの懸念を示した。しかし、宮川理財局総務課長は「ハイ・レベルで断を下して貰へばい丶のであるが、そお《ママ》でないとすれば……第一次の原則論でやつて行きたい」と、既存の立場を固守した。再度、倭島アジア局長と後宮アジア局第二課長は「今回は全般的にみて日韓双方が手を握つて行かねばならない状況に入つている。……大蔵省も諸案のうちから何か出して貰いたい」と大蔵省の対応を強く促した。

　それでも宮川理財局総務課長はあくまで「時を稼ぐ方法はないか」と気乗り薄であった。続けて、酒井理財局次長が「ヴェスチング・デクリーの論争について国民は知っているのであるから相互放棄は国内的に困難であり、国内的にみても一方は利益を得、他方は損をする者もある」と、国内補償問題における財産所有権者の補償に際しての衡平の原則にも触れて反論した。宮川理財局総務課長が「大蔵省としては補償問題が一番先に頭に来るので大綱が出来ない限り、時間を稼ぐより他に方法がない」と述べると、倭島アジア局長は「双方で請求権を捨て、少し持出しを承知できないか、……合同委員会案で何とか格好をつける」と踏み込んだものの、酒井理財局次長は「問題は整理後のプロシーズである。所詮は取られるにしても当方から放棄するというような行方は困る」と言い放った⑼。

このように外務・大蔵両省間での結論は出ず、大蔵省側が案を用意し再度議論することとされた。議論の場は、七月二六日の外務・大蔵両省の打合会である。しかし、大蔵省側は大蔵次官と主計局長の反論を紹介するにとどまり、ハイ・レベルの決断なしに結論は出せないとの一点を除き、外務・大蔵両省の間で歩み寄りはみられなかった⑽。

事実、外務省内でも日韓交渉の再開につきためらいが生じていた。外務省アジア局の文書「日韓会談問題の検討」（一九五二年八月一九日）では、「この際日韓会談の再開を急ぐ要なしの結論に到達せざるを得ない」との結論が示されている。そこでは、日韓交渉の成否を左右する一大問題として請求権問題が取り上げられ、その最終的な解決策としては「(イ) 相互に相手国の私有財産権を尊重した上でプライベート・ベーシスにおいて各請求権者間において自己の請求権の決済をなさしむること」と「(ロ) 日韓相互に自国及び自国民の請求権を放棄すること」の二つの方式が指摘された。しかし (イ) 方式は、ヴェスティング・デクリーの効力を否認する上に、従来の日本側の法理論を蒸し返すことになるので韓国側が受け入れない。しかも米国もこの点では韓国を支持しているので、この方式を今後も「主張することは賢明でない」とされた。他方の（ロ）方式は、日本国憲法第二九条に関連して国内補償問題を惹起することになり、国の財政に相当な負担となりうる。それゆえ、特に「大蔵省当局は絶対に容認しない」であろうと指摘された。なお、日本国内の政治情勢からみても、サンフランシスコ講和条約の成立を受け、自由党内の反吉田勢力の動きが活発となり選挙機運が高まりをみせる中、政府は日韓交渉の全般的な方針を持ちえず不安定であった。他方の韓国側も、政情不安が続いていた[11]。

このような中で、外務省内でも日韓交渉の再開に疑問符が付され、日韓請求権の「相互放棄」案はひとまず留保されたのである。

二　第二次会談・第三次会談と「久保田発言」——植民地認識の帰結

（1）外務省の請求権問題に対する再検討——「相互放棄」案の再浮上

一九五二年一一月に入り、外務省は日韓交渉の再開に向け機運が熟しつつあることを察知していた。吉田茂首相が自由党内の反吉田勢力の動きを封じ込めるために先手を打ったいわゆる「抜き打ち解散」を経て、第四次吉田内閣の新政権が発足すると、国内情勢は一段落した[12]。他方、李承晩政権の基盤は強固となる一方であり、時の経過を待つことは無意味であった。「李承晩ライン」周辺では日本漁船が拿捕と襲撃の危険にさらされていた。加えて、米国率いる国連軍が朝鮮戦争を闘っている以上、「こ、当分は好むと好まざるとに拘らず李政権を支持せざるを得ず」という事情も、外務省に会談の再開を検討させる一因であった[13]。

外務省は日韓交渉の再開をにらみ、請求権問題の解決が惹起するであろう国内補償問題について検討を始めた。その前提として、「積極的大局的見地から両国関係の正常化を図る必要があるとするならば、従来の方式に拘泥しないことが必要であり、既に行つた交渉の経緯に鑑みても、請求権問題の実際的解決案を考慮することが先決問題である」とされた。第一次会談で表明した日本政府の法的立場を韓国政府が承諾するとは到底考えられず、仮に承諾したとしても朝鮮戦争により在韓日本財産の大半は破壊されていた。しかも動乱による法秩序の混乱は、日本側の財産所有権者の権利行使を一層困難にしていた。もし権利を行使しえない場合は、財産所有権者が日本政府に対してサンフランシスコ講和条約第四条(b)項の有権的解釈を求めて権利実行の措置をとり、所有財産の補償を要求することは必至であった。したがって請求権問題をめぐる日本政府の従来の方式は必ずしも最終的な問題解決にはならない。そうであれば、次に考えられるのは「相互放棄乃至相殺方式」である、というのが外務省内の暫定的な結論であった[14]。

一九五二年一一月に米国の政権交代が予見されたことは、このような外務省の検討作業の背中を押した。米大統領選挙で勝利を収めたアイゼンハワー（Dwight D. Eisenhower）は、「ニュールック戦略」の一環として政権発足直後から日韓会談の再開に意欲を示した。翌年一月五日にクラーク（Mark W. Clark）国連軍司令官が李承晩大統領を日本に招請し、吉田茂首相との接触を促したのは、その表れであった[15]。米国の意向を受け、李大統領は離日声明において「建設的な交渉の基礎が得られるならば韓日会談の再開を希望する」旨を謳った[16]。これを外務省は、李大統領が訪日した主要目的の一つとして「従来から存する日韓両国間のシコリを除かんとするにあつたことを暗に示した」ものと把握した。外務省は日韓両国間の請求権問題を解決するための「良好なる気運が或程度醸成せられたことは事実である」とみて、その検討をさらに進めた[17]。

その際にまとめあげられた文書が、外務省アジア局の「日韓間請求権特別取極の諸様式について」(一九五三年一月二一日)であった。請求権問題の打開のため、日本側が主張したヴェスティング・デクリーの法的解釈を棚上げし、「実質的に相互放棄となるような解釈に導く他ない」と指摘した上で、日本政府の交渉方針を再考するよう促した。その観点から、三つの様式(案)が提示された。第一案は「日韓両国がそれぞれその財産請求権を相互に放棄する旨を定める場合」である。この様式は、韓国側の猜疑心を残すことなく、請求権問題の妥結に至る可能性が高いと考えられた。第二案は「日韓両国がそれぞれ相手国のとつた措置を承認し合う場合」である。その承認後には、日韓両国間の請求権の権利行使が可能になるが、朝鮮戦争による在韓日本財産の滅失と法秩序の混乱ゆえに日本側の請求権の内容がはっきりしない。その上、日本側が韓国側の一方的な請求権の権利行使にさらされるとの決定的な難点があった。第三案は「日本は在鮮財産請求権について韓国政府のとつた措置を承認し、韓国は在日財産請求権を放棄すると定める場合」であるが、第一次会談の経緯からすれば、韓国側だけが請求権を放棄するとみることは現実性に乏しかった。したがって、日韓両国間の請求権問題を解決するという見地に立つと「第一案が適当」なのであった[18]。

外務省ではさらに検討が加えられた。まず、日韓会談の懸案ごとに各省庁と協議をした上で「一定のライン」を定める。それに基づき駐日韓国代表部と予備交渉を重ね、全般にわたり成案にまでまとめあげる。そして最後に正式会談を開き、調印の手続きを済ませる。そのためにも、請求権問題につき「わが方の意のあるところを積極的に示す必要がある」ことが指摘された。交渉の目途としては、難局に直面している韓国に理解を表明するとともに、日韓両国の協調関係が緊要であることに鑑みて日本側の法理論を前面に出さない。そして「実質的に相互に請求権を放棄し合う」ことにする。場合によっては「別途経済提携その他によつて韓国の復興に協力する用意のあること」を示す。なお、韓国側が第一次会談の請求権委員会で提出した八項目の中で、文化財の譲渡については別途考慮すべきことも提言された(19)。

一九五三年一月二三日、前記の検討案をめぐり、外務省内では奥村勝蔵外務次官を筆頭に各部局間で協議がなされた。まず、大野勝巳参事官より、この案が示す請求権問題につき「下からの話では駄目で、総理、外務、大蔵大臣等の間で話を決める必要がある。ハイ・レベルで決定して下の方へサジェストする」との手順を推す意見が示された。これに重光晶条約局第三課長が「特に大蔵省では請求権に関する相互放棄案を事務的に下の意見として上へ押し上げることはむづかしいだろう」と応じると、大野参事官は「請求権につき恩給や文化財等の問題を入れ、且つ、国内補償は現在できないということを閣議で決定して貰い」交渉をまとめるとの意見を述べた。重光条約局第三課長はこれに、「請求権を放棄することになれば、大蔵省は国内補償の点で困難を感じることになるから、国内補償は行わないことを閣議で決定して貰わなければならない」と同調した。奥村外務次官も、国内補償問題を閣議決定で抑えることに同意しつつ、「本案にはオルターナテイブな点があるから、もう少しボイル・ダウンして、閣議にかけられるような形にできないか」と補足した。その上で奥村外務次官は、外務省が大きなプランを立てて閣議に持って行く、そしてその根本方針を他の省庁に承認させる、日韓請求権が相互放棄に決まれば「後は国内問題にすぎない」と意見を述べた。これに対して重光条約局第三課長は、「国内補償をしないことは法律的にはできないが、補償の実施を伸《ママ》ばす形にすることはできる」とうなずいて答えた[20]。

田中三男情報文化局長は一歩踏み込んで、「請求権を放棄するかどうかが、会談を再開しうるかどうかを決定する。漁業を後回しにして請求権が先に解決すれば、国交調整ができる」と述べた。これに対して、大野参事官は「漁業が片づかない限り拿捕などが続く。漁業の本質的な問題が片づかなくてもよいから何とか協定を作らないと駄目だ」といい、漁業問題のデリケートな側面を指摘した。広田稹アジア局第二課長も、その問題については「拿捕された船数は少いが、拿捕の脅威が漁業活動を鈍らせている。拿捕はハッキリやめさせるようにしなければならない」と強調した。各関係者からも漁業問題に対する懸念が相次いだ。大野参事官は、意見をまとめつつ、第一次会談の経緯を踏まえて「ハイ・レベルで決定することだ」として「総理、大蔵、外務大臣の間で話を進める」よう提言した。

以上の協議の結果、「ハイ・レベルの関係者間の政治的決定に基く案を、事務当局に承認させる」こと、その案の作業にあたり外務省のフリーハンドを確保すると同時に「特に請求権問題については、先方に与えるものを成可く大巾に諒解をとつておき交渉の場合に、これを適時利用する」ことが決定された[21]。このように外務省では、会談の再開に向けて請求権問題を解決するために「相互放棄」案が再浮上した。その根底には「李承晩ライン」による漁業問題が横たわっていたが、その「相互放棄」案を確実に推すため、国内補償問題につき閣議決定を得る方針が立てられたのであった。

しかし、皮肉にも外務省の懸念は的中し、漁業問題が顕在化した。

一九五三年二月四日、韓国済州島沖の約二〇海里付近において、大邦丸事件が発生したのである。日本漁船の第一大邦丸および第二大邦丸が、韓国漁船の第一・第二昌運号から銃撃を受け拿捕され、その過程で乗組員一名が死亡したのであった。日本国内の世論硬化により、日韓交渉再開の気運は吹き飛んだ。

外務省は、駐日韓国代表部宛の二月一八日付書簡で厳重に抗議し、この種の事件の頻発は日韓両国間の親善関係に向けた努力に不幸な影響を与えると懸念を伝えた。二一日には、岡崎勝男外務大臣が駐日韓国代表部の金溶植公使宛書簡で同様の趣旨を繰り返し、日韓交渉の再開を懸念すると述べた。他方の韓国政府は、二月二四日の広報処発表で「数回停船を命じたが応じなかったので共匪または密輸船と認めて追走し、やむを得ず発砲した。負傷者は応急治療後、入院させ手当をした」と述べるにとどめるが、翌二五日の声明で李承晩大統領は「韓国水域への出漁は敵対行動とみる」と表明した。[22] それでも岡崎外務大臣は記者会見で、大邦丸事件によって「日韓間の根本的な関係に障害を与えないように処理したい」と述べ、会談の再開に向け慎重な姿勢を崩さなかった。[23] 三月初頭には、アイゼンハワー政権が日韓関係を調停する目的でヤング（Kenneth T. Young）米国務省北東アジア課長を訪韓させ、交渉再開を促した。[24] 米国が後押しするかたちで日韓は交渉再開に向け動き始めるが、外務省内で検討された日韓請求権の「相互放棄」案は後退を余儀なくされていた。

その表れとして、外務省の「日韓会談交渉方針（案）」（一九五三年三月二四日）の冒頭には、従来の請求権問題でなく漁業問題が優先的に取り上げられ、とりわけ大邦丸事件に関して「一人の人が死亡したることについて韓国政府として遺憾の意を表し、本件の解決のために今後双方の話合いを進めて行きたき旨の意向を正式に表明すべきこと」につき韓国側の回答を求めることが指摘された。つまり、優先課題たる請求権問題が、漁業問題の紛糾のあおりを受けるかたちになったのである。請求権問題の交渉要領としては、日本政府の一案である「相互放棄」を考慮する旨を匂わせつつ韓国側の反応を探ることとされた。加えて、請求権問題についての議論に深入りすることを避け、日本側に一方的な議歩を強いることは交渉全体に悪影響を及ぼすと念を押すことが確認された[25]。

さらに翌月の外務省アジア局の「日韓会談交渉方針（案）」（一九五三年四月八日）では、請求権問題に対する外務省の姿勢は一層消極的になった。そこからは、外務省内が日韓請求権問題につき、「原則的主張の対立があり、双方の合意は困難と認められるので、差し当たり、この問題の討議を見合せ、後日の議題に廻すこととする」との方針に傾斜していたことが読みとれる。

外務省は、請求権問題の解決に取り組む誘因を失いつつあった[26]。

（2）方針なき第二次会談の開始と挫折

一九五三年四月一五日、紆余曲折を経て日韓国交正常化交渉は再開された。

その会談を控えて、各省庁の関係者が首相官邸会議室に集まり、まず外務省の広田稹アジア局第二課長から「李大統領訪日以後の会談開始の空気は大邦丸事件の発生により冷却せるも……大邦丸事件は会談とは別に解決をはかる」ことが説明された。その上で、日韓交渉における五懸案のうち、基本関係、国籍処遇、船舶の三問題は前会談でまとまりかけたので、フィニッシング・タッチ（finishing touch：最終調整）の時まで後回しにする。残る請求権問題については、「会談の当初の段階では政治的決定不可能であるから先方の考え方を聞くこと」にとどめる一方、大邦丸事件を念頭に「まず漁業をとりあげる」との意向が示された[27]。

これへの他省庁の反応は、冷ややかであった。水産庁の大戸元長海洋第一課長は「韓国側の李ラインについての態度も未だわからぬままに会談を前にして本件を解除すれば、先方では李ラインにつき、我が方が譲歩したとの印象を得るおそれもある」と懸念を示した。法務省の鈴木一入国管理局長は、前回の会談でほぼ妥結をみている五懸案のうち三つを後回しにするとの外務省側の意見に「異論あり」と待ったをかけ、「中絶後一年の経過により、その間情勢に相当の変化があつたので、これを考え合わせる必要がある」とした(28)。交渉開始前より日本政府内では不協和音が生じ始め、外務省は予想以上に苦しい立場に追い込まれていた。

会談の前日には、外務省の久保田貫一郎代表（参与）を囲み、各省庁関係者間で打合会が開かれた。冒頭から久保田代表は「自分は正式に全権委任状を受けたわけでもなく、また方針等について訓令を受けているわけでもない」として、日韓両国間の請求権問題に関する基本的な考え方が対立している以上は、とりあえず「漁業問題から始める」と述べた。これに応じて、清井正水産庁長官は「業者が喧しいので話を進めて欲しい」といい、漁業問題の優先的かつ実際的な解決を外務省側に要請した。法務省入国管理局の鶴岡千仭次長は、国籍処遇問題を後回しすることには同意できないとした上で、「フィニッシングタッチを残すのみという所に行きついているとは考えていない」と外務省側に迫った。運輸省の国安誠一海運調整部長は「船舶問題は全然新たなものにして欲しい」として、前回の会談ではGHQ／SCAP占領下でもあり日本側としては譲歩するかたちで韓国の海運業を援助するつもりであったが、ともかく「前回の話は御破算に願いたい」とまでいい切った(29)。

打合会の終了後、久保田代表をはじめ外務省側の関係者はそのまま会議室に居残った。そこで下田武三条約局長は「各省が前回会談の結果を好んでいないことが判つたのは意外であつた」と吐露し、いずれの問題も容易ではないと懸念した。広田アジア局第二課長も「今日の話をこのまゝ韓国側に示せば、話合は直に決裂となるおそれがある」と危惧した。下田条約局長は、日本政府の基本的な態度として「この会談を始めること自体が友好関係設定の一手段であると考えて置くことが必要である」と指摘した。日韓交渉の再開の結果が直ちに友好関係につながらないとしても、交渉を再開すること自体に意義を見出そうとしたのである。その上で、交渉において韓国側が非友好的な態度を取る場合には「警告を与えるべき」だと提言した。以上より、第二次会談の話し合いは「漁業から始めることとし、一面日本側内部においては至急に国籍処遇問題と船舶問題で肚を合せて置くことが必要である」ことに落ち着いた[30]。

このように外務省は、日韓交渉の懸案をめぐる他省庁の立場の硬直化を受け、身動きが取れなくなっていた。それゆえ、請求権問題に関する何らの譲歩も妥協もしない方針を定めたのである。日本政府は、ことの性質上、日韓請求権問題が最優先課題であることを明確に認識していたにもかかわらず、第二次会談では請求権問題が他の四懸案のあとに回される格好となった。第二次会談は、久保田代表が述べたように「方針等について訓令を受けているわけでもない」有様であり、再開後ほどなくして漂流した。第一次会談時の状況に逆戻りした感さえあった。

第二次会談の第一回請求権委員会は、一九五三年五月一一日に始まった。久保田代表の挨拶は、前回会談の請求権委員会における理論的対立を念頭に「理論は理論としてしばらく棚上げとし、現実的な角度から問題に取り組む」ため、共同作業を呼び掛けるものであった。この提言は、日韓請求権問題の実質的な解決よりも、ファクト・ファインディング（fact finding：事実確認）に時間を費やそうとする日本側の交渉姿勢を示していた。韓国側代表の張基栄（外交委員会委員）は挨拶において、米国務省の対韓覚書を念頭に「財産及び請求権の主張に関する原則と法理論の段階は終わった」との見解を示し、「韓国の主張は常に率直簡明に、事務的に表示いたしたく」との立場を表明した。その上で韓国側は、あくまで請求権問題の実質的な解決を目指す一環として、会議方式を非公式会談のかたちで進めることから要求した。(31) 久保田代表がこれに応じたのは、前述の時間稼ぎの方針に合致していたからであろう。

韓国側には、久保田代表の挨拶にみられた「現実的な角度」を、問題を「事務的」に解決するための好機と捉える向きもあった。だからこそ韓国側は、第一回の非公式会談（一九五三年五月一四日）において資料「（一）朝鮮の地図原版類、国宝文化財等、（二）旧日本軍に属した韓人、徴用労務者に対する未払金」を提出したのに続けて、第二回請求権委員会（一九五三年五月一九日）では「（三）在鮮日銀券及び引揚韓人預託金、（四）南方占領地域慰安婦の預金、残置財産、（五）在鮮有価証券、預金の処理、（六）パシフィック・ビル及び朝鮮奨学会財産」の項目につき説明を行ったのである。それは、久保田代表の述べたようなファクト・ファインディングを優先する方針に加えて、「形式張らずに迅速に議事を進めて行く方法に賛同されたい」との大蔵省の石田正理財局長に促された結果に過ぎなかった。(32) 日本政府の狙いは、持久戦に持ち込んで韓国側に資料をすべて提出させることであったに違いない。そうであるからこそ、第二次会談の請求権委員会では非公式ワーキング・グループ（working group）を設けて、形式上の審査が実施されたのである。

このような日本側の対応は、交渉の停滞を予期させるものであった。久保田代表は早くも「日韓会談無期休会案」（一九五三年六月一三日、二一日）を私案として二度にわたり作成していた。(33) 朝鮮戦争の休戦協定が成立すると、第二次会談は「決裂でも中絶でも」なしに九月の再開を期して休会となった。(34)

（3）第三次会談の紛糾、そして「久保田発言」

一九五三年八月二七日、朝鮮戦争の休戦協定の成立に伴い国連軍水域が撤廃され、再び「李承晩ライン」を境に日韓両国が直接対峙することとなった。漁業紛争は一層激化する。日本側の拿捕漁船の数が激増するや、日韓両国の対立は明白となった。事態を受けて米国政府は、日韓両政府に会談の再開を「強く」促した[35]。

第三次会談[36]は一〇月六日より設けられるが、それを控えて日本政府内では各省間の打合会が開かれた。そこで大蔵省の吉田信邦理財局総務課長は、「請求権問題は結局政治的判断にまつ他はない。即ち請求権部会の今後のやり方については政治的に判断して楫をどちらに取るか、決めて貰いたい。従来通り、予め解決方針を決めることなく事実審査を続けるか、それとも方針をきめてそこに落着するよう話合うか」と問い質した。法務省の鶴岡千仭次長も「若し大局的見地から止むを得ずわが方に譲るところありとしても、それを部会で譲歩することはできないので、久保田、金会談位で一挙に話して欲しい」と外務省側を促した。これに対して久保田貫一郎代表は、「当面漁業部会だけの活動に留めて置くことがよいように思う。請求権については予め方針を決めるよりは、韓国側の意向ももつとよく打診する必要があるのではないか。……自分としては韓国側に互譲の誠意があるか否かは疑わしいと思う。会談開催中にも韓国側が漁船拿捕等の圧力をかけてくるならば、たとえ現在の日韓関係を更に悪化させる結果になろうとも会談打切りを考慮せざるを得ないであろう」と強い口調で述べた。その上で「緩歩主義でやつてそのうちに上層部で方針を決めて貰う」とした[37]。

以前と同様、日本政府は請求権問題を解決するための方針も、さらには解決に取り組む強い誘因すら持たなかった。交渉方針なくして、会議の流れがその場の雰囲気によって左右されることは必至であった。事実、第三次会談はほどなく紛糾する。

第三次会談の第一回請求権委員会（一九五三年一〇月九日）は、植民地認識を焦点に「言葉の乱闘劇」と化した。第一次会談の請求権委員会から参加し続けてきた洪璡基法務部法務局長は、強硬な主張を展開した。第一次会談の請求権委員会において洪局長は法理論に根ざした議論の主役であったが、第二次会談では不思議なほどに無口であった。第三次会談においての洪局長は、冒頭より第二次会談のファクト・ファインディングが何ら成果を挙げていないことを指摘し、「先ず日本側が返還するという原則とその期間を確定する方針」から進めるべきである、と切り出した。その上で「日本には対韓請求権は何一つなく、取極めの主題とされるのは韓国の対日請求権のみ」との原則的立場を示し、「実質的且迅速」に解決したいとした。久保田代表は、洪局長の強気の姿勢に驚きつつ「異る会議の進め方となるが、貴方の御意見によると日本側は当然原則論に触れねばならない」と返した。これに洪局長は、「原則論に触れると言われるが、これこそが実質的且迅速に本問題を処理してゆく方式」であると改めて主張した。久保田代表が「日本は対韓請求権を撤回しない」と明言すると、洪局長は日本側がそのような原則論に触れるのであれば「本会談をこれ以上やつても徒らに月日を無駄にするのみである」といい切った[38]。

このように日韓両国は請求権委員会の開会直後から、会談の進行方法をめぐって原則論をぶつけ合った。徐々に双方は感情論に陥る。

とりわけ議論が熱を帯びたのは、皮肉にも朝鮮縁故者のエピソードであった。

吉田信邦（大蔵省理財局総務課長）――日本の国民感情としては個人の私有財産を故なくして放棄することは困難であ

る……日本側に対韓請求権はなく韓国のみが請求権ありという前提で所謂在日韓国財産に関する資料の付合せを求められるなら日本側としては「ノー」と答える他はない……。

柳泰夏（駐日代表部参事官）――貴方は日本の国民感情を刺戟するといわれているが、韓国人の国民感情も考えて貰いたい。日本人が韓国で取得した財産が如何にして形成されたかという問題を考えれば、これこそ韓国人の国民感情を刺戟することになるので左様のことは言われぬ方がよい……。

久保田貫一郎（外務省参与）――私の処には各種の投書が来ており、韓国引揚げのある歯医者はその財産を神様に誓っても恥じない方法で得たのだが其れを没収されるのはひどいということをいつており、これなどは心を打たれる……。

洪璡基（法務部法務局長）――そういう小さな財産を持つた人達を私達の理論は対象としていない……併合前韓国の富は一〇〇％韓国人のものであつたが、総督府総計が示すところによると日本支配が経過するにつれて之が日本人の手に移り終戦時には韓国の富は九五％日本人のものとなつており、大きな資本的な役割を演ずる企業財産は九五％日本側に属している。……歯医者の例は例外中の例外で一般的ではない。

張暻根（外交委員会委員）――米国が日本人財産を韓国に返還したのは……日本の政治が不当であつたからで韓国に当然属すべきものを米国は返還したのである。歯医者とかそういつた小さな人達には日本政府において国内補償すればよいのである。(39)

洪局長は、以上の経緯からも会談は「従来の韓国側主張並に米国務省書簡を根拠として日本は在日韓国財産を返還する」との原則のもとで進めるべきだと述べた。そのような申し出には「ノー」といわざるを得ない、と久保田代表はいい放った。洪局長は第一次会談に言及し、「日本側が昨年のような対韓請求を行うとは予想もしなかつた、日本があのような政治的要求をするというなら韓国としてもそれに対応する賠償その他の主張がある。

……韓国側の対日請求は法律的性質のもののみであるに反し日本の要求は政治的性質のものであり、これに対応する韓国側の対日要求というならば日本に対し賠償をも加えざるを得ない、最大限の政治的要求と最小限の法律的かつ清算的要求を give and take することはできない」と述べた。

議論は韓国の賠償の有無にまで及びはじめる。久保田代表は、「日本人は韓国に賠償ありとは考えていない、率直にいつて日本人は日本の大蔵省から金を持出して韓国経済の培養に寄与したと考えており、賠償要求は受ける筋合はない」と断言した。すると柳泰夏駐日代表部参事官は、「韓国々民経済に寄与云々というような話を聞くとまた日本支配時代にあるような圧迫感を受ける、われわれとしては冗談だといいたい位であり、金を持出し云々は朝鮮総督府役人とここで話しておるような気がする」と答えた。久保田代表は「在韓財産を一切失い且つその上とられるのであれば日本の国民が承知しない。お互に政治的に考慮して歩み寄るべきである」と述べた[40]。すなわち、日本側の対韓請求権のみを取り下げるのでは在韓日本財産の所有権者が承服しないというのが、交渉の場で日本側の論理になっていたのである。まさに朝鮮縁故者を含む当該財産の所有権者の存在を梃子に、韓国側の対日請求権に対抗せんとする日本側の姿勢が、そこに表れていたのであった。

ともかく次回請求権委員会の日程を調整の上、第一回請求権委員会は閉会した。その後の日本側代表団の打合会では、大蔵省側も興奮気味の様子であり、「これ以上もう部会でいうべきことはない」との発言まで出た[41]。日韓両国の対立の焦点はもはや、請求権問題の解決のあり方からはかけ離れていた。それに代わったのは、植民地認識の違いである。

第二回請求権委員会[42]（一九五三年一〇月一五日）においても、冒頭で韓国側の洪局長は前回会談の追加分であると断り、「韓国国宝古書籍目録（第二次分）」を提示した。文化財問題を焦点に、日韓双方の植民地認識がぶつかり合う。

久保田代表は、「返還」の内容をなすものかと質した。洪局長は「賠償に対比する意味の返還であつて対日請求の清算関係の問題である」と明言した。久保田代表は「総督府時代にゴッソリと日本に搬入したものはない。……文化財は大体買入その他正当な手続を踏む《ママ》で入手したものである」と反駁した。柳駐日代表部参事官は、久保田代表の発言を指して、「私自身のことを云うと私の家は所謂旧家で宝物は多かつたが、子供の時総督府の中枢院で韓国の宝物を調査、研究するということで警察を通じて全部提出させられた。私のところのみでなく私の地方の旧家は悉く提出を求められた。その後返還方陳情したが調査中という回答で返還されていない、結局終戦後諸方を調べたがその行方は全然わからなかつた。これは私の家の体験であるが、この他にも警察とか官吏は宝物をただ取りしている」と反論した。久保田代表は、その場合は返還すべきだと同情しつつも、「日本としては義務として返還するものはない」と原則的な立場を固守し、文化財問題の討議を打ち切った。(43)

洪局長は文化財問題に続けて、請求権問題の原則論を持ち出した。「日本側の政治的な対韓請求権と韓国側の法律的な清算問題とでは性質が違うので歩み寄りはできない」と断り、韓国側の原則論に則って協議を進めるより他はないと強調した。久保田代表と上田克郎大蔵省理財局外債課長は、「日本側請求権も法律的基礎によるものであり、日韓双方請求権は同じ範疇に属する」と明言した。洪局長は、韓国側の対日請求権に関しての第一次会談の状況を想起しつつ、韓国国会の賠償要求を押し切って「法律的、清算的項目を選び出し政治的色彩のあるものは避けた」ことを訴えた。洪局長はさらに一歩踏み込んで、「日本側要求が三十六年間の蓄積を返せという

ならば、私達は三十六年間の被害を償却せよといわざるを得ない」と語った。(44)

そこで、久保田代表より件の発言が飛び出すのである。


韓国側が国会の決議云々を持出されて賠償を要求されなかつたことは賢明であつた。かりにそのような提案をされたとしたら、日本側としては、韓国においてハゲ山を緑にしたこと、鉄道を敷いたこと、港湾を建設したこと、米田を造成したこと、大蔵省の金を多い年は二千万円、少い年でも一千万円も持出して韓国経済を培養したことを反対提案として提出し、韓国側の要求と相殺したことであろう。(45)


洪局長は「日本人が来なかつたら韓国人はねむつていたという前提で物を云われておるのか」と色をなした。張暻根外交委員会委員と柳駐日代表部参事官も、「日本から千万円とか二千万円の補助金があつたというが、これは韓国人の利益のためのものではなく、日本人のためであつた」と訴えた。話にならぬ、会談を止めた方がいい、などの発言が飛んだ。洪局長は「カイロ宣言において連合国が韓国民を奴隷状態にあると言つているが、これはどお《ママ》いうことを意味するか」と詰め寄った。(46)

久保田代表は、私見であるとしつつ、次のように述べた。

当時連合国は戦時の興奮状態であのようなことを言つたので、むしろ連合国自らの品位を傷けるものと考える、今となつては連合国は左様なことは云わなかつたであろう。(47)

結局、双方が原則的な立場を譲らず、文化財問題、請求権問題、対日国際宣言をめぐって植民地認識の違いが明らかとなるばかりであった。

第二回請求権委員会の閉会後に、終始沈黙していた任哲鎬外交委員会委員は第一次会談の時と同じく唐突に、次のように発言した。

「久保田代表のお話を聞いておると、どうしてあのような話をされるのかと思う、昔の不愉快なことを言いたくないが国際間に新しく起つている事実、これは現実である、日本の指導者の皆様はこういう適確な事実を認めれないのか、アメリカが国際法に違反されたというがこれは古い考え方である。……日韓会談も三度目である、三六年間の不愉快なことを言い出しては限りがない。お互にあつたことなかつたことを持出すより懸案を早く解決して手を握つて行きたい」と言葉をつないだ。

これに対し久保田代表は、「本日は予期しないことまで述べざるを得ないことになつたが、任委員の大きな気持には賛成である。……自分の本日の発言中もし日本が威張つているというひびきを与えたものがあつたとすれば、おわびする」と語った。しかしながら久保田代表はそこで、「ただし」と加え、あくまで「日本のみが譲歩する解決には国民感情もあるので日本側代表としては応じ難い」というのであった[48]。

日本側とすれば、対韓請求権の放棄はすぐさま在韓日本財産の所有権者、すなわち朝鮮縁故者に対する国内補償問題を惹起するのであり、そのことが久保田代表の意識の多くを占めていたのであった。

（1）米国国立公文書館（National Archives and Records Administration, NARA）国務省在外公館文書（RG 84）Records of Japan, Tokyo Embassy, Records of Japan, Tokyo Consulate General and Records of Office of the U. S. Political Advisor for Japan, Tokyo（在日米国大使館領事館・政治顧問部文書）Box no.: 58：Folder no.: 7, 1950-52. 320 Japan-Korea 1951-52（Folder title）（国立国会図書館憲政資料室所蔵）。

（2）李鍾元「韓日会談とアメリカ――『不介入政策』の成立を中心に」『国際政治』（第一〇五号、一九九四年）一六八～一六九頁、大韓民國外務部政務局『韓日会談略記』（外務部政務局、一九五五年）二三七頁（韓国語）。

（3）以上の内容に関連する「미국의 청구권 관련 법 조항에 대한 유권해석」［米国の請求権関連の法条項に対する有権解釈］の公文書は、동북아역사재단［東北亜歴史財団］のウェブサイト「동북아역사넷」［東北亜歴史ネット］（http://contents.nahf.or.kr/item/item.do?levelId=kjud_0001_0010、二〇一八年二月二三日アクセス）からも閲覧可能である。

（4）外務省公開外交記録文書「日韓請求権問題対策について」（文書番号六五五）八～一五頁。

（5）同右、文書番号六五五、一五～二一頁。

（6）外務省公開外交記録文書「請求権財産問題折衝要領に関する件（第二段階に於ける）」（文書番号六五五）二六～三二頁、外務省公開外交記録文書「請求権問題折衝要領案骨子」（文書番号六五五）三八～四四頁。

（7）外務省公開外交記録文書「日韓請求権財産問題省内打合会」（文書番号六五六）一～一四頁。

（8）外務省公開外交記録文書「日韓請求権問題外務、大蔵打合会」（文書番号六五七）一～一一頁。

（9）同右、文書番号六五七、一二～二〇頁。

（10）外務省公開外交記録文書「外務、大蔵第二回請求権問題打合せ会」（文書番号六五七）二一～三二頁。

（11）外務省公開外交記録文書「日韓会談問題の検討」（文書番号一〇四一）一～一八頁、北岡伸一『自民党――政権党の三八年』（中央公論新社、二〇〇八年）六二～六八頁。

（12）北岡『自民党』六四頁。

（13）外務省公開外交記録文書「日韓国交調整処理方針」（文書番号一〇四三）一～一七頁。

(14) 外務省公開外交記録文書「日韓国交調整、特に請求権問題について」(文書番号一三〇三)一〜一二頁。この文書の日付には、二重取り消し線が引かれている。
(15) 李鍾元「韓日会談とアメリカ」『国際政治』一七一頁。
(16) 『朝日新聞』一九五三年一月七日(東京夕刊)。
(17) 「[電報]李韓国大統領の訪日に関する件」(文書番号一〇四五)五〜八頁。
(18) 外務省公開外交記録文書「日韓間請求権特別取極の諸様式について」(文書番号一三〇六)一〜一五頁。
(19) 外務省公開外交記録文書「日韓会談再開の基本条件について」(文書番号一〇四五)九〜一一頁。
(20) 外務省公開外交記録文書「日韓会談再開に関する第一回省内打合会議事要録」(文書番号一〇四六)一〜一七頁。
(21) 同右、文書番号一〇四六、一三〜二四頁。
(22) 外務省公開外交記録文書「日韓国交正常化交渉の記録 総説三」(文書番号一九一五)五八〜六五頁。
(23) 『朝日新聞』一九五三年二月二二日(東京夕刊)。
(24) 『동아일보』[東亜日報]一九五三年三月六日、李鍾元「韓日会談とアメリカ」『国際政治』一七一頁。
(25) 外務省公開外交記録文書「日韓会談交渉方針(案)」(文書番号一〇五〇)一〜五頁。
(26) 外務省にその影響を及ぼした背景には、吉田茂政権のバカヤロー解散に帰結する国内政治情勢の対立構図もあった。政権党である自由党内で吉田派と鳩山派の争いが一層激化する最中、吉田茂首相が国会答弁(一九五三年二月二八日)で「ばかやろう……」と呟き失言した。それを機に、自由党内で鳩山一郎を支持する強硬派であった民主化同盟が不信任案の賛成に回り、その案件は可決された。これに合わせて吉田茂が衆議院を解散したのである。国内政治の主導権をめぐる争いが表面化する中で、ハイレベルにおける日韓請求権問題の解決方針が固まる余地はなかった。この国内政情が外務省の日韓交渉再開に向けた動因を弱化させる一因でもあった。北岡『自民党』六四〜六八頁、同右、文書番号一〇五〇、六〜一〇頁。
(27) 外務省公開外交記録文書「朝鮮問題各省連絡会議状況」(文書番号一〇五一)一〜六頁。
(28) 同右、文書番号一〇五一、九〜一四、二四〜二七頁。

(29) 外務省公開外交記録文書「日韓交渉に関する第一回各省打合会次第」(文書番号一〇五二) 一～二五頁。

(30) 外務省公開外交記録文書「日本側全体打合会後の部内打合会」(文書番号一〇五二) 四七～五一頁、外務省公開外交記録文書「日韓交渉四月十五日課内打合会(於局長室)」(文書番号一〇五二) 五二～五五頁。

(31) 外務省公開外交記録文書「日韓交渉報告(六)」(文書番号六九三) 七～一六頁。

(32) 外務省公開外交記録文書「日韓交渉報告(一二)」(文書番号六九三) 一八～三四頁。

(33) 外務省公開外交記録文書「日韓会談無期休会案(私案)」(文書番号一〇五四) 一～二五頁。

(34) 外務省公開外交記録文書「七月二十九日、日韓会談に関する各省関係官連絡会における久保田参与の挨拶(案)」(文書番号一〇五七) 一六～一七頁。

(35) 鹿島平和研究所編『日本外交史(第二八巻)』(鹿島研究所出版会、一九七三年) 五三～五六頁、李鍾元「韓日会談とアメリカ」『国際政治』一七二頁。

(36) 当時は、第二次会談の再開として位置づけられていた。後日、日韓国交正常化交渉の記録をまとめるにあたり、本会談は第三次会談として分類された。

(37) 外務省公開外交記録文書「再開日韓会談第一回各省打合会議事録」(文書番号一〇五九) 一～一〇頁。

(38) 外務省公開外交記録文書「再開日韓交渉議事要録請求権部会第一回」(文書番号一七三) 六～一一頁。

(39) 同右、文書番号一七三、一四～一七頁。

(40) 同右、文書番号一七三、一七～二一頁。

(41) 外務省公開外交記録文書「請求権問題第二回打合会」(文書番号六五七) 四二～四八頁。

(42) この請求権委員会に関する韓国政府代表団の記録は、「한일회담 제2차 재산 및 청구권분과회의에 관한 보고의 건」[韓日会談第二次財産および請求権分科会議に関する報告の件] に収められており、その文書は동북아역사재단 [東北亜歴史財団] のウェブサイト「동북아역사넷」[東北亜歴史ネット] (http://contents.nahf.or.kr/item/item.do?levelId=kj.d_0004_0040_0020、二〇一八年二月二三日アクセス) からも閲覧可能である。

(43) 外務省公開外交記録文書「再開日韓交渉議事要録請求権部会第二回」(文書番号一七四)一二一~一二四頁。
(44) 同右、文書番号一七四、一二五~一二六頁。
(45) 同右、文書番号一七四、一二六頁。
(46) 同右、文書番号一七四、一二七~一二九頁。
(47) 同右、文書番号一七四、一二九頁。
(48) 同右、文書番号一七四、四一~四二頁。

終章

朝鮮縁故者から岸信介・親韓派へ
——対韓請求権の取り下げと国交正常化交渉の再開

本書の考察を要約すると、以下のとおりである。

第一章では、まず、一九四五年敗戦直後の日本政府と朝鮮縁故者が共通の植民地認識を持ち、解放後の朝鮮半島に引き続き日本人が定着可能であるとの前提が共有されていたことを明らかにした。その前提の上で、朝鮮縁故者の個人および法人財産を保護することが進められた。この現地定着と財産保護を活動の主目的とする団体が、京城日本人世話会（一九四五年八月設立）であった。京城日本人世話会は、総督府と軍部から組織運営の支援を受けて全国的な拡大をみせた。第二に、将来の居留民団への発展を視野に入れていた京城日本人世話会は、USAMGIKから私有財産を保障された上で、現地定着を希望する者と日本への引揚げを希望する者に分別し、日本人送還計画に関与しようとした。しかしながら、米国の戦後構想の一環として日韓分離政策の厳格な適用が実行されるや、京城日本人世話会の定着促進と財産保護の前提は崩れはじめ、朝鮮縁故者の私有財産は没収され、引揚げを余儀なくされた。その結果、朝鮮縁故者の没収財産が、日本国内で在外財産の補償問題（国内補償問題）として浮上するのである。

第二章と第三章では、引揚げ後の朝鮮縁故者（個人／法人）が日本国内で繰り広げた没収財産に対する補償要求の過程が、個人および法人財産の数値化、つまり「数字」に帰結したことを明らかにし、それに連動していた植民地認識に関する分析を行った。

まず、第二章では、日本へ引揚げた朝鮮縁故者（個人）と朝鮮関係残務整理事務所（旧総督府東京事務所）の間で設置された、朝鮮引揚同胞世話会（一九四六年三月設立）、そして鈴木武雄（元京城帝国大学・元京城日本人世話会調査部長）と外務省調査局の在外財産問題に関する認識と対応に焦点を絞ることによって、次の四点が明らかにされた。

第一に、朝鮮引揚同胞世話会は、彼らが引揚げてから日本国内で直面したかつての植民地統治に対する批判には「帝国主義的侵略の走狗」や「資本主義的搾取の傀儡」という「誤解」があると反駁し、没収された個人財産に対する補償が遅延している原因がその種の植民地統治批判にあるとして、それへの対応を模索した。このような認識に基づく不満は、「朝鮮引揚報告大会」（一九四六年五月）で表出されたとおり、全国各地方レベルの朝鮮縁故者にも共有されていた。その場において朝鮮引揚同胞世話会は、朝鮮縁故者と軍国主義は一切無関係だと主張するのである。それとともに、ＧＨＱ／ＳＣＡＰをはじめ内閣各大臣および各政党本部に陳情書を手渡し、その陳情書の中で植民地統治の批判に対する抗弁を第一に明記した。それに続けて、朝鮮引揚同胞世話会は、「引揚者生活危機突破大会」（一九四六年六月）を開催し、彼らの運動の焦点を個人財産の補償問題に合わせた。

第二に、朝鮮縁故者と政府当局の間では、国内外の植民地統治批判に対する不満が共有されつつも、個人財産を含む在外財産の補償問題をめぐっては、その認識がズレていた。そのような様相が、「引揚同胞に就て石橋蔵相にものを聴く会」（一九四六年七月）における中保与作（元京城日本人世話会常任委員・元京城日報主筆）と石橋湛山大蔵大臣の質疑応答の中に表れていた。中保の個人財産の補償要求に対し、石橋蔵相は、留保する立場を取りつつも、朝鮮縁故者に向けられた植民地統治批判に対する姿勢には同調していた。この様相は、「朝鮮引揚同胞物故者追悼会」（一九四六年七月）における穂積真六郎（元京城日本人世話会会長・元殖産局長）と吉田茂外務大臣がそれぞれ述べた弔辞でも示された。こうして、日本政府と朝鮮縁故者の間では、朝鮮植民地統治を実績として称えて共感しつつも、没収された在外財産の補償問題に対しては異なった認識がみられたのである。

第三に、朝鮮引揚同胞世話会は、個人財産の補償要求を貫徹させるため、各方面に訴え続け、自ら個人財産の数値化に取り組んだ。その訴えの一環として、朝鮮引揚同胞世話会では、新聞報道関係者との間で「旧領土内個人財産補償問題座談会」（一九四六年八月）が開催された。この座談会は、朝鮮縁故者に注がれた冷ややかな視線を念頭に植民地統治に関する「誤解」を解くため、在外財産問題の世論喚起を狙うものであった。その延長線で、朝鮮縁故者は、国会に向けても訴え続けた。朝鮮縁故者の意見書案「在外個人財産ノ補償ニ関スル件」は、貴族院の請願委員第一分科会（一九四六年九月）で取り上げられた。それにもかかわらず、この請願に対する政府当局者は、同情を示すにとどめて、事実上、賠償問題と財政負担を理由にその補償責任を回避する立場で答弁した。

このような局面を迎えて、朝鮮引揚同胞世話会は、個人財産の調査を実施するために陣営を立て直し「在朝鮮日本人個人財産額調」(一九四七年三月)を作成した。その結果、在韓個人財産は約二六〇億円とされ、朝鮮引揚同胞世話会はこの調査書を政府に提出した。それにとどまらず、朝鮮縁故者は、個人財産を含む引揚げ問題の解決と戦後復興を結びつけることによって、いわゆる引揚げ議員も誕生させ、国会にまで進出するのである。

第四に、外務省調査局が、日本経済の再建構想にあたり在外財産問題を、賠償問題と外地喪失という「特殊性」の観点から位置づけたことから、鈴木武雄は、朝鮮植民地統治の実績の評価に対しても、その「特殊性」の文脈で再解釈するよう提言した。実際、外務省調査局は、旧外地の喪失による物資の外貨負担、投資および在留日本人の生活費の喪失という三要素を、在外財産問題に適用した上で、これらの要因が日本経済を再建する際に考慮されるべきであると結論づけた。それゆえに、日本の戦後処理に際して賠償軽減を求めたのである。このように外務省は、戦後復興の一環として、在外財産問題を「特殊性」というキーワードの中で解釈し位置づけたのである。さらに指摘すべきは、この「特殊性」が朝鮮縁故者(個人)である鈴木を介して、朝鮮植民地統治の文脈で再解釈されたことであった。

鈴木が植民地朝鮮の統治実績を評価する際に「特殊性」を強調する行動に出た直接的な動機は、佐々生信夫(東京産業大学)の報告書「経済的観点より見たる我国朝鮮統治政策の性格と其の問題」(一九四五年一二月)において、朝鮮植民地統治の実績に対する懐疑的な評価が示されていたことであった。佐々生が、西欧諸国の帝国主義に共通する朝鮮統治の「一般性」を批判的に強調するのに対して、鈴木は、その「一般性」よりは「特殊性」に重点を置くことが、賠償問題を抱える現実的な日本の経済再建に適し、より実際的であると反論したのである。二人の論争は、外務省主催の「外地経済懇談会」(一九四六年二月)で直接再現された。この論争を見守った政府当局者は、佐々生は「学究的、理論的ナ立場」に、他方の鈴木は「政策的、現実的ナ立場」に重点が置かれているとの評価を下した。事実、この懇談会の開催以前から、外務省調査局は、鈴木に報告書の作成を依頼し「特殊性」のキーワードを朝鮮植民地統治の評価に適用させる構えであった。

第三章では、朝鮮縁故者（法人）である朝鮮事業者会（一九四五年一一月設立）の没収財産への補償要求と植民地認識を中心に分析したが、その結果は次の二つに要約できる。

第一に、朝鮮事業者会は、没収財産が補償されない原因を、朝鮮引揚同胞世話会と同様にGHQ／SCAPおよび連合国をはじめ国内外に広まったとする植民地認識、いわゆるかつての植民地統治に対する誹謗に「誤解」があるとした。その「誤解」とは、朝鮮半島における経済発展と現地貢献の事実が捨象されると同時に、一時期の軍国主義のみが取り上げられ、朝鮮事業者の活動に略奪、搾取というレッテルが貼られることであった。それへの対応として朝鮮事業者会は、むしろ軍国主義の被害者であるという論法に立ってその「誤解」を解くことが緊急課題であると位置づけた。そのため、朝鮮事業者会が主導的な役割を果たすとともに戦前の海外事業が「平和的」な実績であるということを、海外事業戦後対策中央協議会（一九四五年一一月設立）に訴えた。これと同時並行的に朝鮮事業者会が進めたのが、海外事業戦後対策中央協議会における、補償委員会の設置であった。これは在外財産の補償を実現させる目的で設置された専担班であったが、その班の調査方針について、政府当局から「数字」の信頼性を高めるよう要請された。これに応じるため、朝鮮事業者会は、「カン」を以てでも早急に在外財産の総額を提示するよう働き掛け、暫定合計一五〇〇億円（旧外地の法人財産の総額）という数値化されたデータに、建白書と陳情書を添えて、政府をはじめ政界、言論界にも訴えたのである。

この訴えの中で、在外財産問題の合同作業案である「官民合同補償委員会」の設置を提唱したことに、政府が反応を示した。連合国側の賠償方針が現実味を帯びていく中、政府は、海外事業者の数値化データに表れた知識と情報を活用し、対日講和会議に備えようとしたからであった。このように在外財産の補償問題をめぐり日本政府と海外事業者の間では、賠償軽減と補償実現の材料として、同床異夢の思惑から官民協調の接点が生まれていった。双方の目的は異なるにもかかわらず、その手段が一致したのは、日本政府と朝鮮縁故者の間に植民地認識の類似性があり、国内外の植民地統治批判に対する共通の認識があったからである。ともあれ、その源流には、朝鮮事業者会が主導した海外事業戦後対策中央協議会の補償委員会、そして「官民合同補償委員会」の設置案があったことは注目すべきである。その意味で、同中央協議会の補償委員会と「官民合同補償委員会」の設置案は、外務・大蔵両省の共同機関として設置された在外財産調査会（一九四六年九月設置）の原型であったといえよう。

第二に、占領統治下の日本政府にとっては当然であるが、在外財産を調査するにあたりGHQ／SCAPの影響力は確実に存在した。GHQ／SCAPの民間財産管理局（Civil Property Custodian、CPC）は、在外財産調査会を率いる大蔵省・外務省・日本銀行の関係者を交えて委員会を設置し、二〇回に及ぶ定期会合を開いた。大蔵省の記録によれば、事実上、在外財産調査会とCPCの関係は日本政府側が「下請の様な恰好」であったものの、在外財産調査会の報告書は外務・大蔵両省の資料と民間側の収集資料などに基づき数値化（在韓法人財産の総額は五一五億二四〇〇万円）されたのちCPCに提出された。

しかしながら、その時点を前後として彼らは、もしかするとその在韓日本財産のデータは日本国の軍国主義による略奪、搾取の実績であると「曲解」されるかもしれない、と考え始めた。植民地統治の批判に反駁してきた彼らは、そのような懸念を打ち消すために、在外財産調査会で算出された在韓日本財産の「数字」に妥当性を持たせる作業に取り掛かった。それを裏づけるために、歴史的かつ全般的な領域にわたる調査を集大成したのが、いわゆる『日本人の海外活動に関する歴史的調査』（一九四八年大蔵省印刷）であった。ここで指摘すべきは、『日本人の海外活動に関する歴史的調査』が、朝鮮事業者会を筆頭とする海外事業戦後対策中央協議会で実施された「平和的」な海外事業の実情調査の系譜を受け継いでいるということである。なぜならば、当初から朝鮮事業者会でいわれた正常な経済活動、経済開発、福利厚生の増進、文化向上、軍国主義の犠牲者などのキーワードが、『日本人の海外活動に関する歴史的調査』にほぼそのまま踏襲されていたからである。このように日本政府と朝鮮縁故者は、在外財産調査会を通して『日本人の海外活動に関する歴史的調査』という植民地認識の集約を成し遂げる一方で、在韓日本財産の「数字」を算出したのであった。

第四章と第五章は、日韓国交正常化交渉における請求権問題を、日本政府と朝鮮縁故者の在外財産調査会における総決算であった『日本人の海外活動に関する歴史的調査』と、在韓日本財産の「数字」に関連づけて考察した。

第一に、『日本人の海外活動に関する歴史的調査』は、日韓交渉の請求権問題に対応する最初の日本政府の植民地認識を示したものであり、そこには朝鮮縁故者と同様の植民地認識が表れていた。その認識はいってみれば、朝鮮半島の植民地統治は世界が公認した合法的なものであり、多年にわたる朝鮮半島の現地開発と文化向上の功績は史実に他ならない、とするものである。それのみならず、日本と朝鮮の両者間は戦争状態に置かれていなかったことも強調された。日本政府はさらに一歩踏み込んで、両者間は戦争状態でなかったことから、韓国は連合国の地位に適さないので当然に対日賠償要求もありえないとの認識を示した。このような認識をもとに日本政府は、日韓交渉の準備を進めたのである。それゆえに、韓国が連合国の対日国際宣言を後ろ盾に戦勝国の如く振る舞うことを、日本側は不愉快に受けとめていた。日本国を軍国主義、帝国主義、侵略、搾取などの表現で批判する韓国との交渉で、植民地統治を批判する論調に直面した日本政府は、請求権問題をめぐる交渉で『日本人の海外活動に関する歴史的調査』と同様の植民地認識を表明した。その交渉では、あたかも日本政府が朝鮮縁故者の植民地認識を肩代わりし弁論するような場面もあった。それを物語っていたのが「久保田発言」(一九五三年一〇月)であり、そこでは、日本政府が対韓請求権を放棄できない理由として朝鮮縁故者の主張が「国民感情」化されたことがあった、ともいえる。

第二に、外務・大蔵両省の共管機関である在外財産調査会で作成された在韓日本財産のデータは、二つの側面から、日韓会談の請求権問題をめぐる日本政府側の政策決定の材料として利用された。一つ目の側面としては、そのデータが日本政府の対韓請求権の主張を可能にする補強材になったことである。周知のとおり、日韓交渉の行方を左右する議題は請求権問題であった。韓国政府の多額な請求をゼロにするため、日本政府は対韓請求権の法理論を練りあげた。その理論を組み立てる基盤になったのが、在外財産調査会で算出された植民地財産の「数字」であった。韓国政府の対日請求権の総額は膨大な数に上ると思われたが、日本政府はその韓国側の主張より遥かに上回る「数字」を用意していたのである。その「数字」の根拠が、在外財産調査会で作成された在韓日本財産のデータであったことは注目に値するであろう。ともかく、これを拠り所に日本政府は、韓国側に向けて対韓請求権、すなわち逆請求権を主張しうると判断したのである。これによって、日韓交渉の請求権委員会の場において日本政府が対韓請求権を展開すると、韓国政府が「正に青天の霹靂」であると驚愕し、第一次会談は挫折を余儀なくされたのであった。

二つ目の側面として、在外財産調査会で朝鮮縁故者の知識と情報が集められ、在韓日本財産データが算出されたものの、没収財産の所有権者に対する補償問題は、未解決のままであった。つまり日本政府は、朝鮮縁故者をはじめ引揚げ者たちの没収された在外財産に対する補償問題（国内補償問題）を抱えながら、日韓会談に臨んでいたのである。この国内補償問題は、日韓交渉の第一次会談の決裂以降に、外務省が、政府内で請求権問題に対し「相互放棄」案を以て妥結を図ろうとする際に、対韓請求権の主張の撤回を困難にした。なぜならば、日本政府が対韓請求権を放棄すると、没収財産の所有権者が、日本政府にその放棄の代償を求めるからであった。没収財産に対する補償義務を避けたいのが、政府当局の立場であり、とりわけ大蔵省はその姿勢を堅持して、外務省が請求権問題を見直そうとする動きを牽制したのであった。これによって、日本側が対韓請求権の主張を撤回し難くなり、そこに漁業問題まで重なる中で、日韓両国の激しい植民地認識の衝突の末「久保田発言」を残して、日韓交渉は頓挫したのである。

「久保田発言」により日韓会談が長年漂流する渦中に、一九五七年二月、岸信介が内閣総理大臣に就いた。そして、日本政府は「引揚者等に対する給付金の支給に関する措置要綱」（一九五七年三月七日）を閣議決定した。その上で、五月一七日に「引揚者給付金等支給法」（昭和三二年法律第一〇九号）が制定され、引揚げ者一人当たり二万八、〇〇〇円を限度とする給付金を支給（記名国債）することになった。その他の措置としては、国民金融公庫による生業資金の国債担保貸付および引揚げ者向け公営住宅の増設、貸与などが実施された。つまり、これには朝鮮縁故者も対象となり、その給付金を含む政府の措置を受けることになったのである。

日本政府は、この支給法における給付金の性格について「在外財産に対する補償という意味ではなく、外地において多年仕事をしてきた人が、本邦に引揚げてきて生活の基礎を新しく再建するということのために、多大の障害があり、いろいろの困難があるという事実を頭において、政策的な措置として、給付金を支給してこれらの人々の生活の再建に資しようとするものである」と説明した。[1] このような経緯から日本政府は、法律上の補償義務を避けることができた一方で、朝鮮縁故者を含む引揚げ者は、在外財産の補償に値する措置を得たのである。

なお、岸内閣は、日韓国交正常化交渉の再開をめぐり「久保田発言」を撤回し、対韓請求権を取り下げることによって、ようやく第四次日韓会談（一九五八年四月一五日開始）に臨むことができた。四年半ぶりの交渉再開に至るには「久保田発言」に代わって、韓国の金東祚外務部政務局長との席上で伝えられた「私は西日本の山口県の出です。ご承知のとおり、山口県は昔から朝鮮半島と往来が多かったところですね。……それだけに、当地人の血には韓国人のそれが少なからず混じっているのが事実で、私の血統にも韓国人の血が流れていると思うほどです。いわば両国は兄弟国といえるわけです[2]」という岸首相の発言も、効果的であったであろう。

興味深いことに、これ以降に岸を筆頭とする政治集団がいわゆる「親韓派」と呼ばれるようになり、朝鮮縁故者は歴史の舞台から退きつつ、彼らの思いは後世の植民地統治実績の評価を受けるため「友邦文庫」に眠ることになるのである。

さて、岸政権以降の日韓国交正常化交渉はどのように展開されたのであろうか。そこでまず、岸信介を本書で使用した「朝鮮縁故者」という基準にそって捉えなおしてみたい。端的にいえば、序章で述べた朝鮮縁故者に比して、岸は「満州縁故者」といえる。

周知のとおり、彼は農商務省に入省してから満州国の経営を経て商工次官に就任したエリート官僚であった。太平洋戦争勃発後には東条内閣の商工大臣として入閣、さらには国務大臣兼軍需次官にまで就任し軍需行政の実質的な最高指導者にまでのぼりつめたが、敗戦後には極東国際軍事裁判でA級戦犯として指名され、巣鴨プリズンに移された。(3)

その後、引揚げ者が着ていた洋服とドタ靴の姿で釈放された岸は、政界に復帰して保守・革新の二大政党論を展開、保守合同への道のりの末に誕生した自民党の初代幹事長に就任し、総理への地固めを進めた。岸は、ポスト鳩山の本命と目されながらも総裁選では敗れたが、石橋内閣の外務大臣として外務省に乗り込み「空飛ぶ外相」と称された。岸外相は、日本の外交方針の中でも「特に東南アジア諸国との親善関係確立が大切だ。お互《ママ》に共通の気持があるのだから、それを双方で確認し合い、将来の緊密な関係の基礎をつくるという意味においても、一日も早く行かなければならぬ」と、かねてから強調していた。事実、首相の座に就き外相も兼任した岸は、東南アジア諸国訪問に飛び立ち米国の東アジア戦略に応えるかの如く地域秩序の担い手を自任し、日本外交の地平を切り開こうとした。(4)その一環として、岸は日韓関係の修復にも取り組んだのである。

ここでもう一度「朝鮮縁故者」を思い起こしていただきたい。というのも、岸信介は、職歴にせよ学歴にせよ朝鮮縁故者ではなく、むしろ満州縁故者であるにもかかわらず「親韓派」と呼ばれるようになった。

その経緯にはまず、前述した岸流のアジア外交を軸に展開する日本の対韓国外交、すなわち「久保田発言」と対韓請求権により膠着状態が続く日韓会談を再開させたことがあった。そこに至るには、鳩山政権の対共産圏外交の前途を危惧していたアメリカにとって、岸政権の登場はその憂慮を払拭するのに適っており、東アジア冷戦に対応するため自由主義諸国の反共路線を強化できるとの期待が寄せられた。それゆえに、アメリカは地域統合戦略の要である日韓関係の正常化を強く望み、交渉再開に向けた仲介に乗り出したのである。これは、岸が韓国に接近するための国際政治レベルの基礎条件であった。

さらに、一九五一年の日韓予備会談を前後する段階からすでに外務省官僚レベルでは、少なくとも請求権問題は最終的に政治指導者の「政治的判断」に委ねざるを得ないと認識し、請求権問題の複雑さを吐露していた。第二次会談以降の日本側代表である久保田は、吉田政権から日韓会談に対する「指示は全然受けなかつた」のみならず会談決裂後には「一言半句もいわれなかつた」と、政府首脳部の我関せずとの態度に不満を持っていた(5)。したがって、第四、五章でみたとおり外務省は請求権問題をめぐり数次にわたり再検討を試みたが、大蔵省による国内補償問題の制約に加えて、政治指導者において日韓会談をまとめようとする意欲ないし外交方針の不在が日韓会談に影響を与えた要因でもあると指摘できる。このような意味で、官僚レベルでは会談妥結に向けた「政治的判断」が国内政治上の必要条件に他ならなかったのである。

以上の条件を満たし、自前のアジア外交論の延長線上で日韓会談再開の突破口を開いたのが、岸政権であった。前述のとおり、岸政権発足後に引揚げ者の私有財産に対する国内補償問題を解決する趣旨で閣議決定と支給法の制定が行われ、それによって日韓請求権問題をめぐる大蔵省の譲歩を取りつけることができたのである。これは日本の対韓請求権の撤回を理論的に可能にさせ、その上で「久保田発言」に代わって前記した岸首相の発言が韓国側の感情も和らげることで会談の再開に至ったのである。しかし、一九五九年末に在日朝鮮人の帰還事業が実施されることで日韓会談はまたもや中絶を余儀なくされた。

岸は一九六〇年の安保騒動により退陣したが、それ以降、彼は表舞台から自民党内に舞台を移し日韓国交正常化への意欲を持ち続けていた。それは、自民党外交調査会において石井光治郎を座長に岸派を主要メンバーとする日韓問題懇談会を設置することに表れており、自民党議員団訪韓まで実現させた。それに加えて、日韓基本条約の締結間際に岸の実弟・佐藤首相および同じ満州縁故者の椎名外相による劇的な交渉展開、「一九六五年日韓条約体制」以降には岸自ら日韓協力委員会の会長を務めるなど、(6)以上の経緯から岸・親韓派が誕生するのである。

本来の「親韓派」として存在感を示すこともできたであろう朝鮮縁故者と岸を筆頭とする政治集団がその「親韓派」を自任することになる転換がいかに起きたのか、そして日韓関係を取り巻く国際政治経済環境の要因も踏まえながら分析することが、今日の日韓関係の複合的構造を解き明かす重要なカギになるであろう。

(1) 内閣総理大臣官房管理室『在外財産問題の処理記録――引揚者特別交付金の支給』(出版社記載なし、一九七三年)一四~一五頁。

(2) 金東祚著・林建彦訳『韓日の和解――日韓交渉一四年の記録』(サイマル出版会、一九九三年)一一五頁、岸信介・矢次一夫・伊藤隆『岸信介の回想』(文藝春秋、一九八一年)二一九頁、矢次一夫『わが浪人外交を語る』(東洋経済新報社、一九七三年)四二頁。

(3) 岸・矢次・伊藤『岸信介の回想』三五、四六~四八、七九頁。

(4) 同右、九五、一〇五、一二九、一五四、一六五~一六七頁。

(5) 外務省公開外交記録文書「久保田貫一郎「第2・3次日韓会談の回顧」(きく人 西山北東アジア課首席事務官)」(文書番号二)

八頁（「国交正常化の記録 総説」回顧録等に収録、http://www.f8.wx301.smilestart.ne.jp/nihonkokai/2015-00518/2015-00518.htm、二〇一八年二月二三日アクセス）。

（6） 岸・矢次・伊藤『岸信介の回想』五二、二六八～二六九頁。

参考文献一覧

一　史資料

（1）未公刊の史資料

大蔵省外資局「在外財産等ノ報告ニ関スル大蔵省令」（大蔵省外資局、一九四五年一一月）
大蔵省管理局『日本人の海外活動に関する歴史的調査』（大蔵省管理局、一九四八年）
大蔵省管理局管理課（一九四八年二月二日）「終戦時に於ける日本在外財産調査について（未定稿）」『在外財産調査会関係資料目録』（分類記号番号：B61.00／レファレンスコード：A13111639200、アジア歴史資料センター https://www.jacar.go.jp/、二〇一八年二月二三日アクセス、以下同様）
海外事業戦後対策中央協議会「横田喜三郎博士に聞く補償問題座談会記録」（「友邦文庫」請求記号：M3-75）
海外事業戦後対策中央協議会調査部「講和条約と在外財産に関する一考察」（「友邦文庫」請求記号：M3-71）
外務省管理局経済課（一九四九年三月一〇日）「在外財産調査会概要」『在外財産調査会関係資料目録』（分類記号番号：B61.00／レファレンスコード：A13111639200、アジア歴史資料センター https://www.jacar.go.jp/、二〇一八年二月二三日アクセス、以下同様）
外務省公開外交記録文書
（※「日韓会談文書・全面公開を求める会」のウェブサイト http://www.f8.wx301.smilestart.ne.jp/ で閲覧可）

「日韓会談（第一回会合）」（文書番号六三）
「日韓会談における日本政府代表の任免および日韓代表団の構成」（文書番号一三五）
「再開日韓交渉議事要録請求権部会第一回」（文書番号一七三）
「再開日韓交渉議事要録請求権部会第二回」（文書番号一七四）
「日韓会談第四回本会議議事録」（文書番号一九〇）
「日韓会談第五回本会議議事要録」（文書番号一九一）
「日韓会談日誌（Ⅱ）第２次会談・第３次会談（未定稿）」（文書番号四八六）
「財産、請求権処理に関する件」（文書番号五三六）
「請求権問題会談の初期段階における交渉要領」（文書番号五三七）
「請求権問題に関する交渉要領案（第三次案）の再検討」（文書番号五三七）
「請求権問題に関する初期の交渉要領案（第三次案）」（文書番号五三七）
「請求権問題に関する大蔵省との打合せ会」（文書番号五三八）
「覚書請求権問題省内打合せ会」（文書番号五三九）
「請求権問題交渉に関する打合せ会」（文書番号五三九）
「第一回請求権分科会に関する打合せ会次第」（文書番号五三九）
「請求権問題交渉の中間段階における対処要領案」（文書番号五四二）
「請求権財産問題折衝要領に関する件（第二段階に於ける）」（文書番号六五五）
「請求権問題折衝要領案骨子」（文書番号六五五）
「日韓請求権問題対策について」（文書番号六五五）
「日韓請求権財産問題省内打合会」（文書番号六五六）
「外務、大蔵第二回請求権問題打合せ会」（文書番号六五七）

「請求権問題第二回打合会」（文書番号六五七）
「日韓請求権問題外務、大蔵打合会」（文書番号六五七）
「日韓交渉報告（六）」（文書番号六九三）
「日韓交渉報告（一二）」（文書番号六九三）
「日韓会談問題の検討」（文書番号一〇四一）
「日韓国交調整処理方針」（文書番号一〇四三）
「日韓会談再開の基本条件について」（文書番号一〇四五）
「[電報] 李韓国大統領の訪日に関する件」（文書番号一〇四五）
「日韓会談再開に関する第一回省内打合会議事要録」（文書番号一〇四六）
「日韓会談交渉方針（案）」（文書番号一〇五〇）
「朝鮮問題各省連絡会議状況」（文書番号一〇五一）
「日韓交渉四月十五日課内打合会（於局長室）」（文書番号一〇五二）
「日韓交渉に関する第一回各省打合会次第」（文書番号一〇五二）
「日本側全体打合会後の部内打合会」（文書番号一〇五二）
「日韓会談無期休会案（私案）」（文書番号一〇五四）
「七月二十九日、日韓会談に関する各省関係官連絡会における久保田参与の挨拶（案）」（文書番号一〇五七）
「再開日韓会談第一回各省打合会議事録」（文書番号一〇五九）
「日韓国交正常化交渉の記録（総説・目次・平和条約発効前の日韓関係と日韓会談予備会談）その二」（文書番号一一二四）
「日韓会談第一回財産請求権問題委員会議事要録」（文書番号一一七三）
「日韓会談第一回財産請求権問題委員会議事録」（文書番号一一七四）
「日韓会談第二回請求権委員会議事要録」（文書番号一一七五）

「日韓会談第二回請求権委員会議事録」（文書番号一一七六）
「日韓会談第三回請求権委員会議事要録」（文書番号一一七七）
「日韓会談第四回請求権委員会議事録」（文書番号一一八〇）
「日韓会談第五回請求権委員会議事要録」（文書番号一一八一）
「日韓会談第六回請求権委員会議事録」（文書番号一一八四）
「日韓会談第七回請求権委員会議事録」（文書番号一一八六）
「日韓会談請求権問題に関する非公式会談結果報告」（文書番号一一八九）
「日韓諸協定批准国会における在朝鮮日本財産に関する答弁資料（案）」（文書番号一二三四）
「日韓国交調整、特に請求権問題について」（文書番号一三〇三）
「日韓間請求権特別取極の諸様式について」（文書番号一三〇六）
「朝鮮における債務の処理について」（文書番号一五五九）
「日本に対する朝鮮の請求権」（文書番号一五六一）
「日韓特別取極の対象となる日本資産及び請求権について（一）」（文書番号一五六三）
「日韓特別取極の対象となる日本資産及び請求権について」（文書番号一五六三）
「韓国の対日賠償要求について」（文書番号一五七二）
「日韓基本関係調整交渉について留意すべき事項」（文書番号一八三五）
「日本の在外財産」（文書番号一八六一）
「日韓国交正常化交渉の記録総説三」（文書番号一九一五）
「国交正常化の記録 総説」に利用された回顧録――二〇一六年三月二四日李洋秀氏請求、フォルダ名2015-00518、http://www.f8.wx301.smilestart.ne.jp/nihonkokai/2015-00518/2015-00518.htm

外務省調査局

「外地経済懇談会議事概要」（一九四六年二月八日、武蔵大学図書館所蔵）
「経済的観点より見たる我国朝鮮統治政策の性格と其の問題（調三資料第二号）」（外務省調査局、一九四五年一二月）
『国内経済資料』第一輯（外務省調査局、一九四五年一一月）
『国内経済資料』第二輯（外務省調査局、一九四六年一月）
『国内経済資料』第三輯（外務省調査局、一九四五年一一月）
『国内経済資料』第四輯（外務省調査局、一九四五年一一月）
「朝鮮統治の性格と実績――反省と反批判（調三資料第七号）」（「友邦文庫」請求記号：M4-165-3）
九州大学韓国研究センター『科研報告書別冊――京城日本人世話会関連資料解題』（二〇〇九年）
旧友倶楽部『旧友倶楽部会報 第一号〜三号』（「桜井義之文庫」請求記号：2736）
小瀧基「穂積さんのこと」（「友邦文庫」請求記号：KD39）
佐々生信夫「経済的観点より見たる『我が朝鮮統治政策の性格と其の問題』の概要報告」（「一橋大学経済研究所資料室」請求記号：Nr. 44 :3）
鈴木武雄「朝鮮産業経済の発展と在鮮日本系事業」（「友邦文庫」請求記号：332-32）
鈴木武雄「『独立』朝鮮経済の将来」（「友邦文庫」請求記号：332-37）
中央日韓協会訳「第一次日韓会談時の韓国代表声明 梁祐燦」（「友邦文庫」請求記号：319-21）
朝鮮関係残務整理事務所「事務所の沿革と事務概要」（「友邦文庫」請求記号：369-27）
朝鮮事業者会『会報』（「友邦文庫」請求記号：M3-47）
朝鮮事業者会「在外財産調書」（「友邦文庫」請求記号：M3-53）
朝鮮事業者会「在外財産補償要請ニ関スル資料」（「友邦文庫」請求記号：M3-32）
朝鮮事業者会「朝鮮事業者会設立関係文書」（「友邦文庫」請求記号：M3-26）
朝鮮事業者会（海外事業戦後対策中央協議会）「我国海外事業本来の平和的性格並に活動状況調査についての依頼書及び書式」（「友

邦文庫」請求記号：M3-68）
朝鮮引揚同胞世話会「在朝鮮日本人個人財産額調」（「友邦文庫」請求記号：365-2）
朝鮮引揚同胞世話会『引揚同胞』（「友邦文庫」請求記号：NY253）
朝鮮引揚同胞世話会『朝鮮引揚同胞世話会特報』（「桜井義之文庫」請求記号：2734）
同胞救援議員連盟『海外引揚者援護』（「友邦文庫」請求記号：369-36）
同胞救援議員連盟『資料附表』（「友邦文庫」請求記号：NY-230-42）
同胞救援議員連盟『同胞救援議員連盟活動報告』（「友邦文庫」請求記号：NY-230-41）
同胞救援議員連盟事務局編纂『在外資産問題 一九五二』（「友邦文庫」請求記号：333-19）
同和協会『同和会報』（「友邦文庫」請求記号：Aト12）
内閣総理大臣官房管理室『在外財産問題の処理記録——引揚者特別交付金の支給』（出版社記載なし、一九七三年）
日韓親和会『親和』（「友邦文庫」請求記号：Aシ6）
穂積真六郎「京城日本人世話会長として［終戦関係原稿］」（「友邦文庫」請求記号：KD24-3）
穂積真六郎述「朝鮮に於ける日本人世話会について［手稿］［終戦関係原稿］」（「友邦文庫」請求記号：KD24-1）
穂積真六郎述「朝鮮に於ける日本人世話会について［タイプ稿］［終戦関係原稿］」（「友邦文庫」請求記号：KD24-2）
山名酒喜男『朝鮮総督府終政の記録（一）（終戦前後における朝鮮事業概要）旧朝鮮総督府官房総務課長山名酒喜男手記』（友邦協会、一九五六年）
「三ヶ国宣言条項受諾に関する在外現地機関に対する訓令」、「朝鮮総督府終戦事務処理本部設置申請の件」、内務省管理局「戦争終結ニ伴フ朝鮮台湾及樺太在住内地人ニ関スル善後措置要領（案）」（一九四五年八月二四日）（以上、外務省公開外交記録文書「太平洋戦争終結による在外邦人保護引揚関係雑件」第一六回公開分、外務省外交史料館所蔵、リール番号K'0002に収録）
「在外財産調査会における調査について」『在外財産調査会関係資料目録』（分類記号番号：B61.00／レファレンスコード：A13111639200、アジア歴史資料センター https://www.jacar.go.jp/、二〇一八年二月二三日アクセス、以下同様）

「太平洋米国陸軍総司令部布告第一～第三号」（一九四五年九月七日）、内務次官「終戦処理ニ伴フ在外地邦人権益ノ保持存続ニ関スル件」（一九四五年八月三一日、朝鮮総督府政務総監宛指令）（以上、『阿部信行関係文書』国立国会図書館憲政資料室所蔵）

著者不明「朝鮮総督府高等官一覧表（昭和十九年十二月二十一日現在）」（「友邦文庫」請求記号：KD21）

著者不明「朝鮮統治の決算報告書（仮称）」（「友邦文庫」請求記号：NY278-7）

大韓民國外務部公開外交記録文書「한일회담 제 2 차 재산 및 청구권분과회의에 관한 보고의 건」［韓日会談第二次財産および請求権分科会議に関する報告の件］（分類番号 723.1JA ／登録番号 97）

大韓民國外務部公開外交記録文書「미국의 청구권 관련 법 조항에 대한 유권해석」［米国の請求権関連の法条項に対する有権解釈］（分類番号 723.1JA ／登録番号 87）

大韓民國外務部政務局『対日賠償要求調書』（出版社記載なし、一九五四年）

大韓民國外務部政務局『韓日会談略記』（外務部政務局、一九五五年）

大韓民國政府『韓日会談白書』（出版社記載なし、一九六五年）

朝鮮銀行「対日銀行為替清算試論」『朝鮮銀行調査月報』（一九四七年七月）

朝鮮銀行調査部「対日通貨補償要求의［の］貫徹」『朝鮮経済年報』（一九四八年七月）

米国国立公文書館（National Archives and Records Administration, NARA）国務省在外公館文書（RG 84）Records of Japan, Tokyo Embassy, Records of Japan, Tokyo Consulate General and Records of Office of the U. S. Political Advisor for Japan, Tokyo（在日米国大使館領事館・政治顧問部文書）Box no.:58 ; Folder no.:7, 1950-52: 320 Japan-Korea 1951-52（Folder title）（国立国会図書館憲政資料室所蔵）

米国国立公文書館（NARA）国務省在外公館文書（RG 331）"Japanese External Assets as of August 1945 VOLUME 1 Prepared by the CIVIL PROPERTY CUSTODIAN External Assets Division 30 September 1948," Box 3713, File 741

（2）公刊の史資料

浅野豊美・吉澤文寿・李東俊編集／解説『日韓国交正常化問題資料 第I期 一九四五年〜一九五三年 第2巻 外務省内準備・省庁間折衝』（現代史料出版、二〇一〇年）
浅野豊美・吉澤文寿・李東俊編集／解説『日韓国交正常化問題資料 第I期一九四五年〜一九五三年 第3巻 本会議・基本関係・代表間対話』（現代史料出版、二〇一〇年）
浅野豊美・吉澤文寿・李東俊編集／解説『日韓国交正常化問題資料 第I期一九四五年〜一九五三年 第5巻 請求権問題』（現代史料出版、二〇一〇年）
浅野豊美・吉澤文寿・李東俊編集／解説『日韓国交正常化問題資料 第I期一九四五年〜一九五三年 第8巻 韓国側資料1』（現代史料出版、二〇一〇年）
浅野豊美・吉澤文寿・李東俊編集／解説『日韓国交正常化問題資料 第I期一九四五年〜一九五三年 第9巻 韓国側資料2』（現代史料出版、二〇一〇年）
浅野豊美・吉澤文寿・李東俊編集／解説『日韓国交正常化問題資料 基礎資料編 第2巻 日誌・年表』（現代史料出版、二〇一〇年）
浅野豊美・吉澤文寿・李東俊編集／解説『日韓国交正常化問題資料 基礎資料編 第3巻 対日賠償関係』（現代史料出版、二〇一〇年）
浅野豊美・吉澤文寿・李東俊編集／解説『日韓国交正常化問題資料 基礎資料編 第7巻 委員名簿・条約改正・第一次会談秘密会議記録』（現代史料出版、二〇一一年）
浅野豊美・吉澤文寿・李東俊編集／解説『日韓国交正常化問題資料 基礎資料編 第8巻 基本関係及請求権規定集・外務省公表集』（現代史料出版、二〇一一年）
浅野豊美解説／監修・明田川融訳『故郷へ――帝国の解体・米軍が見た日本人と朝鮮人の引揚げ』（現代史料出版、二〇〇七年）
有沢広巳監修・中村隆英編集『日本経済再建の基本問題――資料・戦後日本の経済政策構想 第1巻』（東京大学出版会、一九九〇年）
外務省特別資料部編集『日本占領及び管理重要文書集――第一巻基本篇』（東洋経済新報社、一九四九年）
鹿島平和研究所編集『日本外交主要文書・年表――第1巻』（原書房、一九八三年）

加藤聖文監修・編集『海外引揚関係史料集成（国外篇）第17巻――国外全般「三ヶ国宣言条項受諾に関する在外現地機関に対する訓令」／「終戦後に於ける在外同胞の概況」他』（ゆまに書房、二〇〇二年）

加藤聖文監修・編集『海外引揚関係史料集成（国外篇）第18巻――朝鮮篇1「終戦後朝鮮における日本人の状況および引揚」（1）』（ゆまに書房、二〇〇二年）

加藤聖文監修・編集『海外引揚関係史料集成（国外篇）第19巻――朝鮮篇2「終戦後朝鮮における日本人の状況および引揚」（2）』（ゆまに書房、二〇〇二年）

加藤聖文監修・編集『海外引揚関係史料集成（国外篇）第20巻――朝鮮篇3「終戦後朝鮮における日本人の状況および引揚」（3）』（ゆまに書房、二〇〇二年）

加藤聖文監修・編集『海外引揚関係史料集成（国外篇）第21巻――朝鮮篇4「終戦後朝鮮における日本人の状況および引揚」（4）』（ゆまに書房、二〇〇二年）

加藤聖文監修・編集『海外引揚関係史料集成（国外篇）第22巻――朝鮮篇5「終戦後朝鮮における日本人の状況および引揚」（5）』（ゆまに書房、二〇〇二年）

加藤聖文監修・編集『海外引揚関係史料集成（国外篇）第23巻――朝鮮篇6「終戦後朝鮮における日本人の状況および引揚」（6）』（ゆまに書房、二〇〇二年）

加藤聖文監修・編集『海外引揚関係史料集成（国外篇）第24巻――朝鮮篇7「終戦前後に於ける朝鮮事情概要」／「朝鮮引揚同胞世話会特報他」他』（ゆまに書房、二〇〇二年）

神谷不二編集『朝鮮問題戦後資料 第一巻一九四五―一九五三』（日本国際問題研究所、一九七六年）

厚生省援護局庶務課記録係編集『続々・引揚援護の記録』（厚生省、一九六三年）

厚生省援護局編集『［復刻版］引揚援護の記録』（クレス出版、二〇〇〇年）

厚生省引揚援護局総務課記録係編集『續・引揚援護の記録』（厚生省、一九五五年）

賠償庁・外務省共編『対日賠償文書集 第一巻 重要決定・渉外局発表・賠償指定関係指令』（出版社記載なし、一九五一年）

引揚援護庁編集『引揚援護の記録』（引揚援護庁、一九五〇年）

平和祈念事業特別基金編集『資料所在調査結果報告書――資料が示す今次大戦における恩給欠格者、戦後強制抑留者及び海外引揚者の労苦』（平和祈念事業特別基金、一九九三年）

森田芳夫・長田かな子編『朝鮮終戦の記録――資料編 第一巻 日本統治の終焉』（巌南堂書店、一九七九年）

森田芳夫・長田かな子編『朝鮮終戦の記録――資料編 第二巻 南朝鮮地域の引揚と日本人世話会の活動』（巌南堂書店、一九八〇年）

『日本人の海外活動に関する歴史的調査』の刊行を促進する会事務局編集・発行『「日本人の海外活動に関する歴史的調査」復刻刊行中止仮処分執行事件 資料集 第二集』（出版社記載なし、一九七八年）

국사편찬위원회［国史編纂委員会］『주한미군사 1――History of the United States Army Forces in Korea Part I』［駐韓米軍史1］（선인［ソンイン］、二〇一四年）

自由新聞社編集『自由新聞――解放空間新聞資料集成』（先人文化社、一九九六年）

韓國學文獻研究所編輯『朝鮮総督府官報』（亞細亞文化社、一九八八年）

韓國教會史文獻研究院編集『京城日報 第２０６巻』（韓國教會史文獻研究院、二〇一三年）

U.S. Department of State, *Foreign Relations of the United States: diplomatic papers*, 1945, Volume VI, The British Commonwealth, The Far East.

U.S. Department of State, *Foreign Relations of the United States*, 1949, Volume VII, Part 2, The Far East and Australasia.

U.S. Department of State, *Foreign Relations of the United States*, 1951, Volume VI, part 1, Asia and the Pacific.

（３）回想録・自伝・評伝・日記・オーラルヒストリーなど

今村勲『京城六ヵ月――私の敗戦日記』（出版社記載なし、一九八一年）

宇垣一成『宇垣一成日記3──自昭和十四年三月至昭和二十四年七月』（みすず書房、一九七一年）
大来佐武郎『エコノミストの役割』（日本経済新聞社、一九七三年）
大野伴睦『大野伴睦回想録──義理人情一代記』（弘文堂、一九六四年）
賀屋興宣『戦前・戦後八十年』（経済往来社、一九七六年）
岸信介・矢次一夫・伊藤隆『岸信介の回想』（文藝春秋、一九八一年）
金東祚著・林建彦訳『韓日の和解──日韓交渉一四年の記録』（サイマル出版会、一九九三年）
京城帝国大学創立五十周年記念誌編集委員会編『紺碧遙かに──京城帝国大学創立五十周年記念誌』（京城帝国大学同窓会、一九七四年）
鈴木武雄『鈴木武雄──経済学の五十年』（鈴木洋子発行人、一九八〇年）
千葉三郎『創造に生きて──わが生涯のメモ』（カルチャー出版社、一九七七年）
坪井幸生著者・荒木信子協力『ある朝鮮総督府警察官僚の回想』（草思社、二〇〇四年）
永塚利一『久保田豊』（電気情報社、一九六六年）
朴哲彦著・水沼啓子訳『日韓交流陰で支えた男──朴哲彦の人生』（産経新聞出版、二〇〇五年）
平記念事業会編『平貞蔵の生涯』（出版社記載なし、一九八〇年）
穂積真六郎『わが生涯を朝鮮に──穂積真六郎先生遺筆』（ゆまに書房、二〇一〇年）
水田直昌『落葉籠』（出版社記載なし、一九八一年）
宮村三郎『評伝賀屋興宣』（おりじん書房、一九七七年）
安井俊雄「私の履歴書」社団法人全国大学体育連合『体育・スポーツ・レクリエーション』（三巻一号、一九七六年）
矢次一夫『わが浪人外交を語る』（東洋経済新報社、一九七三年）
金東祚『回想30年 韓日會談』（中央日報社、一九八六年）

金東祚『冷戰시대의 우리 外交――回想 80年 金東祚 전 외무장관 回顧錄』［冷戦時代における我々の外交――回想八〇年金東祚元外務長官回顧録］（문화일보［文化日報］、二〇〇〇年）

김용식［金溶植］『새벽의 약속――김용식 외교 33년』［夜明けの約束――金溶植外交の三三年］（김영사［キムヨンサ］、一九九三年）

金溶植『희망과 도전――金溶植 외교회고록』［希望と挑戦――金溶植外交回顧録］（東亞日報社、一九八七年）

로버트 T・올리버저・박일영역［ロバート・オリバー著／パク・イルヨン訳］『李承晩秘錄』（韓國文化出版社、一九八二年）

최상용［崔相龍］『중용의 삶――한일관계에 대한 성찰』［オーラルヒストリー記録］（종문화사［ジョン文化社］、二〇一六年）

維民洪璡基傳記간행위원회［刊行委員会］『維民洪璡基傳記』（中央日報社、一九九三年）

William J. Sebald with Russell Brines, *With MacArthur in Japan: a personal history of the occupation* (New York, NY: W.W. Norton, 1965)［ウィリアム・J・シーボルト著／野末賢三訳『日本占領外交の回想』（朝日新聞社、一九六六年）］

（4）辞典・事典・年表・人物録など

猪口孝・田中明彦・恒川惠一・薬師寺泰蔵・山内昌之編『国際政治事典』（弘文堂、二〇〇五年）

外務省外交史料館日本外交史辞典編纂委員会『日本外交史辞典［新版］』（山川出版社、一九九二年）

戦前期官僚制研究会編・秦郁彦著『戦前期日本官僚制の制度・組織・人事』（東京大学出版会、一九八一年）

秦郁彦編集『日本官僚制総合事典――一八六八～二〇〇〇』（東京大学出版会、二〇〇一年）

（5）新聞

『朝日新聞』『京城日報』『東京新聞』『毎日新聞』『読売新聞』『朝鮮商工新聞』（「友邦文庫」請求記号：KD23-26）

『동아일보』［東亜日報］『자유신문』［自由新聞］『조선일보』［朝鮮日報］『중앙일보』［中央日報］

二　研究書・論文

浅野豊美『帝国日本の植民地法制――法域統合と帝国秩序』（名古屋大学出版会、二〇〇八年）
浅野豊美編著『戦後日本の賠償問題と東アジア地域再編――請求権と歴史認識問題の起源』（慈学社出版、二〇一三年）
浅野豊美監修・解説／明田川融訳『故郷へ――帝国の解体・米軍が見た日本人と朝鮮人の引揚げ』（現代史料出版、二〇〇七年）
浅野豊美・松田利彦編『植民地帝国日本の法的構造』（信山社出版、二〇〇四年）
浅野豊美・松田利彦編『植民地帝国日本の法的展開』（信山社出版、二〇〇四年）
安倍誠・金都亨編『日韓関係史――1965〜2015 Ⅱ 経済』（東京大学出版会、二〇一五年）
阿部安成・加藤聖文「『引揚げ』という歴史の問い方（上）」『彦根論叢』（三四八号、二〇〇四年）
阿部安成・加藤聖文「『引揚げ』という歴史の問い方（下）」『彦根論叢』（三四九号、二〇〇四年）
網野善彦『日本論の視座――列島の社会と国家』（小学館、二〇〇四年）
蘭信三編著『帝国以後の人の移動――ポストコロニアリズムとグローバリズムの交錯点』（勉誠出版、二〇一三年）
有賀貞『国際関係史――16世紀から1945年まで』（東京大学出版会、二〇一〇年）
飯尾潤『日本の統治構造――官僚内閣制から議院内閣制へ』（中央公論新社、二〇〇七年）
五百旗頭薫・小宮一夫・細谷雄一・宮城大蔵・東京財団政治外交検証研究会編『戦後日本の歴史認識』（東京大学出版会、二〇一七年）
五百旗頭真『米国の日本占領政策――戦後日本の設計図 上・下』（中央公論社、一九八五年）
五百旗頭真『日米戦争と戦後日本』（講談社、二〇〇五年）
五百旗頭真『占領期――首相たちの新日本』（講談社、二〇〇七年）
五百旗頭真編『日米関係史』（有斐閣、二〇〇八年）
五百旗頭真編『戦後日本外交史［第3版補訂版］』（有斐閣、二〇一四年）

五百旗頭真・北岡伸一編『開戦と終戦――太平洋戦争の国際関係』(情報文化研究所、一九九八年)
五十嵐武士『戦後日米関係の形成――講和・安保と冷戦後の視点に立って』(講談社、一九九五年)
池井優『日本外交史概説〔三訂〕』(慶應通信、一九九二年)
池内敏『竹島――もうひとつの日韓関係史』(中央公論新社、二〇一六年)
石井修『国際政治史としての二〇世紀』(有信堂高文社、二〇〇〇年)
石川真澄『戦後政治史〔新版〕』(岩波書店、二〇〇四年)
李鍾元『東アジア冷戦と韓米日関係』(東京大学出版会、一九九六年)
李鍾元「韓日会談とアメリカ――『不介入政策』の成立を中心に」『国際政治』(第一〇五号、一九九四年)
李鍾元・木宮正史・浅野豊美編著『歴史としての日韓国交正常化Ⅰ――東アジア冷戦編』(法政大学出版局、二〇一一年)
李鍾元・木宮正史・浅野豊美編著『歴史としての日韓国交正常化Ⅱ――脱植民地化編』(法政大学出版局、二〇一一年)
李鍾元・木宮正史・磯崎典世・浅羽祐樹『戦後日韓関係史』(有斐閣、二〇一七年)
李鍾元・田中孝彦・細谷雄一責任編集『日本の国際政治学4――歴史の中の国際政治』(有斐閣、二〇〇九年)
磯崎典世・李鍾久編『日韓関係史――1965~2015 Ⅲ 社会・文化』(東京大学出版会、二〇一五年)
李東俊『未完の平和――米中和解と朝鮮問題の変容 1969~1975年』(法政大学出版局、二〇一〇年)
井上寿一「戦後日本のアジア外交の形成」『年報政治学』(特集日本外交におけるアジア主義、一九九八年)
井上寿一『日本外交史講義〔新版〕』(岩波書店、二〇一四年)
井上寿一・波多野澄雄・酒井哲哉・国分良成・大芝亮編集委員『日本の外交――第1巻 外交史 戦前編(井上寿一編)』(岩波書店、二〇一三年)
井上寿一・波多野澄雄・酒井哲哉・国分良成・大芝亮編集委員『日本の外交――第2巻 外交史 戦後編(波多野澄雄編)』(岩波書店、二〇一三年)
井上寿一・波多野澄雄・酒井哲哉・国分良成・大芝亮編集委員『日本の外交――第3巻 外交思想(酒井哲哉編)』(岩波書店、二〇

一三年）
井上寿一・波多野澄雄・酒井哲哉・国分良成・大芝亮編集委員『日本の外交――第４巻 対外政策 地域編（国分良成編）』（岩波書店、二〇一三年）
井上寿一・波多野澄雄・酒井哲哉・国分良成・大芝亮編集委員『日本の外交――第５巻 対外政策 課題編（大芝亮編）』（岩波書店、二〇一三年）
井上寿一・波多野澄雄・酒井哲哉・国分良成・大芝亮編集委員『日本の外交――第６巻 日本外交の再構築（全編集委員編）』（岩波書店、二〇一三年）
井上正也『日中国交正常化の政治史』（名古屋大学出版会、二〇一〇年）
李炯植『朝鮮総督府官僚の統治構想』（吉川弘文館、二〇一三年）
今泉裕美子・柳沢遊・木村健二編著『日本帝国崩壊期「引揚げ」の比較研究――国際関係と地域の視点から』（日本経済評論社、二〇一六年）
井村哲郎編『１９４０年代の東アジア――文献解題』（アジア経済研究所、一九九七年）
入江昭『日本の外交――明治維新から現代まで』（中央公論社、一九六六年）
入江昭『新・日本の外交――地球化時代の日本の選択』（中央公論社、一九九一年）
岩永健吉郎『戦後日本の政党と外交』（東京大学出版会、一九八五年）
内山正熊『現代日本外交史論』（慶應義塾大学法学研究会、一九七一年）
宇野重昭・別枝行夫・福原裕二編『日本・中国からみた朝鮮半島問題――中国復旦大学・島根県立大学合同シンポジウム』（国際書院、二〇〇七年）
遠藤正敬『近代日本の植民地統治における国籍と戸籍――満洲・朝鮮・台湾』（明石書店、二〇一〇年）
大蔵省財政史室編『昭和財政史――終戦から講和まで 第一巻』（東洋経済新報社、一九八四年）
大蔵省財政史室編『昭和財政史――終戦から講和まで 第二〇巻』（東洋経済新報社、一九八二年）

大澤真幸編『ナショナリズム論の名著50』（平凡社、二〇〇二年）
太田修『日韓交渉――請求権問題の研究［新装新版］』（クレイン、二〇一五年）
大嶽秀夫『日本の防衛と国内政治――デタントから軍拡へ』（三一書房、一九八三年）
大沼保昭著・江川紹子［聞き手］『「歴史認識」とは何か――対立の構図を超えて』（中央公論新社、二〇一五年）
岡崎久彦『隣の国で考えたこと』（中央公論社、一九八三年）
岡本真希子『植民地官僚の政治史――朝鮮・台湾総督府と帝国日本』（三元社、二〇〇八年）
岡義武『国際政治史』（岩波書店、二〇〇九年）
小熊英二『単一民族神話の起源――「日本人」の自画像の系譜』（新曜社、一九九五年）
小熊英二『〈日本人〉の境界――沖縄・アイヌ・台湾・朝鮮 植民地支配から復帰運動まで』（新曜社、一九九八年）
小熊英二『〈民主〉と〈愛国〉――戦後日本のナショナリズムと公共性』（新曜社、二〇〇二年）
小倉和夫『吉田茂の自問――敗戦、そして報告書「日本外交の過誤」』（藤原書店、二〇一〇年）
小此木政夫・河英善編『日韓新時代と共生複合ネットワーク』（慶應義塾大学出版会、二〇一二年）
小此木政夫・張達重編『戦後日韓関係の展開』（慶應義塾大学出版会、二〇〇五年）
小此木政夫『朝鮮戦争――米国の介入過程』（中央公論社、一九八六年）
外交政策決定要因研究会編・橋本光平［主査］『日本の外交政策決定要因』（ＰＨＰ研究所、一九九九年）
鹿島平和研究所編『日本外交史（第28巻）』（鹿島研究所出版会、一九七三年）
加藤聖文『「大日本帝国」崩壊――東アジアの１９４５年』（中公新書、二〇〇九年）
加藤陽子『それでも、日本人は「戦争」を選んだ』（朝日出版社、二〇〇九年）
加藤陽子・雨宮昭一・鹿毛利枝子・天川晃・猪木武徳・五百旗頭真著／福永文夫・河野康子編『戦後とは何か 下――政治学と歴史学の対話』（丸善出版、二〇一四年）
神谷不二『朝鮮戦争――米中対決の原形』（中央公論社、一九九〇年）

カリエール著・坂野正高訳『外交談判法』（岩波書店、一九七八年）
川島真・服部龍二編『東アジア国際政治史』（名古屋大学出版会、二〇〇七年）
菅英輝編著『冷戦史の再検討――変容する秩序と冷戦の終焉』（法政大学出版局、二〇一〇年）
北岡伸一『自民党――政権党の三八年』（中央公論新社、二〇〇八年）
北岡伸一『日本政治史――外交と権力〔増補版〕』（有斐閣、二〇一七年）
北岡伸一編集・解説『戦後日本外交論集――講和論争から湾岸戦争まで』（中央公論社、一九九五年）
木宮正史『国際政治のなかの韓国現代史』（山川出版社、二〇一二年）
木宮正史『ナショナリズムから見た韓国・北朝鮮近現代史』（講談社、二〇一八年）
木宮正史責任編集『朝鮮半島と東アジア』（岩波書店、二〇一五年）
木宮正史・李元徳編『日韓関係史――1965～2015 I 政治』（東京大学出版会、二〇一五年）
木村幹『朝鮮／韓国ナショナリズムと「小国」意識――朝貢国から国民国家へ』（ミネルヴァ書房、二〇〇〇年）
木村幹『韓国における「権威主義的」体制の成立――李承晩政権の崩壊まで』（ミネルヴァ書房、二〇〇三年）
木村幹『近代韓国のナショナリズム』（ナカニシヤ出版、二〇〇九年）
木村幹『日韓歴史認識問題とは何か――歴史教科書・「慰安婦」・ポピュリズム』（ミネルヴァ書房、二〇一四年）
木村健二『在朝日本人の社会史』（未來社、一九八九年）
金恩貞「日韓国交正常化交渉における日本政府の政策論理の原点――「対韓請求権論理」の形成を中心に」『国際政治』（一七二号、二〇一三年）
金恩貞『日韓国交正常化交渉の政治史』（千倉書房、二〇一八年）
金斗昇『池田勇人政権の対外政策と日韓交渉――内政外交における「政治経済一体路線」』（明石書店、二〇〇八年）
近代日本研究会『政府と民間――対外政策の創出／年報・近代日本研究・一七』（山川出版社、一九九五年）
経済再建研究会編『ポーレーからダレスへ――占領政策の経済的帰結』（ダイヤモンド社、一九五二年）

高坂正堯『国際政治――恐怖と希望』（中央公論社、一九六六年）
高坂正堯『宰相吉田茂』（中央公論新社、二〇〇六年）
高坂正堯『海洋国家日本の構想』（中央公論新社、二〇〇八年）
高坂正堯『古典外交の成熟と崩壊』（中央公論新社、二〇一二年）
高坂正堯著・高坂正堯著作集刊行会編『高坂正堯著作集 第八巻 一億の日本人』（都市出版、二〇〇〇年）
高吉嬉『「在朝日本人二世」のアイデンティティ形成――旗田巍と朝鮮・日本』（桐書房、二〇〇一年）
小林英夫『日本企業のアジア展開――アジア通貨危機の歴史的背景』（日本経済評論社、二〇〇〇年）
小林英夫『満州と自民党』（新潮社、二〇〇五年）
小林英夫・柴田善雅・吉田千之輔編『戦後アジアにおける日本人団体――引揚げから企業進出まで』（ゆまに書房、二〇〇八年）
小林道彦・中西寛編著『歴史の桎梏を越えて――20世紀日中関係への新視点』（千倉書房、二〇一〇年）
酒井哲哉『近代日本の国際秩序論』（岩波書店、二〇一六年）
酒井哲哉・松田利彦編『帝国日本と植民地大学』（ゆまに書房、二〇一四年）
坂元一哉『日米同盟の絆――安保条約と相互性の模索』（有斐閣、二〇〇〇年）
坂本多加雄『日本は自らの来歴を語りうるか』（筑摩書房、一九九四年）
坂本義和『国際政治と保守思想――坂本義和集1』（岩波書店、二〇〇四年）
坂本義和『冷戦と戦争――坂本義和集2』（岩波書店、二〇〇四年）
佐々木雄太『国際政治史――世界戦争の時代から21世紀へ』（名古屋大学出版会、二〇一一年）
佐藤晋「戦後日本外交の選択とアジア秩序構想」『法学政治学論究』（第四一号、一九九九年六月）
佐藤誠三郎『「死の跳躍」を越えて――西洋の衝撃と日本』（千倉書房、二〇〇九年）
佐藤誠三郎・松崎哲久『自民党政権』（中央公論社、一九八六年）
島村恭則編ほか『引揚者の戦後――叢書 戦争が生み出す社会Ⅱ』（新曜社、二〇一三年）

清水唯一朗『近代日本の官僚――維新官僚から学歴エリートへ』（中央公論新社、二〇一三年）
下斗米伸夫『アジア冷戦史』（中央公論新社、二〇〇四年）
朱建栄『毛沢東の朝鮮戦争――中国が鴨緑江を渡るまで』（岩波書店、二〇〇四年）
徐承元『日本の経済外交と中国』（慶應義塾大学出版会、二〇〇四年）
白鳥令編『政策決定の理論』（東海大学出版会、一九九〇年）
進藤榮一『東アジア共同体をどうつくるか』（筑摩書房、二〇〇七年）
杉原薫『アジア間貿易の形成と構造』（ミネルヴァ書房、一九九六年）
鈴木武雄「朝鮮統治への反省」『世界』（一九四六年五月号）
鈴木武雄「朝鮮動乱と日本経済」『政治経済論叢』（五号、一九五一年一月）
鈴木武雄先生還暦記念論集編集委員会編『経済成長と財政金融――鈴木武雄先生還暦記念論集』（至誠堂、一九六二年）
添谷芳秀『日本外交と中国――１９４５～１９７２』（慶應義塾大学出版会、一九九六年）
添谷芳秀『日本の「ミドルパワー」外交――戦後日本の選択と構想』（筑摩書房、二〇〇五年）
添谷芳秀『米中の狭間を生きる――韓国知識人との対話Ⅱ』（慶應義塾大学出版会、二〇一五年）
添谷芳秀『安全保障を問いなおす――「九条―安保体制」を越えて』（ＮＨＫ出版、二〇一六年）
添谷芳秀『日本の外交――「戦後」を読みとく』（筑摩書房、二〇一七年）
添谷芳秀編著『秩序変動と日本外交――拡大と収縮の七〇年』（慶應義塾大学出版会、二〇一六年）
宋炳巻『東アジア地域主義と韓日米関係』（クレイン、二〇一五年）
高崎宗司『検証 日韓会談』（岩波書店、一九九六年）
高崎宗司『植民地朝鮮の日本人』（岩波書店、二〇〇二年）
高崎宗司『「妄言」の原形――日本人の朝鮮観』（木犀社、二〇一四年）
高崎宗司「日韓会談の経過と植民地化責任――１９４５年８月～１９５２年４月」『歴史学研究』（五四五号、一九八五年）

高畠通敏『政治学への道案内』(講談社、二〇一二年)
竹島茂編ほか『満州・朝鮮で敗戦を迎えたわたしたちの戦後』(STEP、一九九六年)
竹前栄治『占領戦後史』(岩波書店、二〇〇二年)
田嶋信雄『ナチズム外交と「満洲国」』(千倉書房、一九九二年)
舘野皙編著『韓国・朝鮮と向き合った36人の日本人――西郷隆盛、福沢諭吉から現代まで』(明石書店、二〇〇二年)
田中明彦『日中関係 1945~1990』(東京大学出版会、一九九一年)
田中明彦『安全保障――戦後50年の模索』(読売新聞社、一九九七年)
田中明彦『アジアのなかの日本』(NTT出版、二〇〇七年)
田中明彦『ポスト・クライシスの世界――新多極時代を動かすパワー原理』(日本経済新聞出版社、二〇〇九年)
田村吉雄編『秘録大東亜戦史――朝鮮篇』(富士書苑、一九五三年)
崔慶原『冷戦期日韓安全保障関係の形成』(慶應義塾大学出版会、二〇一四年)
趙景達編『植民地朝鮮――その現実と解放への道』(東京堂出版、二〇一一年)
土山實男『安全保障の国際政治学――焦りと傲り』(有斐閣、二〇一四年)
鶴見俊輔『戦時期日本の精神史――1931~1945年』(岩波書店、二〇〇一年)
デュルケム著・古野清人訳『宗教生活の原初形態 上・下』(岩波書店、一九七五年)
東京大学社会科学研究所編『現代日本社会7 国際化』(東京大学出版会、一九九二年)
中北浩爾『経済復興と戦後政治――日本社会党1945~1951年』(東京大学出版会、一九九八年)
中北浩爾『自民党――「一強」の実像』(中央公論新社、二〇一七年)
中西寛『国際政治とは何か――地球社会における人間と秩序』(中央公論新社、二〇〇三年)
中村隆英『昭和史 上・下』(東洋経済新報社、二〇一二年)
中村政則『戦後史』(岩波書店、二〇〇五年)

中本義彦編訳『スタンレー・ホフマン国際政治論集』（勁草書房、二〇一一年）
永井陽之助『冷戦の起源――戦後アジアの国際環境１』（中央公論新社、二〇一三年）
長田彰文『日本の朝鮮統治と国際関係――朝鮮独立運動とアメリカ １９１０～１９２２』（平凡社、二〇〇五年）
長田彰文『世界史の中の近代日韓関係』（慶應義塾大学出版会、二〇一三年）
日本国際政治学会編『国際政治――日韓関係の展開』（二二号、一九六三年）
日本国際政治学会編『国際政治――日本外交の非正式チャンネル』（七五号、一九八三年）
日本国際政治学会編『国際政治――朝鮮半島の国際政治』（九二号、一九八九年）
日本国際政治学会編『国際政治――歴史認識と国際政治』（一八七号、二〇一七年）
旗田巍『朝鮮史』（岩波書店、二〇〇八年）
旗田巍『日本人の朝鮮観』（勁草書房、一九六九年）
旗田巍「私と朝鮮のかかわり」『コリア評論』（二一巻一九八号、一九七八年七月）
旗田巍先生追悼集刊行会『追悼旗田巍先生』（旗田巍先生追悼集刊行会、一九九五年）
浜口裕子『満洲国留日学生の日中関係史――満洲事変・日中戦争から戦後民間外交へ』（勁草書房、二〇一五年）
濱下武志『近代中国の国際的契機――朝貢貿易システムと近代アジア』（東京大学出版会、二〇一一年）
原朗編『復興期の日本経済』（東京大学出版会、二〇〇二年）
坂野正高『現代外交の分析――情報・政策決定・外交交渉』（東京大学出版会、一九七一年）
馬場伸也『アイデンティティの国際政治学』（東京大学出版会、一九八〇年）
朴正鎮『日朝冷戦構造の誕生――１９４５―１９６５ 封印された外交史』（平凡社、二〇一二年）
ピーティー、マーク著・浅野豊美訳『植民地――20世紀日本帝国50年の興亡』（慈学社出版、二〇一二年）
樋渡由美『戦後政治と日米関係』（東京大学出版会、一九九〇年）
玄大松『領土ナショナリズムの誕生――「独島／竹島問題」の政治学』（ミネルヴァ書房、二〇〇六年）

福永文夫『日本占領史1945～1952――東京・ワシントン・沖縄』（中央公論新社、二〇一四年）
船橋洋一『同盟漂流 上・下』（岩波書店、二〇〇六年）
船橋洋一『ザ・ペニンシュラ・クエスチョン 上・下』（朝日新聞出版、二〇一一年）
フリードリッヒ＝マイネッケ著・矢田俊隆訳『世界市民主義と国民国家Ⅰ・Ⅱ――ドイツ国民国家発生の研究』（岩波書店、一九六八年、一九七二年）
細谷千博『サンフランシスコ講和への道』（中央公論社、一九八四年）
細谷千博『日本外交の軌跡』（日本放送出版協会、一九九三年）
細谷千博・入江昭・大芝亮編『記憶としてのパールハーバー』（ミネルヴァ書房、二〇〇四年）
細谷千博・本間長世編『日米関係史――摩擦と協調の140年』（有斐閣、一九九一年）
細谷雄一『戦後国際秩序とイギリス外交――戦後ヨーロッパの形成1945年～1951年』（創文社、二〇〇一年）
細谷雄一『外交――多文明時代の対話と交渉』（有斐閣、二〇〇七年）
細谷雄一『歴史認識とは何か――日露戦争からアジア太平洋戦争まで［戦後史の解放Ⅰ］』（新潮社、二〇一五年）
増田弘編著『大日本帝国の崩壊と引揚・復員』（慶應義塾大学出版会、二〇一二年）
升味準之輔『戦後政治――一九四五～五五年 上・下』（東京大学出版会、一九八三年）
松田利彦・やまだあつし編『日本の朝鮮・台湾支配と植民地官僚』（思文閣出版、二〇〇九年）
丸山眞男『現代政治の思想と行動［新装版］』（未來社、二〇〇六年）
水野直樹『創氏改名――日本の朝鮮支配の中で』（岩波書店、二〇〇八年）
三浦英之『五色の虹――満州建国大学卒業生たちの戦後』（集英社、二〇一五年）
三谷太一郎『近代日本の戦争と政治』（岩波書店、二〇一〇年）
簑原俊洋・奈良岡聰智編著『ハンドブック近代日本外交史――黒船来航から占領期まで』（ミネルヴァ書房、二〇一六年）
宮城大蔵『バンドン会議と日本のアジア復帰――アメリカとアジアの狭間で』（草思社、二〇〇一年）

宮城大蔵『戦後アジア秩序の模索と日本――「海のアジア」の戦後史 1957~1966』（創文社、二〇〇四年）
宮城大蔵『「海洋国家」日本の戦後史』（筑摩書房、二〇〇八年）
宮田節子「［解説］穂積真六郎先生と『録音記録』」『東洋文化研究』（二号、二〇〇〇年三月）
宮田節子・姜徳相監修／李正勲・齊藤涼子・小志戸前宏茂・橋本陽編集／学習院大学東洋文化研究所編者『友邦文庫目録』（勁草書房、二〇一一年）
宮本正明「敗戦直後における日本政府・朝鮮関係者の植民地統治認識の形成――『日本人の海外活動に関する歴史的調査』成立の歴史的前提」『研究紀要』（一一号、二〇〇六年）
森田芳夫『朝鮮終戦の記録――米ソ両軍の進駐と日本人の引揚』（巌南堂書店、一九六四年）
森田芳夫「朝鮮における日本統治の終焉」『国際政治』（二二号、一九六三年七月）
森山茂徳『近代日韓関係史研究――朝鮮植民地化と国際関係』（東京大学出版会、一九八七年）
尹景徹『分断後の韓国政治――一九四五~一九八六』（木鐸社、一九八六年）
尹錫貞『李承晩政権の対日外交――「日本問題」の視点から』慶應義塾大学大学院法学研究科博士学位請求論文（二〇一七年）
横手慎二『日露戦争史――20世紀最初の大国間戦争』（中央公論新社、二〇〇五年）
吉川直人・野口和彦編『国際関係理論 第2版』（勁草書房、二〇一五年）
吉澤文寿『戦後日韓関係――国交正常化交渉をめぐって［新装新版］』（クレイン、二〇一五年）
吉澤文寿『日韓会談1965――戦後日韓関係の原点を検証する』（高文研、二〇一五年）
吉野耕作『文化ナショナリズムの社会学――現代日本のアイデンティティの行方』（名古屋大学出版会、一九九七年）
劉傑・川島真編『1945年の歴史認識――「終戦」をめぐる日中対話の試み』（東京大学出版会、二〇〇九年）
劉傑・川島真編『対立と共存の歴史認識――日中関係150年』（東京大学出版会、二〇一三年）
劉傑・三谷博・楊大慶編『国境を越える歴史認識――日中対話の試み』（東京大学出版会、二〇〇六年）
若槻泰雄『戦後引揚げの記録［新版］』（時事通信社、一九九五年）

若林正丈『台湾――分裂国家と民主化』(東京大学出版会、一九九二年)
若林正丈『台湾の政治――中華民国台湾化の戦後史』(東京大学出版会、二〇〇八年)
若宮啓文『戦後70年 保守のアジア観』(朝日新聞出版、二〇一四年)
渡辺昭夫編『戦後日本の対外政策――国際関係の変容と日本の役割』(有斐閣、一九八五年)
渡辺昭夫編『現代日本の国際政策――ポスト冷戦の国際秩序を求めて』(有斐閣、一九九七年)
渡辺昭夫『アジア・太平洋の国際関係と日本』(東京大学出版会、一九九二年)
渡邉昭夫・村松岐夫・大嶽秀夫・牧原出・成田龍一著/福永文夫・河野康子編『戦後とは何か――政治学と歴史学の対話 上』(丸善出版、二〇一四年)
渡辺靖『文化と外交――パブリック・ディプロマシーの時代』(中央公論新社、二〇一一年)
和田春樹『日露戦争――起源と開戦 上・下』(岩波書店、二〇〇九年)
강만길 외〔姜萬吉その他〕『일본과 서구의 식민통치 비교』〔日本と西欧の植民統治比較〕(선인〔ソンイン〕、二〇〇四年)
국민대학교 일본학연구소편〔国民大学校日本学研究所編〕『GHQ시대 한일관계의 재조명』〔占領期における韓日関係の再照明〕(선인〔ソンイン〕、二〇一六年)
국민대학교 일본학연구소・동북아역사재단편〔国民大学校日本学研究所・東北亜歴史財団編〕『한일회담 일본외교문서 목록집』〔韓日会談日本外交文書目録集〕(선인〔ソンイン〕、二〇一〇年)
김영작〔金榮作〕『한말 내셔널리즘――사상과 현실〔増訂版〕』〔韓末ナショナリズム――思想と現実〕(백산서당〔ペクサン書堂〕、二〇〇六年)〔金榮作『韓末ナショナリズムの研究』(東京大学出版会、一九七五年)〕
남기정〔南基正〕『기지국가의 탄생――일본이 치른 한국전쟁〔基地国家の誕生――日本と朝鮮戦争〕』(서울대학교출판문화원〔ソウル大学校出版文化院〕、二〇一六年)
노기영〔盧琦霙〕「해방 후 일본인의 귀환과 중앙일한협회」〔解放後の日本人の引揚げと中央日韓協会〕『한일민족문제연구』〔韓日

民族問題研究」（一〇号、二〇〇六年）
박명림［朴明林］『한국전쟁의 발발과 기원――1・2』［朝鮮戦争の勃発と起源――1・2］（나남［ナナム］、二〇〇三年）
박진희［パク・ジニ］『한일회담――제1공화국의 對日정책과 한일회담 전개과정』［韓日会談――第一共和国の対日政策と韓日会談の展開過程］（선인［ソンイン］、二〇〇八年）
서동만［徐東晩］『북조선사회주의 체제성립사 1945～1961』［北朝鮮社会主義体制の成立史一九四五～一九六一］（선인［ソンイン］、二〇〇五年）
석주희・최은봉［石珠熙・崔恩鳳］「일본 무라야마 담화의 상징성과 내재화의 간극：국내 사회 지지 단체－반대 단체의 세력화와 동학」［村山談話の象徴性と内在化の間隙――国内社会における支持団体・反対団体の勢力化とそのダイナミズム］『日本研究論叢』（四二号、二〇一五年）
성황용［成滉鏞］『일본의 대한정책』［日本の対韓政策］（明知社、一九八一年）
이동준・장박진편저［李東俊・張博珍編著］『미완의 해방――한일관계의 기원과 전개』［未完の解放――韓日関係の起源と展開］（아연출판부［亜研出版部］、二〇一三年）
이원덕［李元徳］『한일 과거사 처리의 원점』［韓日過去史処理の原点］（서울대학교출판부［ソウル大学校出版部］、一九九六年）
이연식［李淵植］『조선을 떠나며――1945 년 패전을 맞은 일본인들의 최후』［朝鮮を去る――一九四五年敗戦を迎えた日本人の最後］（역사비평사［歴史批評社］、二〇一二年）［李淵植著・舘野晳訳『朝鮮引揚げと日本人――加害と被害の記憶を超えて』（明石書店、二〇一五年）］
이형식［李炯植］「패전 후 귀환한 조선총독부관료들의 식민지 지배 인식과 그 영향」［敗戦後に引揚げた朝鮮総督府官僚たちの植民地支配認識とその影響］『한국사연구』［韓国史研究］（一五三号、二〇一一年）
장박진［張博珍］『미완의 청산――한일회담 청구권 교섭의 세부 과정』［未完の清算――韓日会談請求権交渉の細部過程］（역사공간［歴史空間］、二〇一四年）
장박진［張博珍］『식민지 관계 청산은 왜 이루어질 수 없었는가――한일회담이라는 역설』［植民地関係の清算はなぜ成し遂げられ

なかったのか――韓日会談という逆説］（논형［ノンヒョン］、二〇〇九年）
정병욱［鄭昞旭］「조선총독부 관료의 일본 귀환 후 활동과 한일교섭――1950、60년대 同和協會・中央日韓協會를 중심으로」［朝鮮総督府官僚の日本引揚げ後の活動と韓日交渉――一九五〇、六〇年代の同和協会・中央日韓協会を中心に］『역사문제연구』［歴史問題研究］（一四号、二〇〇五年）
정병욱［鄭昞旭］『한국근대금융연구――조선식산은행과 식민지 경제』［韓国近代金融研究――朝鮮殖産銀行と植民地経済］（역사비평사［歴史批評社］、二〇〇四年）
정재정［鄭在貞］『한일회담・한일협정 그 후의 한일관계』［韓日会談・韓日協定その後の韓日関係］（동북아역사재단［東北亜歴史財団］、二〇一五年）
조갑제［趙甲済］『조선총독부、최후의 인터뷰――조갑제의 현대사 추적』［朝鮮総督府、最後のインタビュー――趙甲済の現代史追跡］（趙甲済닷컴［ドットコム］、二〇一〇年）［趙甲済著・姜昌萬訳『朝鮮総督府・封印された証言』（洋泉社、二〇一〇年）］
조세영［趙世瑛］『한일관계 50년、갈등과 협력의 발자취』［韓日関係五〇年、対立と協力の足跡］（대한민국역사박물관［大韓民国歴史博物館］、二〇一四年）［趙世瑛著・姜喜代訳『日韓外交史――対立と協力の50年』（平凡社、二〇一五年）］
최영호［崔永鎬］『일본인 세화회――식민지조선 일본인의 전후』［日本人世話会――植民地朝鮮　日本人の戦後］（논형［ノンヒョン］、二〇一三年）
최희식［崔喜植］『전후 한일관계 70년――우리는 어떻게 갈등을 극복해 왔나?』［戦後韓日関係の七〇年――我々はいかにして対立を克服してきたのか?］（선인［ソンイン］、二〇一六年）
翰林大學아시아［アジア］文化研究所編『駐韓美軍情報日誌 1：1945.9.9-1946.2.12――HQ, USAFIK G-2 periodic report』（翰林大學아시아［アジア］文化研究所、一九八八年）
한상일［韓相一］『지식인의 오만과 편견――〈세카이世界〉와 한반도』［知識人の高慢と偏見――「世界」と韓半島］（기파랑［キパラン］、二〇〇八年）
한일관계사연구논집 편찬위원회편［韓日関係史研究論集編纂委員会編］『해방 후 한일관계의 쟁점과 전망』［解放後韓日関係の争点

と展望』（景仁文化社、二〇〇五年）
현대송편［玄大松編］『한국과 일본의 역사인식――독도、야스쿠니、위안부、교과서 문제의 근원과 쟁점』［韓国と日本の歴史認識――独島、靖国、慰安婦、教科書問題の根源と争点］（나남［ナナム］、二〇〇八年）
홍석률［洪錫律］『분단의 히스테리――공개문서로 보는 미중관계와 한반도』［分断のヒステリー――公開文書にみる米中関係と韓半島］（創批、二〇一二年）

Allison, Graham T., *Essence of Decision: Explaining the Cuban Missile Crisis* (Boston, Mass.: Little, Brown, 1971)［グレアム・T・アリソン著／宮里政玄訳『決定の本質――キューバ・ミサイル危機の分析』（中央公論社、一九七七年）］
Anderson, Benedict, *Imagined Communities: Reflections on the Origin and Spread of Nationalism* (London: Verso, 1991)［ベネディクト・アンダーソン著／白石隆・白石さや訳『想像の共同体――ナショナリズムの起源と流行［定本］』（書籍工房早山、二〇〇七年）］
Armstrong, Charles K., *Tyranny of the Weak: North Korea and the World, 1950-1992* (Ithaca, NY: Cornell University Press, 2013)
Auslin, Michael R., *The End of the Asian Century: War, Stagnation and the Risks to the World's Most Dynamic Region* (New Haven, Conn.: Yale University Press, 2017)
Berger, Thomas U., *War, Guilt, and World Politics after World War II* (Cambridge: Cambridge University Press, 2012)
Brazinsky, Gregg, *Nation Building in South Korea: Koreans, Americans and the Making of a Democracy* (Chapel Hill: University of North Carolina Press, 2007)
Bull, Hedley, *The Anarchical Society: A Study of Order in World Politics* (New York: Columbia University Press, 1977)［ヘドリー・ブル著／臼杵英一訳『国際社会論――アナーキカル・ソサイエティ』（岩波書店、二〇〇〇年）］
Buruma, Ian, *Year Zero: A History of 1945* (New York, NY: The Penguin Press, 2013)
Calder, Kent E., *Pacific Alliance: Reviving US-Japan Relations* (New Haven, Conn.: Yale University Press, 2009)

Campbell, Kurt, *The Pivot: The Future of American Statecraft in Asia* (New York, NY: Twelve, 2016)

Carr, Edward Hallett, *The Twenty Years' Crisis, 1919-1939: An Introduction to the Study of International Relations* (London: Macmillan, 1939) [E・H・カー著/原彬久訳『危機の二十年――理想と現実』(岩波書店、二〇一一年)]

Casey, Steven, *Selling the Korean War: Propaganda, Politics, and Public Opinion in the United States, 1950-1953* (Oxford: Oxford University Press, 2008)

Cha, Victor D., *Alignment Despite Antagonism: The US-Korea-Japan Security Triangle* (Stanford, Calif.: Stanford University Press, 1999) [ヴィクター・D・チャ著/船橋洋一監訳・倉田秀也訳『米日韓 反目を超えた提携』(有斐閣、二〇〇三年)]

Cha, Victor D., *Powerplay: The Origins of the American Alliance System in Asia* (Princeton, NJ: Princeton University Press, 2016)

Cha, Victor D., "The North Korea Question," *Asian Survey*, Vol. 56, No. 2, 2016

Cheong, Sung-Hwa, *The Politics of Anti-Japanese Sentiment in Korea: Japanese-South Korean Relations under American Occupation, 1945-1952* (New York, NY: Greenwood Press, 1991)

Christensen, Thomas J., *Useful Adversaries: Grand Strategy, Domestic Mobilization, and Sino-American Conflict, 1947-1958* (Princeton, NJ: Princeton University Press, 1996)

Christensen, Thomas J., *The China Challenge: Shaping the Choices of a Rising Power* (New York, NY: W. W. Norton, 2016)

Christensen, Thomas J., *Worse than A Monolith. Alliance Politics and Problems of Coercive Diplomacy in Asia* (Princeton, NJ: Princeton University Press, 2011)

Cumings, Bruce, *The Origins of the Korean War, 2 vols.* (Princton, NJ: Princeton University Press, 1981, 1990) [ブルース・カミングス著/鄭敬謨・林哲・加地永都子訳『朝鮮戦争の起源1――1945年~1947年 解放と南北分断体制の出現』『朝鮮戦争の起源2――1947年~1950年「革命的」内戦とアメリカの覇権 上・下』(明石書店、二〇一二年)]

Cumings, Bruce, *North Korea: Another Country* (New York, NY: New Press, 2004)

Dower, John W., *Embracing Defeat: Japan in the Wake of World War II* (New York, NY: W. W. Norton, 1999) [ジョン・ダワー著

／三浦陽一・高杉忠明訳『敗北を抱きしめて――第二次大戦後の日本人 上・下』（岩波書店、二〇〇一年）］
Dudden, Alexis, *Troubled Apologies among Japan, Korea and the United States* (New York, NY: Columbia University Press, 2008)
Elman, Colin and Elman, Miriam Fendius, eds., *Bridges and Boundaries: Historians, Political Scientists and the Study of International Relations* (Cambridge, Mass.: MIT Press, 2001)［コリン・エルマン／ミリアム・フェンディアス・エルマン編／渡辺昭夫監訳／宮下明聡・野口和彦・戸谷美苗・田中康友訳『国際関係研究へのアプローチ――歴史学と政治学の対話』（東京大学出版会、二〇〇三年）］
Frank, Andre Gunder, *ReOrient: Global Economy in the Asian Age* (Berkeley, Calif.: University of California Press, 1998)［アンドレ・グンダー・フランク著／山下範久訳『リオリエント――アジア時代のグローバル・エコノミー』（藤原書店、二〇〇〇年）］
Frank, Richard B., *Downfall: The End of the Imperial Japanese Empire* (New York, NY: Random House, 1999)
Gaddis, John Lewis, *The Long Peace: Inquiries into the History of the Cold War* (Oxford: Oxford University Press, 1987)
Gaddis, John Lewis, *We Now Know. Rethinking Cold War History* (Oxford: Clarendon Press, 1998)［ジョン・ルイス・ギャディス著／赤木完爾・齊藤祐介訳『歴史としての冷戦――力と平和の追求』（慶應義塾大学出版会、二〇〇四年）］
Gaddis, John Lewis, *The Cold War* (London: Allen Lane, 2005)
Gaddis, John Lewis, "International Relations Theory and the End of the Cold War," *International Security*, Vol. 17, No. 3 (Winter 1992-3)
Gellner, Ernest, *Nations and Nationalism* (Oxford: Blackwell, 1986)［アーネスト・ゲルナー著／加藤節監訳『民族とナショナリズム』（岩波書店、二〇〇〇年）］
Goh, Evelyn, *Constructing the U.S. Rapprochment with China, 1961-1974: From "Red Menace" to "Tacit Ally,"* (Cambridge: Cambridge University Press, 2005)
Gordon, Andrew, *A Modern History of Japan: From Tokugawa Times to the Present* (Oxford: Oxford University Press, 2009)［アンドルー・ゴードン著／森谷文昭訳『日本の２００年――徳川時代から現代まで 上・下』（みすず書房、二〇〇六年）］

Grygiel, Jakub J. and Mitchel, A. Wess, *The Unquiet Frontier: Rising Rivals, Vulnerable Allies, and the Crisis of American Power* (Princeton, NJ: Princeton University Press, 2017)

Hasegawa, Tsuyoshi, *Racing the Enemy: Stalin, Truman, and the surrender of Japan* (Cambridge, Mass.: Belknap Press of Harvard University Press, 2005)〔長谷川毅『暗闘――スターリン、トルーマンと日本降伏』(中央公論新社、二〇〇六年)〕

Hasegawa, Tsuyoshi, eds., *The Cold War in East Asia, 1945-1991* (Stanford, Calif.: Stanford University Press, 2011)

Henderson, Gregory, *Korea: The Politics of the Vortex* (Cambridge, Mass.: Harvard University Press, 1968)〔グレゴリー・ヘンダーソン著/鈴木沙雄・大塚喬重訳『朝鮮の政治社会――朝鮮現代史を比較政治学的に初解明《渦巻型構造の分析》』(サイマル出版会、一九九七年)〕

Henry, Todd A., *Assimilating Seoul: Japanese Rule and the Politics of Public Space in Colonial Korea, 1910-1945* (Berkeley, Calif.: University of California Press, 2014)

Hobsbawm, E. J., *Nations and Nationalism since 1780: Programme, Myth, Reality* (Cambridge: Cambridge University Press, 1992)〔E・J・ホブズボーム著/浜林正夫・嶋田耕也・庄司信訳『ナショナリズムの歴史と現在』(大月書店、二〇〇一年)〕

Hoffman, Stanley, *Duties Beyond Borders: On Limits and Possibilities of Ethical International Politics* (Syracuse, NY: Syracuse University Press, 1981)〔スタンリー・ホフマン著/寺澤一監修・最上敏樹訳『国境を超える義務――節度ある国際政治を求めて』(三省堂、一九八五年)〕

Jian, Chen, *China's Road to the Korean War: the Making of the Sino-American Confrontation* (New York, NY: Columbia University Press, 1996)

Jian, Chen, *Mao's China and the Cold War* (Chapel Hill, London: University of North Carolina Press, 2001)

Johnson, Chalmers, *MITI and the Japanese Miracle: The Growth of Industrial Policy, 1925-1975* (Stanford, Calif.: Stanford University Press, 1982)〔チャルマーズ・ジョンソン著/佐々田博教訳『通産省と日本の奇跡――産業政策の発展1925〜1975』(勁草書房、二〇一八年)〕

Katzenstein, Peter J. and Shiraishi, Takashi, eds., *Network Power: Japan and Asia*（Ithaca, NY: Cornell University Press, 1997）
Kennan, George F., *American Diplomacy*（Chicago: University of Chicago Press, 1984）［ジョージ・F・ケナン著／近藤晋一・飯田藤次・有賀貞訳『アメリカ外交50年』（岩波書店、二〇〇〇年）］
Keohane, Robert O. and Nye, Joseph S., *Power and Interdependence: World Politics in Transition*（Boston, Mass.; London: Longman, 2012）［ロバート・O・コヘイン／ジョセフ・S・ナイ著／滝田賢治訳『パワーと相互依存』（ミネルヴァ書房、二〇一二年）］
Kissinger, Henry, *Diplomacy*（New York: Simon & Schuster, 1994）［ヘンリー・A・キッシンジャー著／岡崎久彦監訳『外交――上・下』（日本経済新聞社、一九九六年）］
Koshiro, Yukiko, *Trans-Pacific Racisms and the U.S. Occupation of Japan*（New York, NY: Columbia University Press, 1999）
Kushner, Barak and Muminov, Sherzod, eds., *The Dismantling of Japan's Empire in East Asia: De-imperialization, Postwar Legitimation and Imperial Afterlife*（New York, NY: Routledge, 2016）
Kwon, Heonik, *The Other Cold War*（New York, NY: Columbia University Press, 2010）
Lankov, Andrei, *The Real North Korea: Life and Politics in the Failed Stalinist Utopia*（Oxford: Oxford University Press, 2013）
Lauren, Paul Gordon, Craig, Gordon A. and George, Alexander L., *Force and Statecraft: Diplomatic Challenges of Our Time*（Oxford: Oxford University Press, 2006）［ポール・ゴードン・ローレン／ゴードン・A・クレイグ／アレキサンダー・L・ジョージ著／木村修三・滝田賢治・五味俊樹・高杉忠明・村田晃嗣訳『軍事力と現代外交――現代における外交的課題』（有斐閣、二〇〇九年）］
Lawrence, Mark Atwood, *The Vietnam War: A Concise International History*（Oxford: Oxford University Press, 2010）
Lawrence, Mark Atwood and Logevall, Fredrik, eds., *The First Vietnam War: Colonial Conflict and Cold War Crisis*（Cambridge, Mass.: Harvard University Press, 2007）
Lee, Chong-Sik, *Japan and Korea: The Political Dimension*（Stanford, Calif.: Hoover Institution Press, 1985）［李庭植著／小此木政

夫・古田博司訳『戦後日韓関係史』（中央公論社、一九八九年）］
Leffler, Melvyn P., *For the Soul of Mankind: The United States, the Soviet Union and the Cold War*（New York, NY: Hill and Wang, 2007）
Leffler, Melvyn P. and Painter, David S., *Origins of the Cold War: An International History*（New York, NY: Routledge, 2005）
Leffler, Melvyn P. and Westad, Odd Arne, *The Cambridge History of the Cold War, Volume I*（Cambridge: Cambridge University Press, 2010）
Liff, Adam P., "Wither the Balancers? The Case for a Methodological Reset," *Security Studies*, Vol. 25, 2016
Lind, Jennifer, *Sorry States: Apologies in International Politics*（Ithaca, NY: Cornell University Press, 2008）
Mearsheimer, John J., *The Tragedy of Great Power Politics*（New York: W.W. Norton & Company, 2014）［ジョン・J・ミアシャイマー著／奥山真司訳『大国政治の悲劇――米中は必ず衝突する！』（五月書房、二〇一四年）］
Morgenthau, Hans J., *Politics among Nations: The Struggle for Power and Peace*（New York: Knopf, 1967）［モーゲンソー著・原彬久監訳『国際政治――権力と平和 上・中・下』（岩波書店、二〇一三年）］
Nicolson, Harold, *The Congress of Vienna: A Study in Allied Unity, 1812-1822*（London: Methuen, 1961）
Nicolson, Harold, *Diplomacy*（London: Oxford University Press, 1963）［H・ニコルソン著／斎藤眞・深谷満雄訳『外交』（東京大学出版会、一九六八年）］
Nye, Joseph S. and Welch, David A., *Understanding Global Conflict and Cooperation: An Introduction to Theory and History*（Boston, Mass.: Pearson, 2013）［ジョセフ・S・ナイ・ジュニア／デイヴィッド・A・ウェルチ著／田中明彦・村田晃嗣訳『国際紛争――理論と歴史』（有斐閣、二〇一三年）］
Oberdorfer, Don and Carlin, Robert, *The Two Koreas: A Contemporary History*（New York, NY: Basic Books, A member of the Perseus Books Group Reading, 2013）［ドン・オーバードーファー／ロバート・カーリン著／菱木一美訳『二つのコリア――国際政治の中の朝鮮半島』（共同通信社、二〇一五年）］

Ogata, Sadako N., *Normalization with China: A Comparative Study of U.S. and Japanese Processes*（Berkeley, Calif.: Institute of East Asian Studies, University of California, 1988）〔緒方貞子著・添谷芳秀訳『戦後日中・米中関係』（東京大学出版会、一九九二年）〕

Oliver, Robert T., *Why War Came in Korea*（New York, NY: Fordham University Press, 1950）

Qing, Simei, *From Allies to Enemies: Visions of Modernity, Identity and U.S.-China Diplomacy, 1945-1960*（Cambridge, Mass.: Harvard University Press, 2007）

Rachman, Gideon, *Easternization: War and Peace in the Asian Century*（London: The Bodley Head, 2016）

Ranger, Terence and Hobsbawm, Eric, eds., *The Invention of Tradition*（Cambridge: Cambridge University Press, 1983）〔E・ホブズボウム・T・レンジャー編／前川啓治・梶原景昭ほか訳『創られた伝統』（紀伊國屋書店、一九九二年）〕

Rosecrance, Richard, *The Rise of the Trading State: Commerce and Conquest in the Modern World*（New York, NY: Basic Books, 1986）〔リチャード・ローズクランス著・土屋政雄訳『新貿易国家論』（中央公論社、一九八七年）〕

Ruggie, John Gerard, *Winning the Peace: America and World Order in the New Era*（New York, NY: Columbia University Press, 1996）〔ジョン・ジェラルド・ラギー著／小野塚佳光・前田幸男訳『平和を勝ち取る――アメリカはどのように戦後秩序を築いたか』（岩波書店、二〇〇九年）〕

Russett, Bruce, Starr, Harvey and Kinsella, David, *World Politics: The Menu for Choice*（Boston, MA: Bedford/St.Martin's, 2000）〔ブルース・ラセット／ハーヴェイ・スター／デヴィッド・キンセラ著／小野直樹・石川卓・高杉忠明訳『世界政治の分析手法』（論創社、二〇〇二年）〕

Said, Edward W., *Orientalism*（London: Routledge & Kegan Paul, 1978）〔エドワード・W・サイード著／板垣雄三・杉田英明監修・今沢紀子訳『オリエンタリズム 上・下』（平凡社、一九九三年）〕

Schaller, Michael, *Altered States: The United States and Japan since the Occupation*（Oxford: Oxford University Press, 1997）

Shin, Gi-Wook, *Ethnic Nationalism in Korea: Genealogy, Politics, and Legacy*（Stanford, Calif.: Stanford University Press, 2006）

Shin, Gi-Wook and Sneider, Daniel, *Divergent Memories: Opinion Leaders and the Asia-Pacific War*（Stanford, Calif.: Stanford University Press, 2016）

Smith, Anthony D., *The Ethnic Origins of Nations*（Oxford: Blackwell, 1986）〔アントニー・D・スミス著／巣山靖司・高城和義他訳『ネイションとエスニシティ――歴史社会学的考察』（名古屋大学出版会、一九九九年）〕

Soeya, Yoshihide, Tadokoro, Masayuki and Welch, David A., eds., *Japan as a 'Normal Country'?: A Nation in Search of Its Place in the World*（Toronto: University of Toronto Press, 2011）〔添谷芳秀・田所昌幸・デイヴィッド・ウェルチ編著『「普通」の国 日本』（千倉書房、二〇一四年）〕

Stueck, William, *Rethinking the Korean War: A New Diplomatic and Strategic History*（Princeton, NJ: Princeton University Press, 2002）

Swenson-Wright, John, *Unequal Allies?: United States Security and Alliance Policy toward Japan, 1945-1960*（Stanford, Calif.: Stanford University Press, 2005）

Tanaka, Stefan, *Japan's Orient: Rendering Pasts into History*（Berkeley, Calif.: University of California Press, 1995）

Toby, Ronald P., *State and Diplomacy in Early Modern Japan: Asia in the Development of the Tokugawa Bakufu*（Stanford, Calif.: Stanford University Press, 1991）〔ロナルド・トビ著／速水融・永積洋子・川勝平太訳『近世日本の国家形成と外交』（創文社、一九九〇年）〕

Tønnesson, Stein, *Vietnam 1946: How the War Began*（Berkeley, Calif.: University of California Press, 2009）

Totani, Yuma, *The Tokyo War Crimes Trial: The Pursuit of Justice in the Wake of World War II*（Cambridge, Mass.: Harvard University Asia Center, 2008）〔戸谷由麻『東京裁判――第二次大戦後の法と正義の追求』（みすず書房、二〇〇八年）〕

Totani, Yuma, *Justice in Asia and the Pacific Region, 1945-1952: Allied War Crimes Prosecutions*（Cambridge: University of Cambridge Press, 2015）〔戸谷由麻『不確かな正義――BC級戦犯裁判の軌跡』（岩波書店、二〇一五年）〕

Uchida, Jun, *Brokers of Empire: Japanese Settler Colonialism in Korea, 1876-1945*（Cambridge, Mass.: Harvard University Asia

Center, 2011)
Vogel, Ezra F., *Japan as Number One: Lessons for America* (Cambridge, Mass.: Harvard University Press, 1979)
Seraphim, Franziska, *War Memory and Social Politics in Japan, 1945-2005* (Cambridge, Mass.: Harvard University Asia Center, 2006)
Waltz, Kenneth N., *Man, the State, and War: A Theoretical Analysis* (New York, NY: Columbia University Press, 1959)〔ケネス・ウォルツ著／渡邉昭夫・岡垣知子訳『人間・国家・戦争——国際政治の3つのイメージ』（勁草書房、二〇一三年）〕
Waltz, Kenneth N., *Theory of International Politics* (Boston, Mass.: McGraw-Hill, 1979)〔ケネス・ウォルツ著／河野勝・岡垣知子訳『国際政治の理論』（勁草書房、二〇一〇年）〕
Watt, Lori, *When Empire Comes Home: Repatriation and Reintegration in Postwar Japan* (Cambridge, Mass.: Harvard University Asia Center, 2009)
Westad, Odd Arne, *The Global Cold War: Third World Interventions and the Making of Our Times* (Cambridge: Cambridge University Press, 2005)〔O・A・ウェスタッド著／佐々木雄太監訳・小川浩之・益田実・三須拓也・三宅康之・山本健訳『グローバル冷戦史——第三世界への介入と現代世界の形成』（名古屋大学出版会、二〇一〇年）〕
Westad, Odd Arne, *The Cold War: A World History* (London: Allen Lane, 2017)
Woods, Ngaire, eds., *Explaining International Relations Since 1945* (Oxford: Oxford University Press, 1996)

三　その他（ウェブサイト）

外務省ホームページ http://www.mofa.go.jp/mofaj/
学習院大学デジタルライブラリー（友邦文庫） http://glim-els.glim.gakushuin.ac.jp/
国立公文書館アジア歴史資料センター https://www.jacar.archives.go.jp/aj/meta/default

国立公文書館デジタルアーカイブ https://www.digital.archives.go.jp/
国立国会図書館デジタルコレクション http://dl.ndl.go.jp/
国会会議録検索システム http://kokkai.ndl.go.jp/
総務省法令データ提供システム／電子政府の総合窓口 e-Gov［イーガブ］http://www.e-gov.go.jp/
帝国議会会議録検索システム http://teikokugikai-i.ndl.go.jp/
東京経済大学学術機関リポジトリ（桜井義之文庫）http://repository.tku.ac.jp/dspace/handle/11150/983
日韓会談文書・全面公開を求める会 http://www.f8.wx301.smilestart.ne.jp/

국가기록원 연표와 기록――시대의 변화를 담다［国家記録院 年表と記録――時代の変化を捉える］http://theme.archives.go.kr/next/chronology/viewMain.do
국사편찬위원회 한국사데이터베이스［国史編纂委員会 韓国史データベース］http://db.history.go.kr/
국사편찬위원회 한국역사정보통합시스템［国史編纂委員会 韓国歴史情報統合システム］http://www.koreanhistory.or.kr/
국회회의록［国会会議録］http://likms.assembly.go.kr/record/
동북아역사재단 동북아역사넷［東北亜歴史財団 東北亜歴史ネット］http://contents.nahf.or.kr/
동아일보 dongA.com 디지털스토리［東亜日報 dongA.com デジタルストーリー］http://www.donga.com/news/d_story/inter.html
외교부홈페이지［外交部ホームページ］http://www.mofa.go.kr/www/index.do
조선총독부관보활용시스템［朝鮮総督府官報活用システム］http://gb.nl.go.kr/

The Historian of the U.S. Department of State, Foreign Relations of the United States https://history.state.gov/historicaldocuments

あとがき

二〇一八年。本書の出版に至る道のりはまさに『危機の二十年』の自分史であった。今からちょうど時計を二〇年前に戻すと、みずみずしい高校時代の筆者に出会える。が、当時、筆者は周囲にとけ込めずひどく孤独感を抱いていた。

そのきっかけは、父の仕事の関係で来日し、大阪の小学校に入ったことであった。もちろん、韓国で生まれ育った筆者がろくに日本語も話せなかったのは当然である。そうであっても自然言語を習得するには子供の頃が最も適した時期であろう。男の子同士ならなおさら、スポーツを通したコミュニケーションですぐ仲良くなる。サッカー漫画『キャプテン翼』のセリフのように「ボールはともだち」であり、日本人と付き合うのを怖がる必要はどこにもなかった。グラウンドでは日々ゴールポストに向けて火花を散らし、クラスでは代表委員にまで選ばれ、日本での幼少年期がクライマックスに達していたことを、あの時の自分は知る由もなかった。年が明けてほどなく父親の韓国への転勤が通告された時、そのショックは計り知れないものであった。あまりにも動揺したせいか、佐々木靖先生からクラス全員の前でお別れの挨拶を頼まれた瞬間、自分は何一言もいえず泣くばかりであった。

母国に帰ると、今度は韓国語がうまく話せないという奇妙な状況に置かれた。当時韓国ではまだ帰国子女があまりいなかったせいか、周りからは不思議な目で見られていた。ともかく、クラスの前で転校生としての紹介が終わり休み時間になると、大勢の生徒に取り囲まれた。そこで飛び出したのが「나카무라 상!（中村さん！）」という冗談めいた言葉であった。それを面白がって受けとめてからは、通常転校生に与えられるミッションを果たすよう求められた。それは、全学年で争うサッカーリーグで転校生がどれだけ同級生の期待に応えられるかであった。幸いにも歓迎されたという意味で、筆者のあだ名は「Jリーグから来た中村さん」に落ち着いた。

思い出をたどるために、ビデオカメラに映った関西弁をぺらぺらとしゃべる自分を見て不思議な感覚にとらわれつつ、時折日本から届いていた手紙も徐々に途切れていった。日本の景色が遠ざかり母国に慣れつつあったものの、高校受験を前にいわゆる韓国版の「受験戦争」に巻き込まれる自分と友達には、体を張って遊ぶことすらなくなってしまった。皆、教室と自分の部屋に閉じこもった。その隙間に、孤独感がつけ込んできたのであろう。大学受験で挫折感を味わってからはその感覚がさらにつのった。

しかし、転機が訪れた。それは、韓国ではもちろんのこと世界最高レベルの日本学の教育・研究を誇る国民大学で、学問する楽しさを覚えたことである。学部生時代、孤独感に向け「復讐するは我にあり」といわんばかりの勢いだった自分は、一体何のために復讐するのかを忘れ、学問の世界に引き込まれていったのである。その際に金榮作、韓相一、韓敬九、李元徳、南基正、朴薫、金碩淵の恩師たちにめぐりあえたことは筆者にとって生涯の喜びである。中でも、李元徳先生のあざやかな分析力には大きな魅力を感じた。李先生からは筆者の指導教官として公私にわたり数々のご高配にあずかり、さらには留学先の慶應義塾大学でご指導を賜る添谷芳秀先生との縁をつなげてくださった。

再び日本に滞在できることを考えると、感無量であった。そして、留学先の慶應義塾大学——その代名詞でもある三田キャンパスは、東京タワーが手に取れるような近さの都会の中の別世界であった。そこには歴史と伝統が至るところに刻まれ、なおかつアカデミックな雰囲気が漂い居心地がよく、筆者にとってはまさに「学問のすゝめ」となった。国民大学に続いて、慶應義塾大学でも他の追随を許さない優れた先生方のご指導に恵まれたことは、幸せであった。指導教授の添谷芳秀先生にも、言葉で表せないほどのご恩をこうむり、そのご指導は学問を超えた世界の見方そのものを変えてくださった。時には韓国語で筆者の名前を呼んでくださり、紆余曲折を経て提出した博士論文が研究科委員会においてその審査報告が承認された直後には「박경민 박사님（朴敬珉博士）」と誰よりも初めて呼んでいただき、喜んでくださった。小此木政夫先生、赤木完爾先生には副査の労を取っていただき、身に余るまたとない光栄であった。両先生に加えて、西野純也先生が主宰なさった国際政治論合同演習を通して、朝鮮半島をめぐる国際政治の見取り図を脳裏に刻み込むことができた。その上で、横手慎二先生、田所昌幸先生、山本信人先生、細谷雄一先生、宮岡勲先生からのさらなるご教示を賜り、政治学と歴史学が織りなす学問の世界が筆者の中の地球儀に広がった。

知的格闘の末くじけそうになり、そして留学生活が心細く感じられるたびに、添谷芳秀研究会の先輩後輩からはいつも温かい励ましをいただいた。とりわけ、同じく韓国からの留学生として李英喜、全恵涓、李奇泰、黄洗姫、金裕景、金泫娃、尹錫貞、薛有美の諸氏とは苦楽を共にしてきた。加えて、許元寧と姜征旼（関史枝）さんとは三田キャンパスの「社中交歓 萬來舍」で友情も育んだ。留学時代のことがうっすらと懐しく思い出されることに改めて感謝を申し上げたい。石田智範さんとは筆者のチューターとして、時には友人として日頃の会話を楽しみながらも刺激に満ちた時間を持ちえた。何についてもコメントのできる井形彬さんには多くを学び、進路の相談に真摯に答えていただいた。筆者の冗談を国際政治理論的に打ち返す大野知之さんには博士論文の添削まで労を取っていただいた。大野さんに加えて、戸谷俊一さんとの大学院生ばなれしたおつき合いはとても楽しかった。金明洙、崔慶原、李錫敏先輩からはいつも申し合わせたかのように「ホルモン館」で韓国料理をごちそうになりながらいただいたご助言に、深く感謝申し上げたい。

なお、博士論文の執筆を進める際には、東京大学現代韓国研究センター、Institut d'études politiques de Grenoble、日韓次世代学術フォーラム、韓日関係史学会、現代韓国朝鮮学会、戦後外交史研究会などでの口頭発表の場をいただき、諸先生から貴重なコメントを賜った。とりわけ憧れの的であった李鍾元先生、木宮正史先生、崔永鎬先生、加藤聖文先生に心から感謝申し上げたい。

そもそも留学生活を続けることは、財政的な支援なしにはありえなかった。みずほ国際交流奨学財団、GCOE市民社会におけるガバナンスの教育研究拠点、富士ゼロックス株式会社小林節太郎記念基金、田中實記念奨学基金、RASA在日アジア人留学生への研究補助、卓越した大学院拠点形成支援補助金、慶應義塾大学大学院博士課程学生研究支援プログラム、ユアサ留学生奨学金、安田和風記念アジア青少年交流基金などからの助成は、史資料の収集を効率よく行うことを可能にしていただき、その上で研究を進める際には計り知れないほどの大きな支えとなった。記して感謝の気持ちを伝えたい。

このように書くと、自分はどれだけ幸せ者であるかと思われるかもしれない。人生というものはなかなかそう美しいことだけで語ることはできない。実際には、博士論文の提出以後には憂鬱な日々が続いた。何ら準備のないまま急に帰国したせいか、前述したひどい孤独感に逆戻りした感さえあった。それは留学期間は終始博士論文の提出一本に集中しすぎ、その目標を成し遂げた途端に訪れる一種の虚脱感に他ならなかった。心身ともに疲れ果てた筆者は思考停止状態、いや、より正確にいえば思考の攪乱を起こしていた。

そこで、またもや筆者をどん底から救ったのは国民大学であった。筆者の博士号取得を誰よりも喜んでくださった李元徳先生と金碩淵先生をはじめ、朴裡建先生、鄭美愛先生、柳美那先生、金賢旭先生、崔喜植先生、朴宣映先生、李政桓先生は筆者を暖かく迎えてくださった。諸先生方にはいずれ恩返しをしなければならないと思っている。同大学日本学研究所では、慶應義塾からの畏友尹錫貞博士と国民大学同期の嚴泰奉博士と共に働くことができて、とても嬉しかった。そして、ランコフ（Andrei Lankov）先生と呂賢駿さんからもご厚情をいただき感謝にたえない。

学部の授業を進めているある日のこと、あれほど贅沢な授業を受けた自分は学生に対してまともに教えているのであろうか、とふと疑問を感じた。その疑問に答えられない中、国際交流基金から支援を受けてＡＡＳ年次大会に参加できたことは大きなターニングポイントであった。そこで偶然にもケンブリッジ大学ＥＲＣプロジェクトチームにめぐりあえたことは幸運であった。そのチームのセッションにおいて*Japan as Number One*で有名なエズラ・ヴォーゲル（Ezra F. Vogel）先生のすぐそばで研究内容を拝聴し、プロジェクトリーダーのクシュナー（Barak Kushner）先生と再会できたからである。さらに嬉しいことに、そこで浅野豊美先生と吉澤文寿先生ともお会いできた。その学会に参加しているうちに、疑問が晴れた。自分には日韓の枠を超えたさらなる成長が求められていたのである。その場で、同大学客員研究員への希望を申し入れた。

一四時間にわたる長距離のフライトに疲労感を感じながら、辛うじてイギリスに到着した筆者の家族を笑顔で迎えてくれたのは、ケンブリッジ韓国人教会の牧師洪淳照・李賢美夫妻、そして崔然植・尹智允夫妻、申惠燮・尹イレ夫妻であった。物心両面の支援を惜しまず与えてくださった教会の方々には深くお礼申し上げたい。ケンブリッジ大学では筆者の不安定な足どりをムミノフ（Sherzod Muminov）、レヴィディス（Andrew Levidis）両博士が暖かく見守り英語圏でのポスドクについてご助言をくださった。また、申東埻（Michael Shin）先生と朴相薫（Albert Park）さんにも数々のご配慮をいただいた。ちなみに両氏とパブで待ち合わせていた方が恩師韓敬九先生であったことは、偶然か必然か、運命を感じた。韓先生とは（イギリスでは珍しい）美味しいランチをごちそうになっただけでなく、貴重なプレゼントまでくださった。心のこもったご配慮は忘れられない。

なお、本書は、二〇一六年一月慶應義塾大学大学院法学研究科に提出した博士論文「朝鮮縁故者と日本の対韓国外交の源流――『植民地財産の数字』に収斂した認識と対応、一九四五～一九五三」に加筆したものである。刊行に際しては、慶應義塾学術出版基金（平成二八年度後期出版補助）をえたことも明記しておきたい。編集にご尽力くださった慶應義塾大学出版会の乗《よつのや》みどりさんには、編集者として本書の原稿に精巧な手直しを施し、より洗練された作品にしていただいた。普段から畏敬を感じる日本の職人芸のような細かい助言をいただいたことに厚くお礼申し上げたい。同出版基金に応募するにあたり丁寧にご案内してくださった岡田智武さんにも感謝の気持ちを伝えたい。

個性豊かな家風ゆえに筆者の身勝手な選択を尊重しながらも、その成果を心待ちにする父朴淳浩・母史玉春、兄敬旭、そして可能性を信じてくれた義父申仁鉉・義母李淑京（故金善姫）と申延澈・朴宲吾（柱憲）に誰よりも深く感謝の言葉を伝えたい。そして何より、「家庭内野党」を自負する妻申素政となぜか自らを「パックウ」と呼ぶ息子時謙に、最大の愛情と感謝を込めて本書を捧げたい。

そろそろあとがきの締めくくりが近づいてきた。

筆者のサッカー少年から研究者への随分遠回りした道のりを『危機の二十年』にならい書きつづってきたが、これで青少年時代の彼が抱いた孤独感に少しでも応えることができたであろうか。すでにポスト・クライシスの世界に突入しているであろう二〇年後、二〇三八年の筆者は、今の自分にどのような結果で応えてくれるであろうか。その時を楽しみにしたい。

二〇一八年三月　　ケンブリッジ大学歴史学部の建物が見える、スクエアローライブラリーで

朴　敬珉

わ行

英数字

は行

ま行

や行

ら行

た行

な行

さ行

索　引

朴 敬珉（パク キョンミン）
1981年生まれ。ケンブリッジ大学アジア中東学部客員研究員兼ERCプロジェクト客員研究員。慶應義塾大学大学院法学研究科後期博士課程修了。博士（法学）。韓国・国民大学日本学研究所専任研究員を経て現職。
主要業績：「1945年敗戦後の在朝日本人の帰結——京城日本人世話会の財産問題と植民地支配認識を中心に」『日本空間』21号（2017年、韓国語）、「海外事業者の在外財産の補償要求と植民地認識、1945～1948年——朝鮮事業者会を中心に」『法学政治学論究』108号（2016年）、「日本外務省の経済再建構想と朝鮮縁故者の交差——日本経済の「特殊性」から植民統治の「特殊性」へ」『韓日関係史研究』50輯（2015年、韓国語）など。

朝鮮引揚げと日韓国交正常化交渉への道

2018年5月30日　初版第1刷発行

著　者————朴　敬珉
発行者————古屋正博
発行所————慶應義塾大学出版会株式会社
〒108-8346　東京都港区三田2-19-30
TEL〔編集部〕03-3451-0931
〔営業部〕03-3451-3584〈ご注文〉
〔　〃　〕03-3451-6926
FAX〔営業部〕03-3451-3122
振替 00190-8-155497
http://www.keio-up.co.jp/
装　丁————土屋　光（Perfect Vacuum）
組　版————株式会社キャップス
印刷・製本——株式会社理想社
カバー印刷——株式会社太平印刷社

Printed in Japan ISBN 978-4-7664-2520-8